쉽게 배우는

새로운 코바늘 손뜨개의 기초

실전편 : 귀여운 니트 소품 77

한스미디어

Contents

※ 이 책은 2012년 발행된 《쉽게 배우는 코바늘 손뜨개 소품》에 새로운 작품과 일본 잡지 《니트 마르셰》 (vol.1~17)에 게재한 작품을 추가해서 재구성한 개정증보판입니다.

꼭 필요한 코바늘뜨기 기초

코바늘뜨기는 기본 뜨개 기법만 알면 아주 쉬운 손뜨개랍니다.
어려워 보이지만 대부분 기본 뜨개 기법을 응용해 작업합니다.
"코바늘뜨기를 해보고 싶은데 무슨 방법이 없을까?" 하고 고민하는 사람들을 위해
'기본 중의 기본'부터 소개합니다.

STEP 1 코바늘뜨기를 시작하기 전에

코바늘뜨기를 하고 싶다면 먼저 만들고 싶은 작품의 이미지를 머릿속에 떠올려봅니다.
도중에 포기하지 않도록 마음에 드는 작품을 뜨는 것이 가장 좋습니다.
코바늘뜨기 관련 책이나 수예점 등에서 만들고 싶은 작품을 찾아보는 것도 작품을 정하는 데 도움이 됩니다.

● 코바늘뜨기란?

손뜨개 초보자에게는 코바늘뜨기를 추천합니다.
바늘 끝에 갈고리 모양이 달린 코바늘 하나면 뭐든 만들 수 있습니다.
그중에서도 액세서리와 가방 등 소품을 만드는 데 제격인 것이 손뜨개입니다.
빨리 완성할 수 있고 가볍게 시작할 수 있으니 누구나 부담 없이 코바늘을 잡을 수 있습니다.

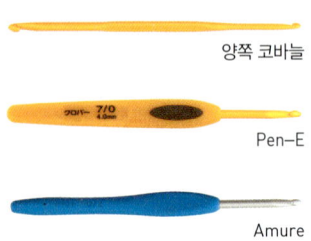

양쪽 코바늘

Pen-E

Amure

● 대표적인 코바늘 뜨개 기법

모티브뜨기

모티브뜨기는 사각형, 육각형, 꽃, 원 등 다양한 형태를 만들 수 있는 뜨개 기법입니다. 초보자에게 적합합니다.

무늬뜨기

무늬뜨기는 부채무늬, 파인애플무늬 등 무늬를 만들어가며 뜨는 뜨개 기법입니다. 코바늘뜨기가 손에 익은 사람에게 추천합니다.

그물뜨기·모눈뜨기

떠놓은 무늬가 그물과 모눈처럼 보이는 뜨개 기법입니다. 무늬뜨기의 한 종류로 머플러 등 큰 작품을 뜰 때 유용합니다.

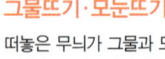

❦ STEP2 ❧ 실과 바늘을 준비하자

깔끔하고 멋진 작품을 만들려면 그 작품에 맞는 실과 바늘을 준비해야 합니다.
초보자라면 코가 눈에 쏙쏙 들어오는 단단한 실이 좋습니다.
작품을 정했다면 재료를 참고해 실과 바늘을 고릅니다.

● 코바늘뜨기 하는 데 필요한 재료

어떤 작품을 만들든 코바늘뜨기를 할 때 꼭 필요한 재료는 실과 바늘입니다.
이 책에 소개된 작품을 만들고 싶다면 *How to make*의 '재료와 도구'(29~135쪽)를 참고해
실과 바늘을 준비합니다.

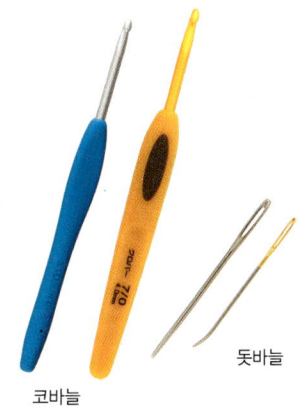

뜨개실

만들고 싶은 작품을 정했다면 작품에 맞는 실을 고릅니다. 가을 겨울 소품에는 울이 좋고 봄여름 소품에는 리넨과 면이 좋습니다. 소재와 굵기는 라벨에 적혀 있으니 꼭 확인합니다. 뜨개실에 관한 자세한 설명은 6쪽에서 하겠습니다.

코바늘·돗바늘

코바늘은 실이 쉽게 걸리도록 바늘 끝이 갈고리 모양으로 되어 있는 뜨개바늘입니다. 실 두께에 따라 바늘 굵기도 달라지므로 꼭 확인합니다. 실과 바늘의 두께에 따라 작품의 '완성 치수'가 바뀐다는 점도 명심하세요. 돗바늘은 실을 정리하거나 뜨개바탕을 잇는 데 꼭 필요한 도구입니다. 바늘에 관한 자세한 설명은 7쪽에서 하겠습니다.

코바늘   돗바늘

⚑ **Column**

편리한 뜨개 전용 도구

코바늘 외에 뜨개 전용 도구(사진 속 도구는 일본 클로버사 제품)가 있으면 작업이 훨씬 쉬워집니다. 전용 도구들은 단수와 콧수를 세거나 작품의 모양을 정리하는 데 도움이 되기도 합니다. 도구를 잘 사용해 효율적이고 편하게 손뜨개를 해봅시다. 가위와 자도 잊지 마세요.

단수링(고리식)

단코표시핀(잠금식)

뜨개코에 걸어두면 단수와 콧수의 증감을 알아보기 쉽고, 뜨개하는 도중에 처음부터 세지 않아도 됩니다. 뜨개바탕을 연결하는 위치에도 표시해둡니다.

다림질용 핀

다 뜬 뜨개바탕을 완성 치수에 맞춰 고정하는 데 쓰입니다. 고정된 뜨개바탕에 증기를 쏘이면 콧수와 모양이 정리됩니다.

스팀다리미

손뜨개용으로는 스팀다리미가 제격입니다. 작품에 직접 닿지 않게 증기를 쏘여 돌돌 말린 테두리를 깔끔하게 펴세요.

뜨개실을 알아보자

코바늘은 극세사에서 초극태사까지 어떤 굵기의 실이라도 뜨개질할 수 있습니다.
소재도 생김새도 제각각이므로 용도에 맞춰 선택합니다.

● 라벨 보는 방법

뜨개실에는 실에 대한 정보를 자세히 담은 라벨(오른쪽 그림 참조)이 붙어 있습니다. 실을 고를 때는 이 라벨을 먼저 체크합니다. 작품을 제작하는 데 필요한 실의 소재와 사용량, 코바늘 호수를 알아두면 빨리 고를 수 있습니다. 뜨개실을 고를 때는 제조회사, 실이름, 색 번호도 잊지 마세요.

실의 취급 방법: 세탁과 다림질할 때 주의할 점을 기호로 표시해놓았습니다.

대바늘로 뜰 때 적당한 바늘 호수(바늘 굵기)입니다.

색 번호와 로트 번호: 색 번호가 같아도 로트 번호가 다르면 색이 달라질 수 있습니다. 실이 모자라 추가로 구입할 때는 로트 번호를 꼭 확인합니다.

실의 소재와 품질: 같은 울이라도 부드러움이 특징인 메리노울이 30% 들어 있다는 뜻입니다.

코바늘로 뜰 때 적당한 바늘 호수(바늘 굵기)입니다.

표준 게이지: 가로세로 10cm 안에 들어가는 표준 콧수와 단수입니다. 다른 실과 굵기를 비교할 때 기준이 되기도 합니다. 특별한 표시가 없을 때는 대바늘 손뜨개로 뜬 경우를 말합니다.

실 1타래의 무게와 실의 길이: 실의 무게와 길이의 관계를 보면 실의 굵기를 알 수 있습니다. 무게가 같을 경우, 길이가 긴 쪽 실이 더 가늡니다.

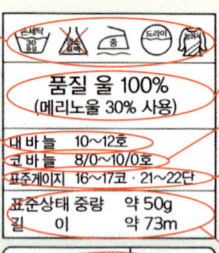

品質 울 100%
(메리노울 30% 사용)

대바늘	10~12호
코바늘	8/0~10/0호
표준게이지	16~17코·21~22단
표준상태 중량	약 50g
길 이	약 73m

| COL.No. | LOT.No. |
| 201 | IB |

● 실의 굵기

뜨개실은 극세사부터 아주 굵은 극태사까지 다양합니다. 같은 실이라도 미묘하게 굵기가 다를 수 있으니 뜨개 표본을 떠서 치수를 확인하는 것이 좋습니다.

극세사
합세사
중세사
합태사
병태사
극태사
초극태사

스트레이트 얀(실물 크기)

● 실의 종류

꼬임이 있고 매끄러운 스트레이트 실은 초보자도 쉽게 뜰 수 있습니다. 금박이 박힌 실이나 털이 긴 변형실로 뜨면 분위기가 확연히 달라집니다. 소재에 따라 달라지는 작품의 느낌도 손뜨개의 묘미라면 묘미입니다.

울 계통

양털로 만든 대표적인 겨울용 실입니다. 보온성이 좋고 색상이 풍부합니다. 스트레이트 실은 뜨개바탕 뜨기와 그물뜨기, 노르딕무늬를 뜨는 데 좋습니다.

면 계통

면 소재의 실로 흡수성이 뛰어나고 촉감이 부드러워 인기가 있습니다. 가방이나 액세서리 등의 소품을 뜰 때 좋습니다. 면 소재의 실 중 파스텔컬러는 발색이 좋은 편입니다.

리넨 계통

마 소재의 실은 촉감과 자연스러운 발색이 특징이며, 탄력이 있어서 잡화는 물론이고 옷을 뜨는 데도 좋습니다.

레이스 계통

면사와 견사로 만든 가는 실로, 액세서리와 테이블보 등 가늘고 작은 무늬를 뜰 때 좋습니다. 레이스용 바늘로만 뜨는 아주 가는 실도 있습니다.

변형 계통

실 자체에 방울이 달려 있거나 긴 털이 달려 있어서 실 자체만으로 다양한 연출을 할 수 있는 실입니다. 코가 잘 안 보이기는 하지만, 개성을 살릴 수 있습니다.

코바늘을 알아보자

코바늘은 실의 두께에 맞는 것을 골라야 합니다. 코바늘 모양은 한쪽 코바늘, 양쪽 코바늘, 손잡이가 달린 바늘 등 다양합니다.
코바늘 재질에 따라 뜨개질 감촉이 달라지므로 사용하기 쉬운 바늘을 고릅니다.

● 코바늘의 굵기

코바늘의 굵기는 호수로 표시합니다. 숫자가 커질수록 바늘 굵기가 굵어집니다. 10/0호보다 굵은 바늘은 mm(바늘의 지름) 단위로 표시합니다. 작품을 뜰 때는
실의 라벨에 기재된 바늘 호수를 기준으로 코바늘을 선택하는 것이 좋습니다.

코바늘의 실물 크기 사진	호수 (바늘 굵기)	실의 굵기						
	2/0호 (2.0mm)	극세사 (2가닥)	합세사 (1가닥)					
	3/0호 (2.3mm)							
	4/0호 (2.5mm)			중세사 (1가닥)	합태사 (1가닥)			
	5/0호 (3.0mm)					병태사 (1가닥)		
	6/0호 (3.5mm)							
	7/0호 (4.0mm)							
	7.5/0호 (4.5mm)						극태사 (1가닥)	
	8/0호 (5.0mm)							
	9/0호 (5.5mm)							초극태사 (1가닥)
	10/0호 (6.0mm)							

코바늘뜨기에 필요한 바늘

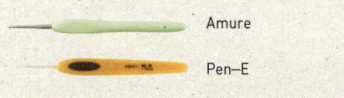

Amure

Pen-E

금속제 레이스용 코바늘

레이스용 코바늘

2/0호 코바늘보다 가는 바늘을 레이스용 코바늘이
라고 합니다. 레이스용 코바늘은 0~12호가 있는데
코바늘과는 반대로 호수가 커질수록 가늘어집니다.

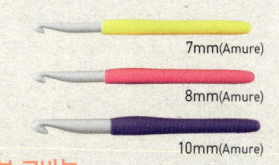

7mm(Amure)

8mm(Amure)

10mm(Amure)

점보 코바늘

10/0호보다 굵은 코바늘을 '점보 코바늘'이라고 합
니다. 극태사용에서 초극태사용 코바늘로 두꺼운
것은 20mm도 있습니다. 호수 대신 바늘의 지름을
mm 단위로 표기합니다.

코바늘의 파트너

돗바늘

뜨개바탕을 잇거나 실을 정리할 때 사용합니다. 바
늘 끝이 뭉툭해서 뜨개실이 상하지 않습니다. 실의
굵기에 맞추어 알맞은 크기의 바늘을 사용합니다.

❈ STEP3 ❈ 도안 보는 방법

코바늘뜨기는 기호를 조합한 '도안'을 보면서 뜹니다. 도안은 작품을 겉면에서 본 상태를 나타냅니다.
도안에 쓰인 기호의 뜻을 알면 도안을 보면서 쉽게 뜰 수 있습니다.

● 왕복뜨기(평뜨기)

단마다 앞과 뒤를 뒤집어가며 오른쪽에서 왼쪽으로 뜹니다. 도안에서 기둥코의 사슬코가 오른쪽에 있는 단이 겉면에서 뜨는 단이고, 사슬코가 왼쪽에 있는
단이 안면에서 뜨는 단입니다. 겉면에서 뜨는 단의 도안은 오른쪽에서 왼쪽으로 보며 뜨고, 안면에서 뜨는 단의 도안은 반대로 왼쪽에서 오른쪽으로 보면서
뜹니다. 이렇게 도안에는 코의 앞과 뒤가 교대로 나타납니다.

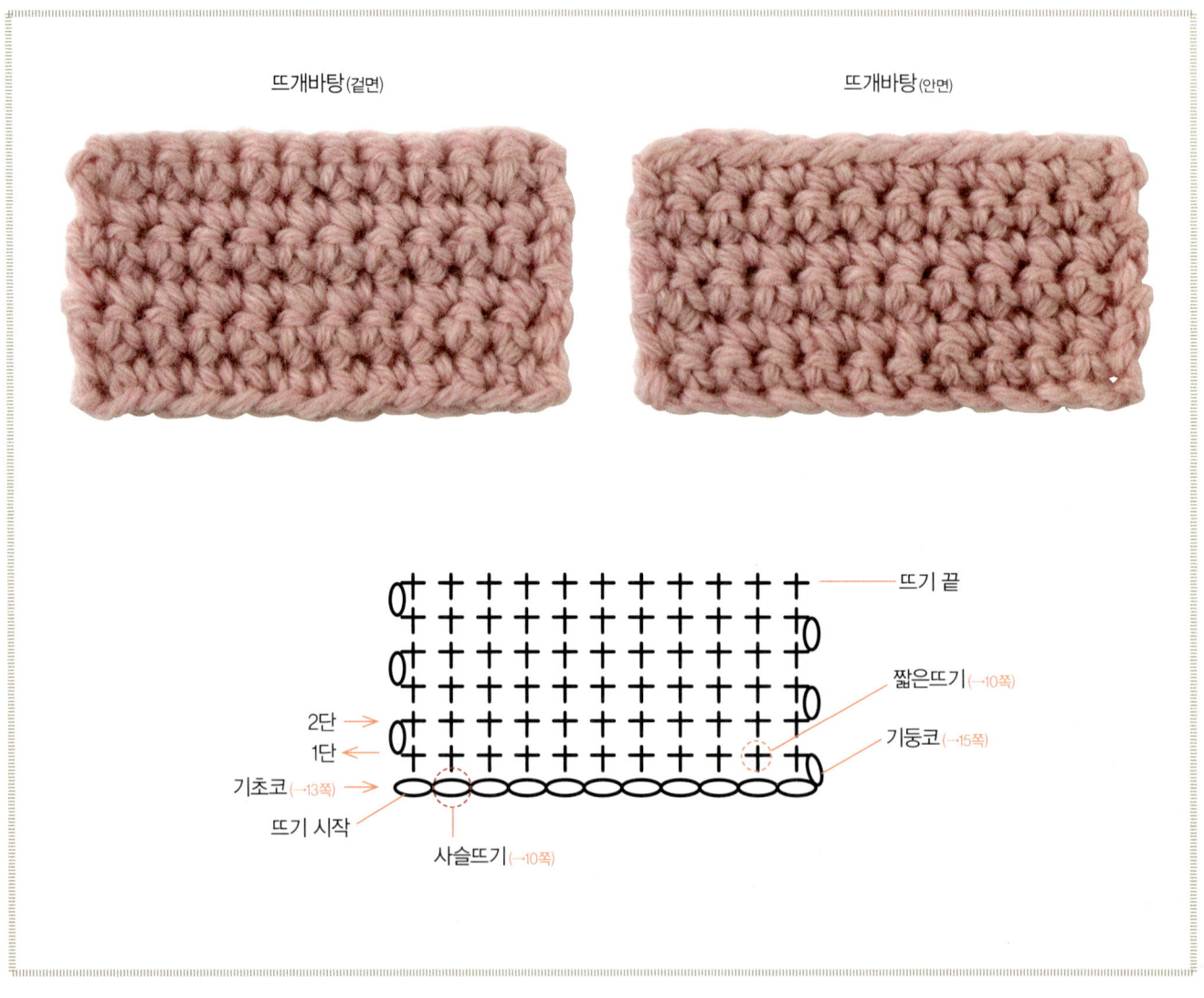

8

● 원형뜨기

도안 중심에서 빙글빙글 원으로 뜰 때는 뜨개바탕의 겉면만 보고 뜹니다. 뜨는 방향은 시계 반대 방향이 기본입니다. 뜨기 시작에서 손가락에 실을 감아 원형코를 만드는 방법(18쪽)과 사슬뜨기로 원형코를 만드는 방법(20쪽)이 있으며, 단의 끝코는 빼뜨기를 해서 다음 단의 기둥코를 뜨는 것이 일반적입니다. 물론 기둥코를 세우지 않을 때도 있습니다. 이 경우에는 코의 겉면에만 나타납니다.

뜨개바탕(겉면)　　　　　　　　뜨개바탕(안면)

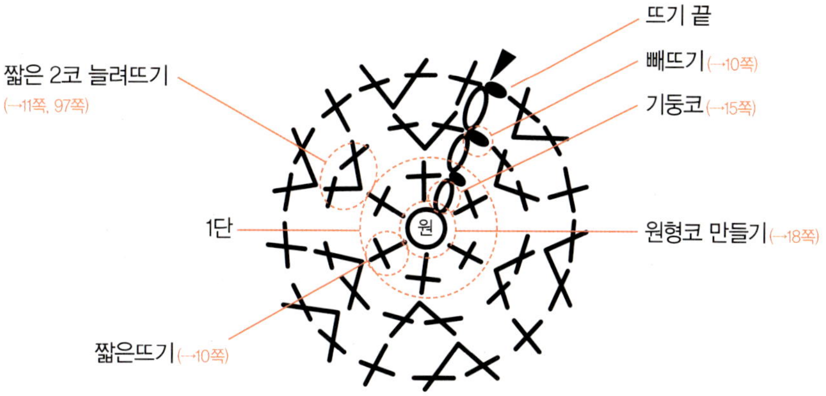

짧은 2코 늘려뜨기
(→11쪽, 97쪽)

뜨기 끝
빼뜨기(→10쪽)
기둥코(→15쪽)

1단　　　원

원형코 만들기(→18쪽)

짧은뜨기(→10쪽)

(→11쪽, 97쪽) (→10쪽) (→15쪽) (→18쪽)

⚑ **Column**

게이지란

게이지란 그 작품을 뜰 때의 기준으로, 뜨개코의 크기를 말합니다. 자신이 뜬 게이지가 뜨고 싶은 작품의 게이지와 같다면 완성 치수도 같습니다. 코바늘에 실을 걸어 빼내면 '코'가 완성되는데, 이 코가 가로로 나열된 것을 '단'이라고 부릅니다. 뜨개코를 1줄씩 위로 늘려갈 때마다 단수가 늘어나면서 '뜨개바탕'이 완성됩니다.

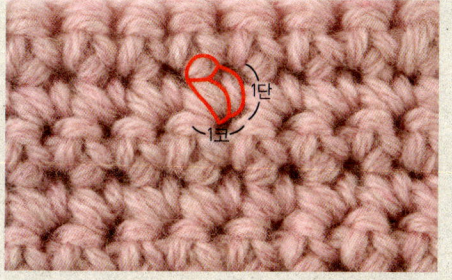

짧은뜨기

게이지 내는 방법

코바늘뜨기에는 코가 규칙적으로 나열된 뜨개바탕과 불규칙하게 조합된 뜨개바탕이 있습니다. 물론 각각 게이지를 내는 방법이 다릅니다. 게이지를 낼 때는 스팀다리미로 뜨개바탕을 정리하고 나서 합니다.

● 규칙적인 무늬의 뜨개바탕은 10cm 안에 들어가는 콧수와 단수를 셉니다.
● 복잡하고 다양한 무늬의 뜨개바탕은 무늬를 기준으로 삼되 해당 무늬의 가로세로 크기를 잽니다.

자주 사용하는 코의 기호와 뜨개 기법

코바늘뜨기에서 자주 사용하는 기본 뜨개 기법은 5가지입니다. 기본 뜨기의 기호와 방법을 기억해두면 도안을 보면서 만들 수 있는 작품이 늘어납니다.
작품 대부분은 이 기본 뜨개를 응용해 뜹니다.

사슬뜨기

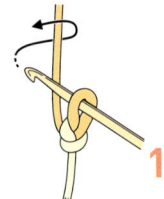

1 코바늘 끝을 바늘의 등으로 실을 누르듯이 움직여서 실을 겁니다.

2 바늘에 걸린 실을 바늘 끝으로 당기듯이 고리 사이로 실을 빼냅니다.

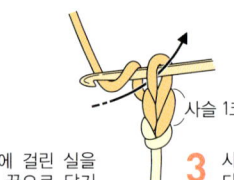

사슬 1코

3 사슬 1코를 뜬 상태입니다. 실을 걸어서 빼고 필요한 콧수만큼 사슬코를 뜹니다.

짧은뜨기

일반 기호

도안 기호

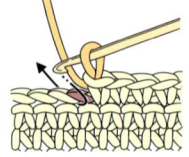

1 앞단의 머리 (실 2가닥, 위에서 보면 사슬 모양)에 코바늘을 넣습니다.

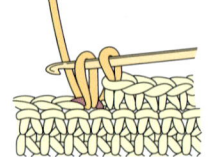

2 실을 걸어 빼냅니다.

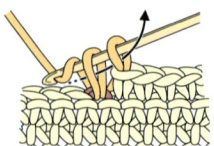

3 다시 바늘 끝에 실을 걸고, 바늘에 걸린 고리 2개 사이로 한 번에 빼냅니다.

JIS 규격에서는 짧은뜨기 기호로 '×'를 사용하지만 보그사에서는 '+'를 사용합니다. 실제 작업을 할 때 도안을 이해하기 쉽도록 '+'의 세로선은 코를 넣는 위치를, 가로선은 코와 코를 잇는 위치를 나타냅니다.

긴뜨기

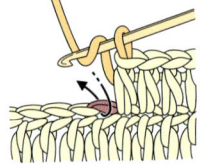

1 바늘에 실을 걸어서 앞단의 긴뜨기 머리에 코바늘을 넣습니다.

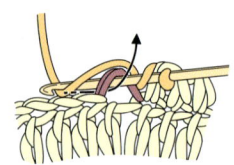

2 실을 걸어 빼냅니다.

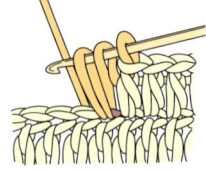

3 긴뜨기의 머리를 주웠으면 실을 빼냅니다. 코바늘에 고리가 3개 걸립니다.

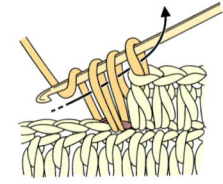

4 다시 바늘에 실을 걸어 바늘에 걸린 고리 3개 사이로 한 번에 빼냅니다.

한길 긴뜨기

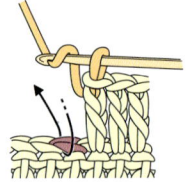

1 바늘에 실을 걸어 앞단의 한길 긴뜨기 머리에 바늘을 넣습니다.

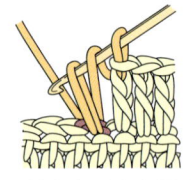

2 한길 긴뜨기의 머리를 주웠더니 바늘에 고리가 3개 걸립니다.

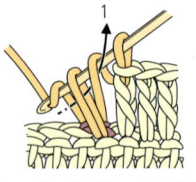

3 바늘에 실을 다시 걸어 코바늘 끝에서 고리 2개 사이로 빼냅니다. 미완성 한길 긴뜨기가 끝났습니다.

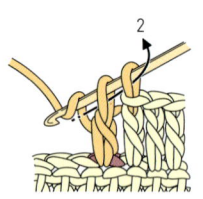

4 다시 바늘에 실을 걸어서 바늘에 남은 고리 2개 사이로 한 번에 빼냅니다.

빼뜨기

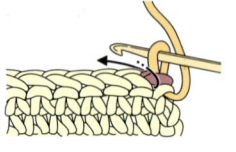

1 실을 바늘 뒤쪽에 두고, 앞단 뜨개코의 머리 (실 2가닥)에 바늘을 넣습니다.

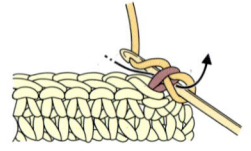

2 바늘 끝에 실을 걸어 빼냅니다.

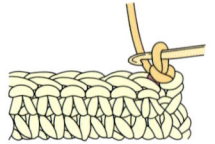

3 빼뜨기 1코를 떴습니다. 계속해서 앞단의 머리에 바늘을 넣어 실을 걸고 빼냅니다.

코바늘 기호의 법칙

코바늘 뜨기 기호에는 각각 의미가 있습니다. 각 뜨개 기법의 특징을 간소화한 이 기호를 알아두면 도안을 더 잘 이해할 수 있습니다.
여기에서는 이 책에 자주 등장하는 기호를 소개합니다.

● 기호와 뜨개 기법의 관계 (한길 긴뜨기 응용편)

한길 긴뜨기

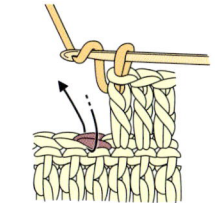

두길 긴뜨기

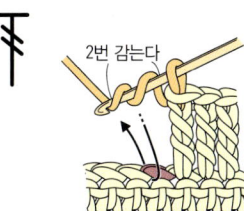

2번 감는다

세길 긴뜨기

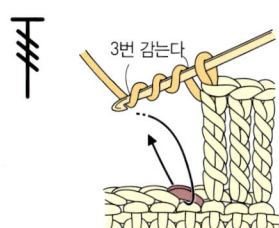

3번 감는다

기호는 뜨는 동작과 관련이 있습니다. 한길 긴뜨기, 두길 긴뜨기, 세길 긴뜨기의 기호는 세로 라인 (코의 다리)에 들어간 사선의 숫자를 나타냅니다. 이 3가지 뜨기는 코바늘에 실을 감아 뜨는데 기호의 사선은 실을 감는 횟수를 나타냅니다.

● '코 늘리기'와 '코 줄이기'

코 늘리기

코 줄이기

짧은뜨기의 코 늘리기와 코 줄이기

'코 늘리기'는 복수의 기호 아래쪽이 하나로 모인 부채꼴 모양의 기호를 사용합니다. 위 기호는 '한길 긴뜨기를 2개 떠라'라는 뜻의 기호로, 앞단의 1코에 한길 긴뜨기를 2코 떠서 콧수를 늘립니다.

'코 줄이기'는 복수의 기호 위쪽이 하나로 모인 산 모양의 기호를 사용합니다. 위 기호는 '한길 긴뜨기 2개를 한 번에 떠라'라는 뜻의 기호로, 2코 뜬 미완성 한길 긴뜨기를 마지막에 같이 빼 콧수를 줄입니다.

코 늘리기와 코 줄이기 기호는 뜨기가 다를 뿐 기본은 같습니다. 왼쪽 기호는 '짧은 2코 늘려뜨기(한 코에서)'이고, 오른쪽 기호는 '짧은 2코 모아뜨기'입니다.

● 구슬뜨기의 '한 코에서 뜨기'와 '코 아래에서 뜨기'

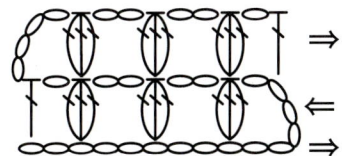

한 코에서 뜨기

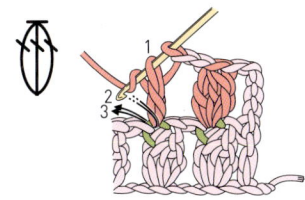

주로 사슬의 반코와 코산을 주워서 뜰 때 코를 갈라서 줍는다고 합니다. '코를 가른다'는 말은 뜨개코 안으로 바늘을 넣어 뜬다는 말입니다. 복수일 때는 기호의 아래쪽을 붙여서 나타냅니다.

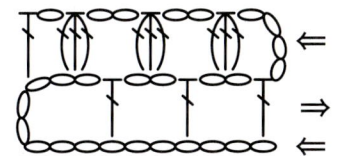

코 아래에서 뜨기

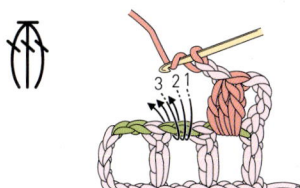

앞단 사슬의 아래쪽 공간에 바늘을 넣어 사슬 전체를 감아 뜨라는 말입니다. 이 기법을 '다발에 뜬다', '다발을 줍는다'라고도 합니다. 복수일 때는 도안처럼 기호의 아래쪽을 떨어뜨려서 나타냅니다.

늘려뜨기

한 코에서 뜨기

코 아래에서 뜨기

  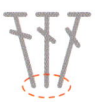

늘려뜨기 기호는 기호의 아래쪽이 붙어 있는 것과 벌어져 있는 것 두 종류가 있습니다. 아래쪽이 붙어 있다면 앞단의 한 코에 바늘을 넣어 뜨고, 벌어져 있다면 앞단의 코 전체를 다발로 주워서 뜹니다.

❧ STEP4 ❧ 이제 코바늘뜨기를 시작하자!

실과 바늘을 고르고 도안 읽는 방법까지 익혔다면 손뜨개를 할 준비는 다 끝났습니다.
이제 코바늘뜨기에 도전해봅시다. 순서와 단어, 자주 사용되는 테크닉은 순서에 맞춰 그때그때 설명하겠습니다.

✲1 실과 바늘 쥐는 법

실과 바늘을 쥐는 방법에도 정석이 있습니다.
뜨개질을 할 때 자신만의 스타일이 있겠지만 역시 정석대로 하면 좀 더 쉽고 예쁘게 작품을 만들 수 있습니다.

● 코바늘 쥐는 법

오른손

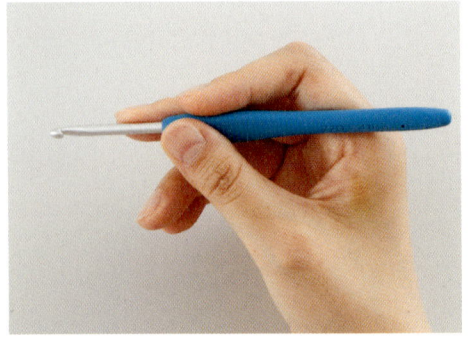

엄지와 검지로 가볍게 축을 쥐고 중지를 가져다 댑니다.

뜨개질할 때의 손놀림

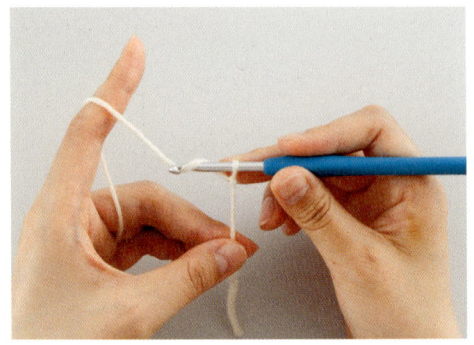

오른손에는 코바늘, 왼손에는 실을 쥡니다.

● 실을 빼는 법

라벨의 위나 아래를 가만히 잡고 실타래 속에서 실 끝을 찾아 그대로 뽑아냅니다.

대개의 뜨개실은 심지가 없는 도넛 모양의 실타래인데 안쪽에서 실 끝을 뽑아 사용합니다.

딱딱한 심지에 감긴 레이스 실은 바깥쪽에 있는 실 끝을 찾아 사용합니다.

● 실을 거는 법(왼손)

1 검지와 약지 사이로 실을 끼우고 실타래는 손등 쪽으로 보냅니다.

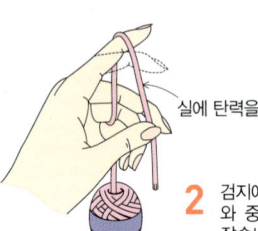

실에 탄력을 준다

2 검지에 실을 걸고, 엄지와 중지로 실 끝 쪽을 잡습니다. 검지를 세워 실을 적당히 당겨가며 뜹니다.

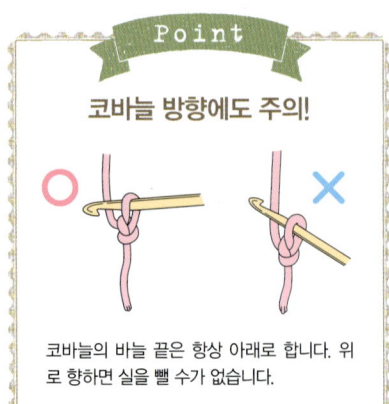

Point

코바늘 방향에도 주의!

O   X

코바늘의 바늘 끝은 항상 아래로 합니다. 위로 향하면 실을 뺄 수가 없습니다.

✳2 기초코 만들기

뜨기 시작에서 기본이 되는 코를 '기초코'라고 합니다. 기초코는 단수에 들어가지 않습니다.
기본적인 기초코에는 사슬뜨기의 기초코(13쪽)와 원형뜨기의 기초코(18~22쪽)가 있습니다.

● 사슬뜨기의 기초코

사슬뜨기는 코바늘뜨기의 기본이 되는 가장 중요한 코입니다. 이 사슬뜨기를 필요한 콧수만큼 떠서 뜨개질의 토대로 삼습니다.

첫코 뜨기

사슬뜨기를 시작하는 모습입니다.
첫코는 기초코에 들어가지 않습니다.

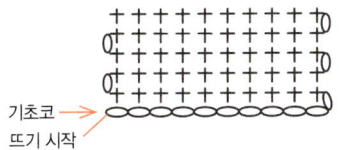

기초코 →
뜨기 시작

※ 13~17쪽 사진은 이 도안에 따라 뜨는
모습입니다. 13~15쪽에 사용한 코바늘은
7/0호입니다.

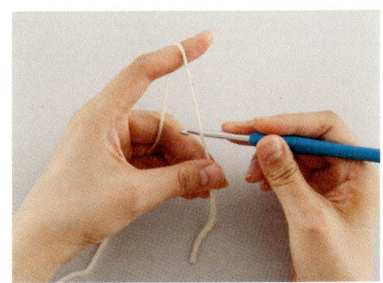

1 코바늘을 실 뒤쪽에서 앞쪽으로 누르듯이 한 바퀴 회전시킵니다.

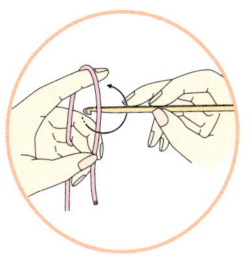

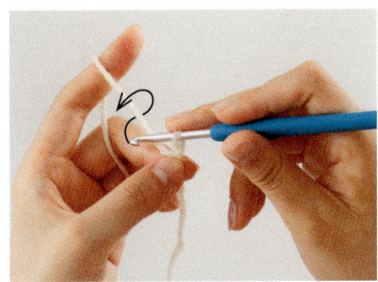

2 실 고리의 교차점을 누르고 바늘의 등으로 실을 누르듯이 움직여 실을 겁니다.

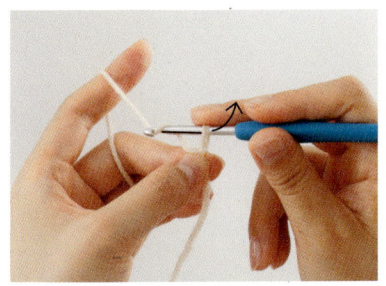

3 바늘에 걸린 실을 바늘 끝으로 당기듯이 실 고리 사이로 빼냅니다.

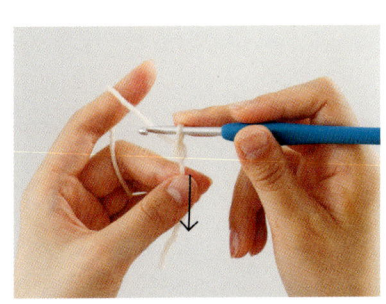

4 실 끝을 아래로 당겨서 조입니다. 이것이 가장자리코이고, 콧수에는 들어가지 않습니다.

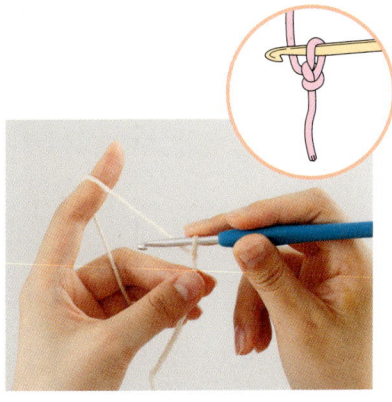

5 바늘을 실 앞에 두고, 바늘의 등으로 실을 누르듯이 움직여 실을 겁니다. 첫코를 완성했습니다.

Point

기초코는 약간 큰 바늘로 뜨자!

기초코의 사슬뜨기에서 코를 주워 1단을 뜨면 기초코의 사슬이 당겨져 뜨개바탕의 폭이 좁아집니다. 이를 막기 위한 간단한 방법은 코바늘의 굵기를 바꾸는 것입니다. 바늘의 굵기는 아래 도안을 참고해 선택합니다.

뜨개바탕의 종류	기초코를 뜰 코바늘의 굵기
짧은뜨기, 한길 긴뜨기	2호 굵은 바늘
모눈뜨기	1~2호 굵은 바늘
그물뜨기	똑같거나 1호 굵은 바늘
일반적인 구멍무늬뜨기	1~2호 굵은 바늘

작품을 '뜨는 방법'에는 기초코에 알맞은 바늘의 호수가 나와 있지 않습니다. 위의 표를 참고하여 코바늘의 호수를 선택하세요.

시작은 사슬뜨기 사슬뜨기는 코바늘뜨기의 기본이 되는 코입니다. 1단부터 뜨는 사슬코가 기초코입니다.

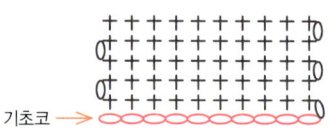

기초코 →

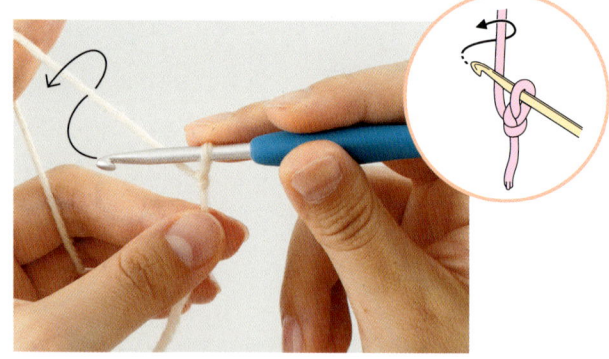

1 바늘을 실 앞에 두고, 바늘의 등으로 실을 누르듯이 움직여 실을 겁니다. 이때 손목에 힘이 들어가지 않도록 주의합니다.

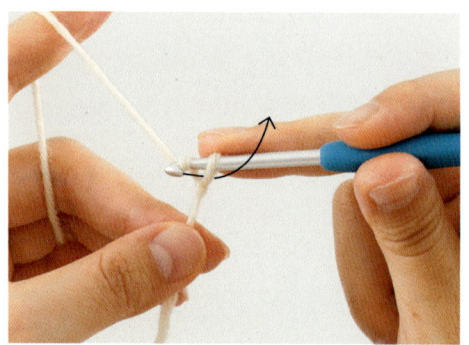

2 코바늘에 걸린 고리 사이로 실을 빼내면 사슬코 1개가 만들어 집니다.

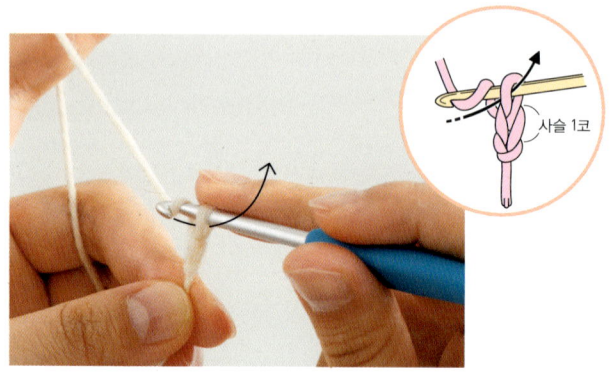

사슬 1코

3 사슬코를 1코 떴습니다. 뜨개코는 바늘에 걸린 고리 아래쪽에 생깁니다. 이어서 **2**에서 한 것처럼 바늘에 걸린 실을 바늘 끝으로 당기며 고리 사이로 실을 빼냅니다.

4 3~4코를 뜰 때마다 왼손의 검지로는 실을 부드럽게 풀어 넘겨주고, 왼손의 엄지와 중지로는 사슬뜨기를 가볍게 누르듯 이동하면서 필요한 콧수만큼 뜹니다.

Column

기초코가 길 때는

콧수가 많은 기초코는 사슬코를 3~4코 뜰 때마다 왼손의 엄지와 중지로 지지합니다. 그러면 손뜨개도 쉬워지고 코의 크기도 고르게 뜰 수 있습니다.

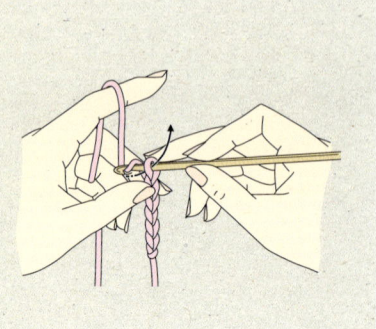

✳3 기둥코 세우기

기둥코란 새로운 단을 시작할 때 뜨는 사슬코를 말합니다. 떠야 할 코의 높이(길이)에 따라 사슬코의 콧수가 결정됩니다.

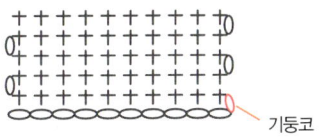

기둥코를 뜨면

기둥코를 떴더니 뜨개바탕 테두리가 깔끔하게 정돈된 느낌입니다.

기둥코를 뜨지 않으면

기둥코를 뜨지 않고 다음 단의 코를 바로 뜨면 뜨개바탕의 테두리가 일그러집니다.

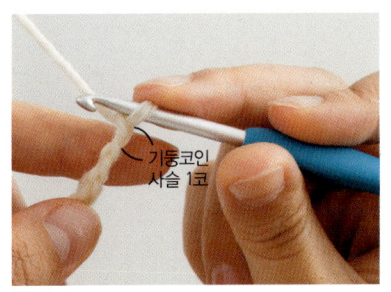

기둥코인 사슬 1코를 뜬 모습입니다. 짧은뜨기는 기초코+1코를 뜹니다.

코의 높이와 기둥코의 관계

기둥코를 콧수에 넣을지 말지는 뜨개 기법에 따라 달라집니다. 긴뜨기보다 길어지는 뜨기에서는 기둥코를 1코로 세지만, 짧은뜨기에서는 1코로 세지 않습니다. 기둥코의 사슬코를 1코로 세려면 기둥코의 토대가 되는 코가 있어야 합니다. 빼뜨기는 높이가 없는 뜨개코이므로 기둥코를 뜨지 않습니다. 짧은뜨기 외에는 기둥코인 사슬코를 각 뜨기의 높이만큼 뜨고 실제 코는 1코 뺀 콧수를 떠도 기둥코인 사슬코를 1코로 세므로 필요한 콧수를 뜬 셈이 됩니다.

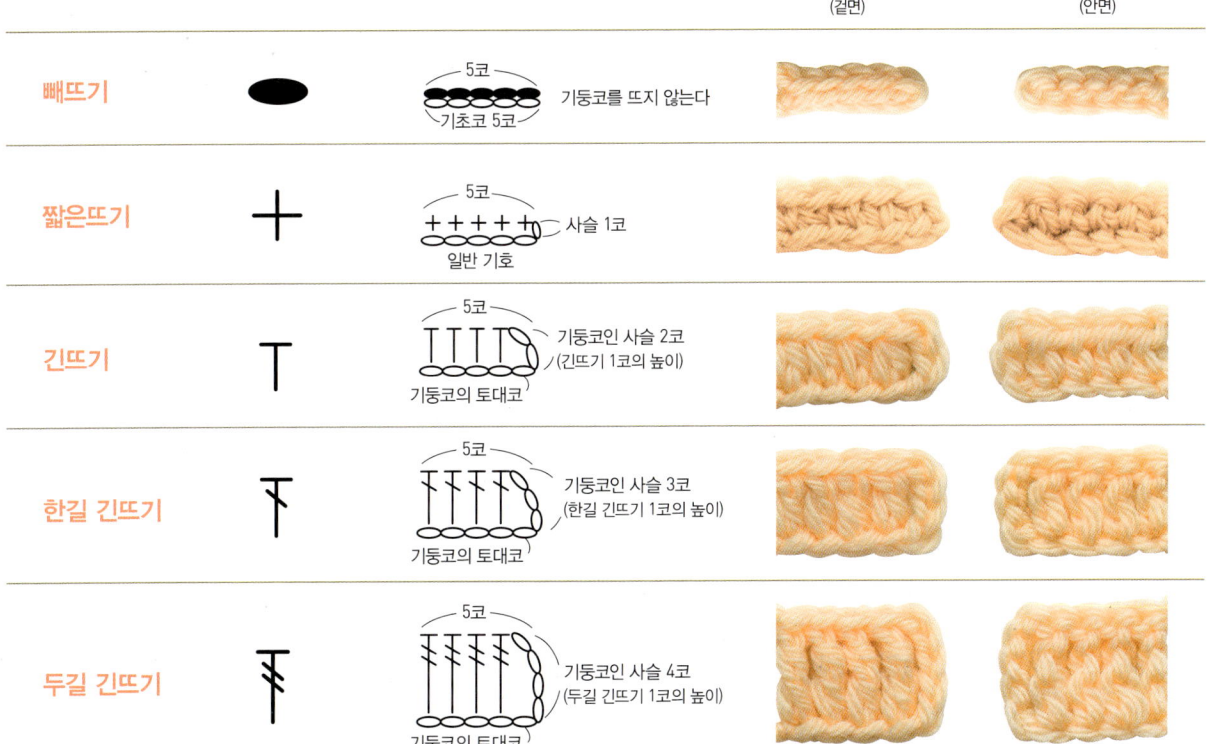

15

✳**4** 코 줍는 방법

사슬뜨기를 떠서 이를 기초코로 삼을 때 코를 줍는 방법은 3가지입니다.
방법에 따라 제각각 특징이 있으므로 완성된 상태와 난이도를 비교하면서 작품에 가장 어울리는 코줍기를 선택합니다.

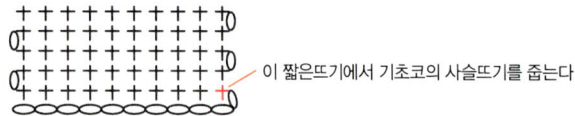

이 짧은뜨기에서 기초코의 사슬뜨기를 줍는다

● 사슬뜨기의 겉면과 안면

사슬(고리) 모양 코가 계속 이어지는 쪽이 겉면이고, 코의 중앙이 도톰하게 산 (코산)처럼 올라와 있는 쪽이 안면입니다.

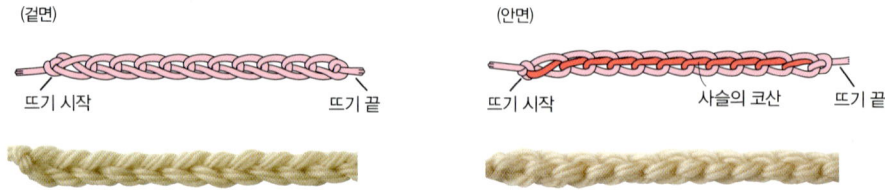

(겉면) 뜨기 시작 / 뜨기 끝

(안면) 뜨기 시작 / 사슬의 코산 / 뜨기 끝

● 사슬코를 줍는 여러 방법

사슬뜨기를 겉면에서 봤을 때 보이는 1줄을 '반코'라고 합니다. 코 줍기는 반코와 사슬의 코산을 줍는 것이 포인트입니다.

사슬의 코산 줍기

일반적인 코 줍기입니다. 사슬의 코산을 주우면 겉면의 사슬 모양이 변하지 않고 테두리 선이 깔끔하게 처리됩니다. 뜨개바탕의 테두리가 겉면에서 보일 때 사용하는 방법입니다.

기초코는 약간 굵은 바늘로 뜬다 / 기둥코

※ 기초코를 뜬 다음 작품용 바늘로 바꿉니다.

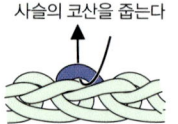

사슬의 코산을 줍는다

사슬의 반코 줍기

사슬 위 반코(실 한 가닥)를 주워서 뜹니다. 이 방법은 알기 쉬워 초보자에게 적합하지만, 기초코가 늘어나기 쉽다는 단점이 있습니다.

기둥코

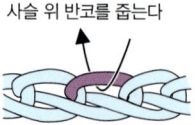

사슬 위 반코를 줍는다

사슬의 반코와 코산 줍기

사슬 위 반코와 사슬의 코산을 동시에 주워서 뜹니다. 코를 줍기도 쉽고 뜨개바탕이 튼튼해져 안정감 있는 방법입니다. 그물뜨기를 할 때 활용하면 좋습니다.

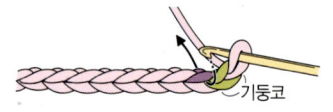

기둥코

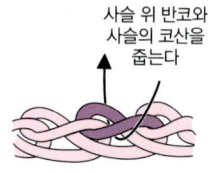

사슬 위 반코와 사슬의 코산을 줍는다

✳5 1단 뜨기

사슬뜨기의 기초코로 뜨는 방법 (17쪽)과 원형뜨기의 기초코로 뜨는 방법 (18~22쪽)을 소개합니다.
코 줍는 위치가 달라지면 뜨개바탕이 뒤틀어지거나 콧수가 줄어드니 확인해가며 뜹니다.

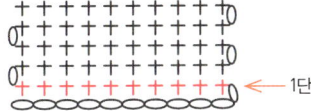

← 1단

● 사슬뜨기의 기초코 (사슬의 코산 줍기)

1단은 짧은뜨기를 합니다. 코가 꽉 찬 뜨개바탕이므로 기초코는 뜨개바탕용 코바늘보다 2호 굵은 바늘로 뜹니다.

1단 (짧은뜨기)

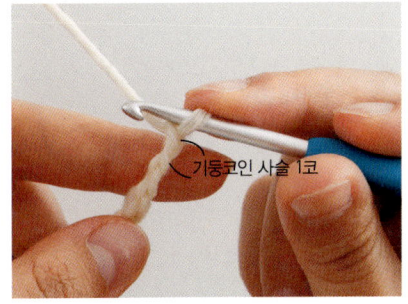

1 기초코는 뜨개바탕용 코바늘보다 2호 굵은 바늘(사진 속의 코바늘 호수는 9/0호)로 뜹니다. 뜨개바탕용 바늘(7/0호)로 바꿔 기둥코인 사슬 1코를 뜹니다.

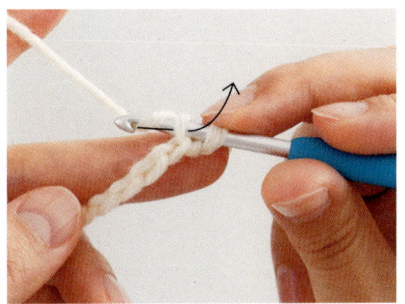

2 바늘의 등으로 실을 누르듯이 바늘 끝을 빙 돌려서 기초코의 사슬의 코산을 줍고 실을 걸어 빼냅니다.

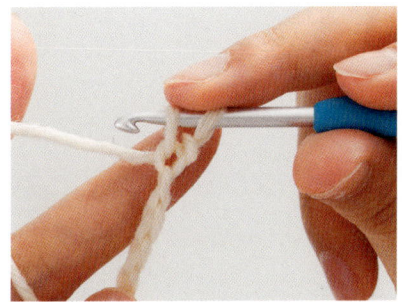

3 바늘에 건 실을 뺀 모습입니다.

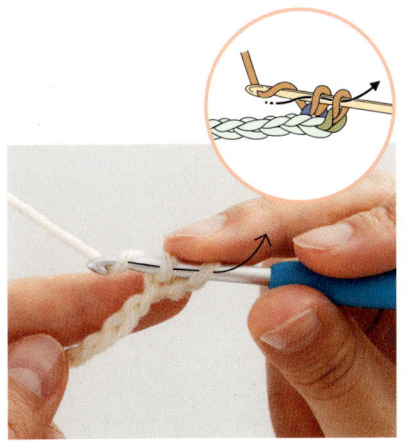

4 다시 바늘 끝에 실을 걸어서 바늘에 걸린 고리 2개 사이로 한 번에 빼냅니다.

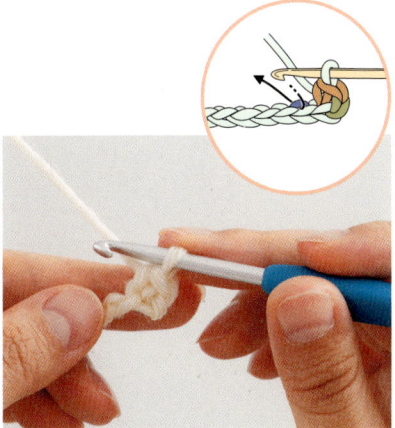

5 짧은뜨기를 1코 떴습니다.

6 이어서 다음 기초코의 코산을 주우며 뜹니다. 1단을 완성했습니다. 다음 단계는 23쪽에서 이어집니다.

● 원형뜨기의 기초코 (손가락에 실을 감아 원형코 만들기)

실로 원을 만들어 기초코로 삼습니다. 중심에서 바깥쪽으로 퍼지는 뜨개 기법으로 중심이 단단하게 조여 있어서 자주 사용하는 방법입니다.

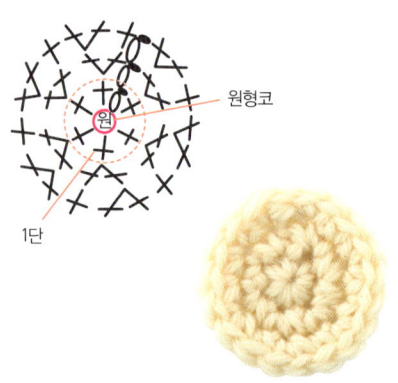

원형코

1단

원형뜨기의 뜨기 시작

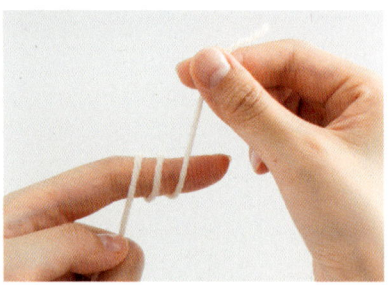

1 왼손 검지에 실 끝을 2번 감습니다.

2 감은 고리가 찌그러지지 않도록 교차점을 누르고, 감은 실을 그대로 빼면 중심 원이 됩니다.

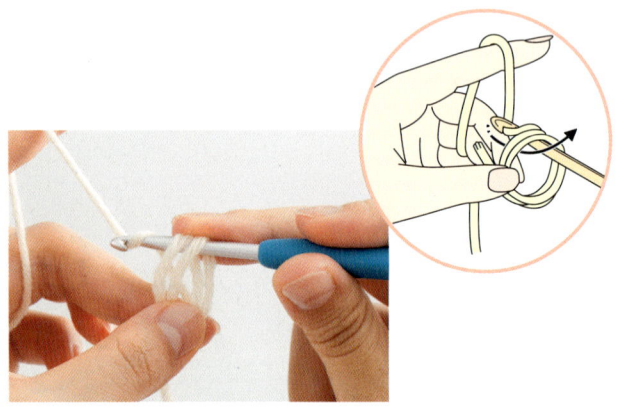

3 고리를 왼손에 바꿔 듭니다. 실타래 쪽 실을 검지에 걸고, 고리 안에 바늘을 넣어 실을 겁니다.

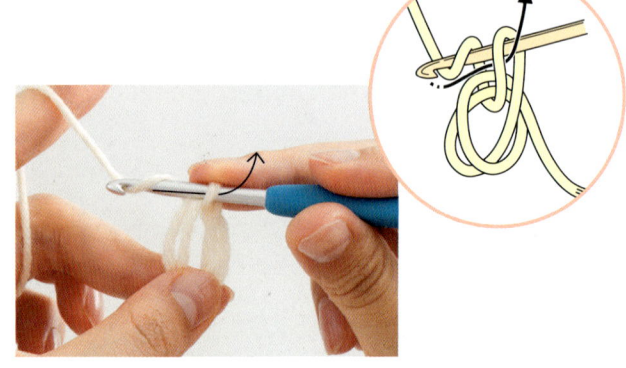

4 다시 실을 걸어 빼냅니다.

1단 (짧은뜨기 6코 뜨기)

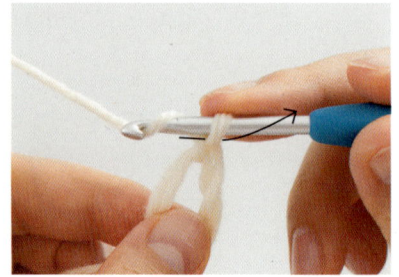

5 고리에 코가 생겼습니다. 이 코는 콧수로 세지 않습니다.

6 바늘에 실을 걸어 빼내고 사슬 1코를 뜹니다. 이 코는 기둥코인 사슬 1코입니다.

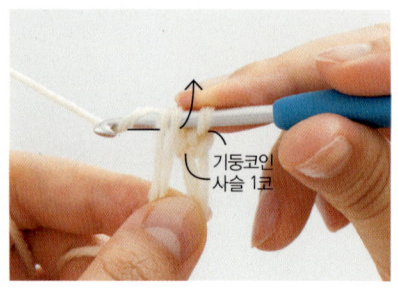

기둥코인 사슬 1코

7 원형코 안에 바늘을 넣고 실을 걸어 빼냅니다.

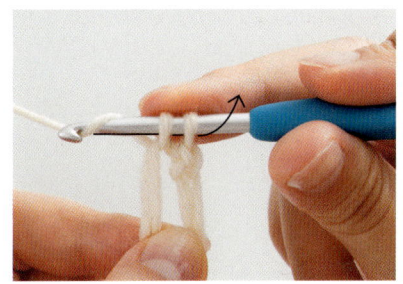

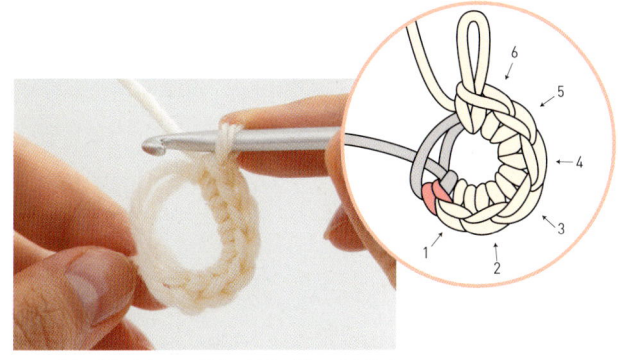

8 다시 바늘에 실을 걸어서 코바늘에 걸린 고리 2개 사이로 한 번에 빼냅니다. 짧은뜨기를 1코 떴습니다.

9 계속 같은 방법으로 원형코 안에 짧은뜨기를 합니다. 1단의 짧은뜨기 6코를 떴습니다.

중심 조이기

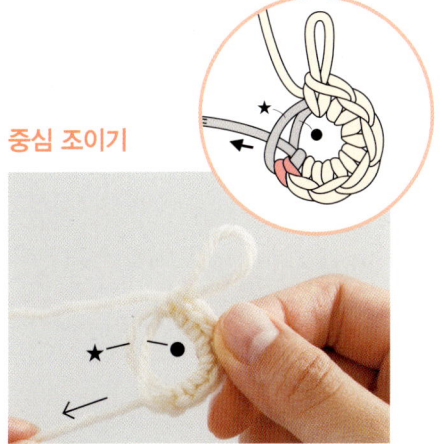

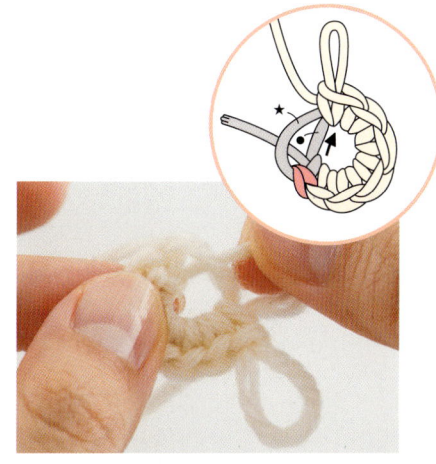

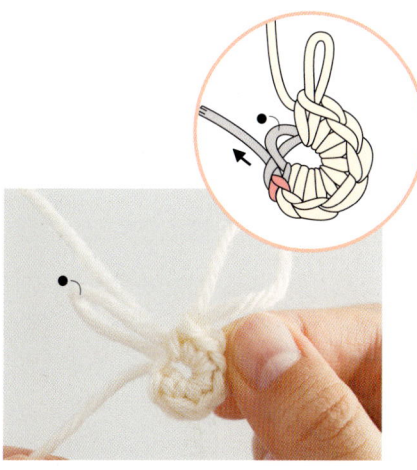

10 실 끝을 살짝 잡아당기면 원형코의 2가닥 실 중에서 한 가닥이 움직입니다(●). 이 가닥이 실 끝에 가까운 실입니다.

11 움직인 실을 손으로 살살 잡아당겨서 실 끝에서 먼 쪽의 고리(★)를 조입니다. 이렇게 하면 당긴 쪽의 고리(●)는 남습니다.

12 실 끝을 당기면 이번에는 실 끝에 가까운 쪽의 고리(●)가 조여집니다. 원이 좁아지면 **10**에서 넓힌 원형코를 원래대로 되돌립니다.

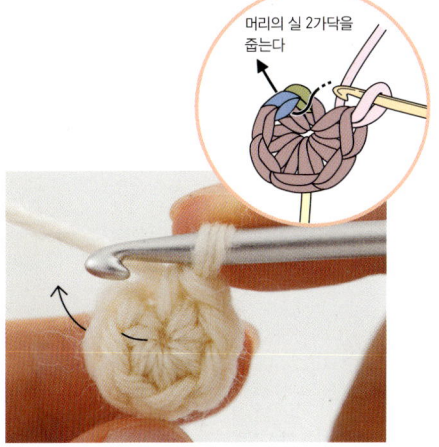

13 원형코가 조여졌으면 1단의 끝코는 1번째 코 짧은뜨기에 빼뜨기를 합니다.

14 머리에 바늘을 넣고, 바늘에 실을 걸어 빼뜨기를 합니다. 이때 실 끝도 바늘을 걸어 같이 빼냅니다.

15 1단을 떴습니다. 다음 단계는 23쪽에서 이어집니다.

● 사슬뜨기로 원형코 만들기

사슬뜨기로 원형코를 만들어 기초코로 해서 뜹니다. 원형코는 중심에서 밖으로 퍼지는 형태를 뜰 때 사용합니다.

작은 원에서 시작하기

기초코의 원은 한 번 뜨고 나면 나중에 좁힐 수 없어서 가운데 구멍이 생깁니다.

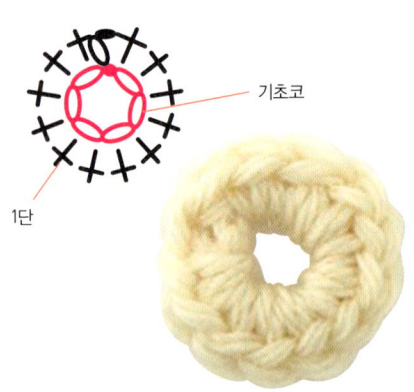

기초코

1단

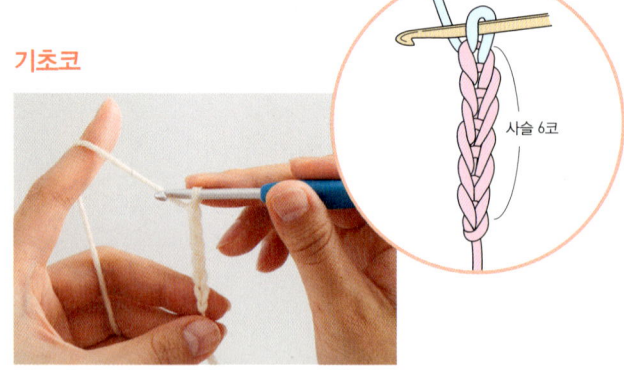

기초코

1 필요한 만큼 사슬뜨기를 합니다. 사진은 6코를 뜬 모습입니다.

사슬 6코

사슬의 바깥쪽 반코와 코산을 같이 줍는다

2 1번째 사슬의 바깥쪽 반코와 코산을 같이 주워 바늘에 넣습니다.

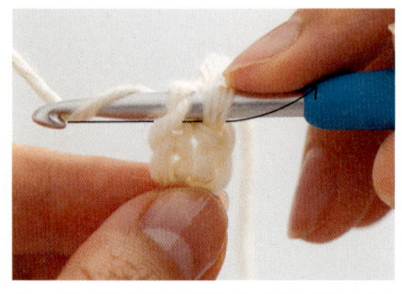

3 실을 걸어 한 번에 빼냅니다. 이렇게 하면 사슬이 고리 모양을 이룹니다.

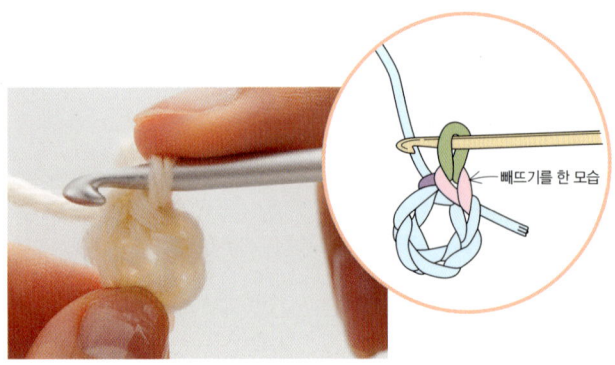

빼뜨기를 한 모습

4 사슬뜨기를 뺀 모습입니다.

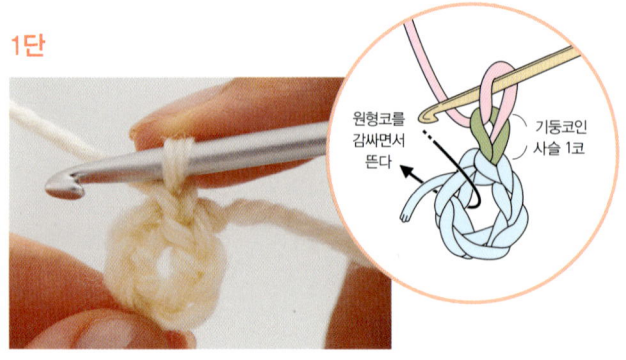

1단

원형코를 감싸면서 뜬다

기둥코인 사슬 1코

5 사슬 1코를 떠서 기둥을 세웁니다.

20

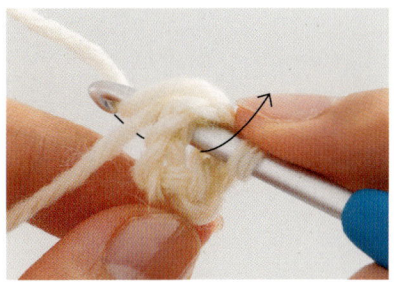

6 이어서 사슬로 만든 고리 사이로 바늘을 넣어 실을 빼냅니다. 이때 실 끝도 같이 넣습니다.

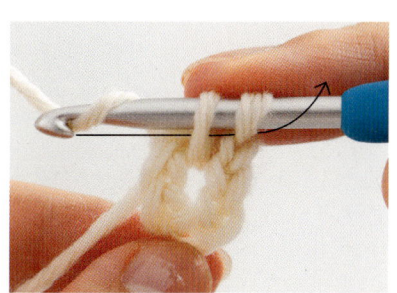

7 다시 실을 걸어 바늘에 걸린 고리 2개 사이로 한 번에 빼냅니다. 이제 실 끝을 감싸면서 뜹니다.

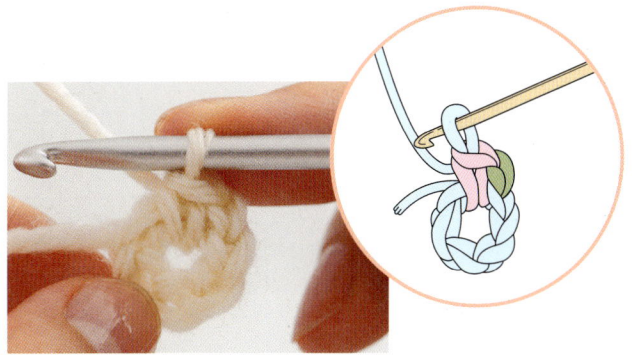

8 짧은뜨기를 1코 떴습니다.

9 같은 요령으로 사슬 고리 안에 바늘을 넣어 짧은뜨기를 12코 뜹니다.

10 1단의 뜨기 끝에서는 1번째 코 짧은뜨기 머리의 실을 2가닥을 주워서 바늘을 넣은 다음 실을 걸어 빼냅니다.

11 1단을 떴습니다.

사슬뜨기로 원형코 만들기(큰 원으로 뜨기)

모자나 풀오버처럼 아래에서 뜨며 올라가는 뜨개를 할 때 사용하는 기초코입니다. 기초코를 뜰 때 사슬뜨기의 원이 비뚤어지지 않도록 합니다.

기초코

1 필요한 콧수만큼 사슬뜨기를 합니다. 사슬이 꼬이지 않도록 조심하면서 1번째 코의 코산에 바늘을 넣습니다.

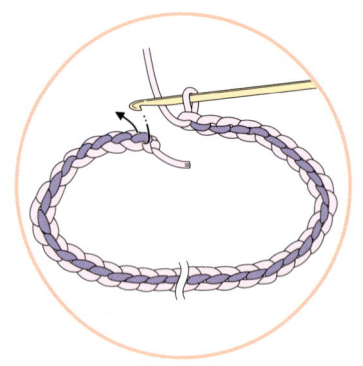

2 실을 걸어 한 번에 빼냅니다.

1단

3 사슬이 고리 모양을 이루었습니다.

4 이어서 기둥코인 사슬 1코를 뜹니다.

5 2와 마찬가지로 사슬의 코산을 주워 짧은뜨기를 합니다.

6 사슬의 코산을 주우며 짧은뜨기를 5코 뜬 모습입니다.

7 1단을 다 떴으면 1번째 코 짧은뜨기 머리의 실 2가닥을 주워 빼냅니다.

8 1단을 완성했습니다.

1단을 다 떴으면 이어서 2단을 뜁니다.
2단 이후부터는 코 줍는 위치를 헷갈릴 수 있으므로 주의합니다.

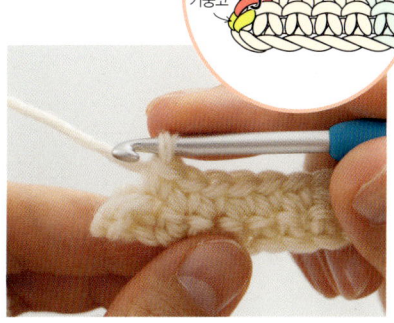

● 왕복뜨기

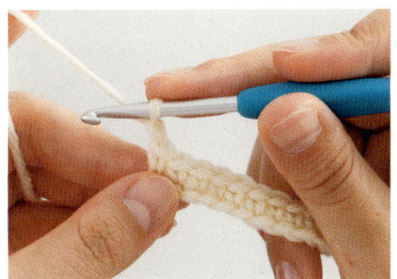

1 1단이 끝났다면 기둥코인 사슬 1코를 뜹니다.

2 바늘은 그대로 두고, 뜨개바탕의 오른쪽 끝을 뒤쪽으로 누르듯이 돌려 안면이 앞으로 오도록 합니다.

3 그대로 짧은뜨기를 합니다. 2단의 뜨기 끝에서는 기둥코를 줍지 않습니다.

● 원형뜨기

1 1단을 완성했습니다. 이어서 기둥코인 사슬 1코를 뜹니다.

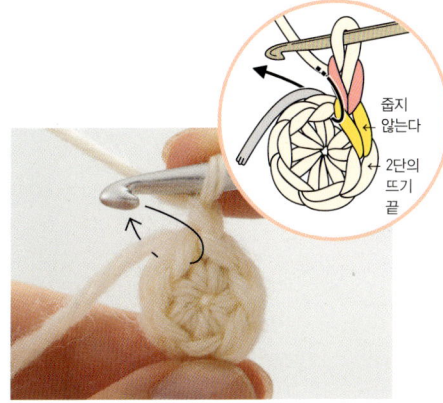

2 앞단의 1번째 코 머리에 바늘을 넣어 짧은뜨기를 합니다.

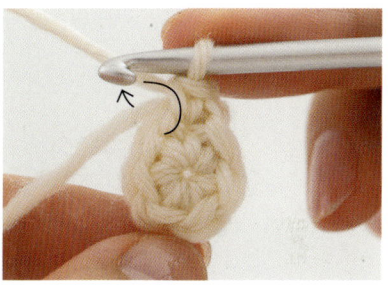

3 짧은뜨기 2코를 한 곳에 떠서 1코가 늘어났습니다. 같은 요령으로 앞단의 코에 짧은뜨기를 뜹니다.

Point

테두리코 줍는 방법

짧은뜨기와 그 외 뜨개 기법에서는 2단 이후에 단별로 뜨기 시작과 뜨기 끝을 줍는 위치가 다릅니다.

【짧은뜨기】

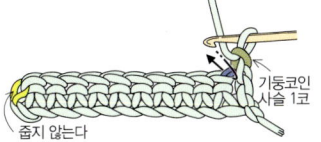

뜨기 시작
기둥코의 사슬코 아래쪽에 코바늘을 넣습니다.

뜨기 끝
앞단 테두리의 짧은뜨기 머리(실 2가닥)를 줍습니다.

【그 외의 코】

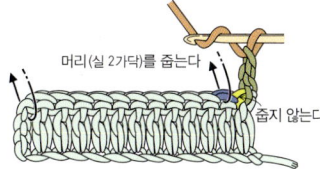

뜨기 시작
기둥코의 다음 코에 코바늘을 넣습니다.

뜨기 끝
앞단의 기둥코 머리 (한길 긴뜨기라면 사슬 3번째)의 2가닥(사슬의 코산과 바깥쪽 반코) 사이로 줍습니다.

※ 뜨기 끝의 코 줍는 방법은 43쪽을 참고하세요.

❧ STEP5 ❧ 마무리하기

코바늘뜨기가 끝났으면 이제 마무리 단계입니다. 완성한 뜨개바탕끼리 이어서 모티브를 만들거나 실을 정리합니다.
순서에 따라 작품을 깔끔하게 정리하고 마지막에는 스팀다리미로 코를 정리합니다.

● 뜨기 끝에서의 실 정리법

뜨기 끝의 실은 실을 정리하는 데 필요한 길이만큼 남긴 다음 잘라서 빼냅니다.
뜨개바탕의 안면으로 돌리기만 할 것이라면 약 15cm, 잇거나 마감을 하려면 필요한 길이의 2.5~3배의 실을 남깁니다.

1 마지막코를 떴다면, 실을 걸어 고리에서 빼냅니다.

2 바늘을 당겨 바늘에 걸린 고리 크기를 키웁니다.

3 고리 안에서 적당한 길이로 자릅니다.

● 다양한 실 정리법

남겨놓은 실 끝을 돗바늘에 꿰어서 눈에 띄지 않게 정리합니다. 뜨개바탕과 같은 색으로 마무리 작업을 해야 깔끔합니다.

뜨기 끝에서 실 정리하기

겉면과 안면이 구별되는 작품이라면 실 끝을 안쪽으로 빼내서 3~4cm 정도 뜨개바탕 안으로 통과시킨 다음 실 끝을 자릅니다.

뜨개바탕의 안면이 드러나는 작품이라면 가장자리코에 실을 넣어서 정리합니다.

뜨기 시작에서 실 정리하기

겉면과 안면이 구별되는 작품이라면 뜨개바탕을 뒤집은 뒤 안면에서 돗바늘을 꿰어 마무리합니다.

뜨개바탕의 안면이 드러나는 작품이라면 가장자리코에 실을 넣어서 정리합니다.

● 뜨개바탕 연결하기

뜨개바탕 2장을 이을 때 단과 단을 맞추는 경우와 코와 코를 맞추는 경우가 있습니다. 코와 코를 연결하면 '잇기', 단과 단을 연결하면 '꿰매기'라고 합니다.
'꿰매기'든 '잇기'든 두 경우 모두 코가 어긋나지 않도록 연결합니다.

빼뜨기로 잇기

코가 겹쳐서 연결 부위가 약간 두꺼워지지만 튼튼하게 연결이 됩니다.

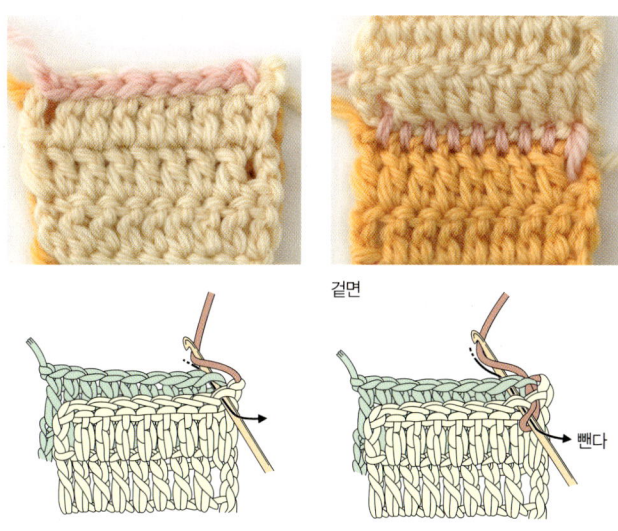

뜨개바탕의 겉면끼리 맞대고 각각의 기초코인 사슬코에 바늘을 넣어 실을 걸고 빼냅니다. 빼뜨기 코와 뜨개바탕의 코의 크기를 같게 하는 것이 포인트입니다. 잇기의 마무리 방법은 '뜨기 끝에서의 실 정리법'(24쪽)과 같습니다.

감아서 잇기

간단하게 잇는 방법으로 뜨개바탕의 코 잇기를 할 때 주로 사용합니다.

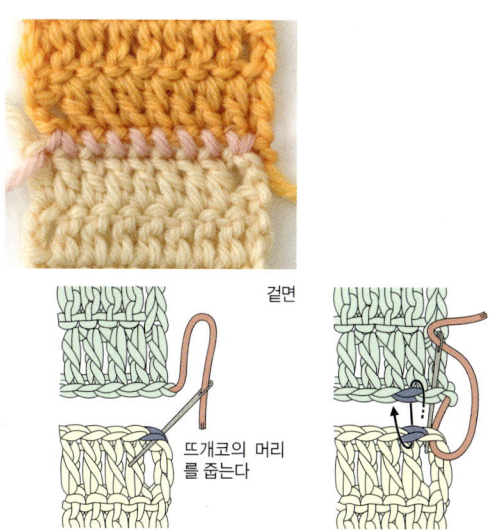

뜨개바탕의 겉면이 위로 오도록 2장을 나란히 놓고, 각각의 마지막단에서 뜨개코의 머리를 줍습니다. 돗바늘을 도안처럼 항상 같은 방향으로 넣어가며 1코씩 잇습니다. 잇기를 마무리 할 때는 같은 곳에 돗바늘을 1~2회 정도 더 감아 실을 정리합니다.

빼뜨기로 꿰매기

양 끝은 반코씩 사라지므로 막기를 한 테두리가 가늘게 보입니다.

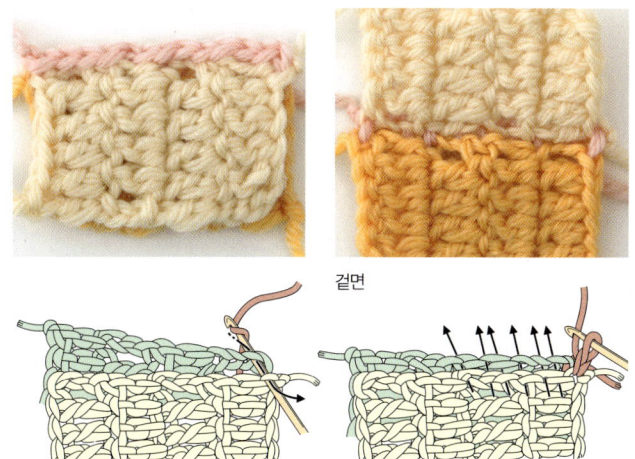

뜨개바탕의 겉면끼리 맞대고 각각의 기초코인 사슬코에 바늘을 넣어 실을 걸고 빼냅니다. 이어서 뜨개코의 높이만큼 사슬을 뜨고 다음 뜨개코의 머리에 바늘을 넣습니다. 각각의 머리를 주워 빼뜨기를 반복합니다. 끝은 '뜨기 끝에서의 실 정리법'(24쪽)으로 마무리합니다.

감아서 꿰매기

간단한 방법이지만 감침질한 자국이 눈에 띕니다.

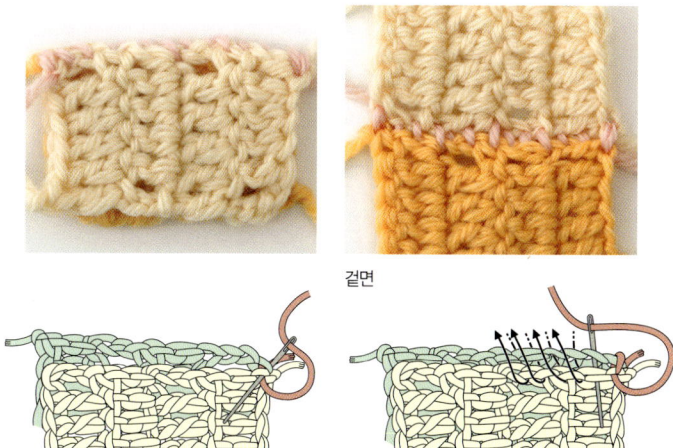

뜨개바탕의 겉면끼리 맞대고 돗바늘을 각각의 기초코인 사슬코에 넣습니다. 바늘을 항상 같은 방향으로 넣어야 하고, 2장 모두 가장자리를 갈라가며 한길 긴뜨기 1단을 2~3회 감 침질합니다. 끝부분은 같은 곳에 바늘을 1~2회 정도 더 감아 마무리합니다.

● 뜨개바탕 다림질하기

돌돌 말리거나 일그러진 뜨개바탕에 증기를 쏘이면 모양이 정리되면서 완성도가 훨씬 높아집니다.
그러나 뜨개바탕에 직접 스팀다리미를 대면 코가 찌그러집니다. 코가 잘 살아나도록 증기를 쐬주는 것이 중요합니다.

1 완성된 뜨개바탕입니다. 테두리가 말려서 형태가 일그러졌습니다.

2 뜨개바탕의 안면이 위로 오도록 펴고 완성 치수에 맞춰 시침핀으로 뜨개바탕을 고정하여 모양을 정리합니다.

3 완성 치수를 그려놓은 본 위에 뜨개바탕을 올려놓았습니다. 이때 시침핀은 뜨개바탕을 완성 치수대로 고정하거나 원래 치수가 있으면 거기에 맞추어 고정하는 역할을 합니다.

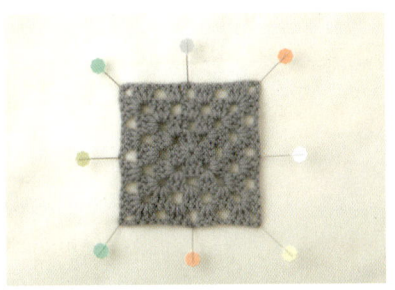

4 뜨개바탕을 대각선으로 고정한 다음 나머지 변에도 시침핀을 찔러 형태를 맞춥니다.

5 스팀다리미가 뜨개바탕에 직접 닿지 않도록 조심하며 골고루 증기를 쏘입니다.

6 스팀다리미의 열이 충분히 식어서 뜨개바탕의 형태가 제자리를 잡으면 시침핀을 빼냅니다.

Point

시침핀은 증기를 쏘이기 쉽도록 45도로 눕혀서 꽂습니다.

Point

스팀다리미는 뜨개바탕에서 2~3cm 띄워 증기를 쐬어줍니다.

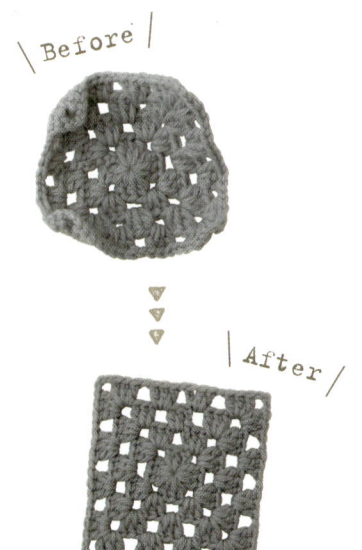

\ Before /

\ After /

26

알아두면 편리하다!

알면 득이 되는 **코바늘뜨기 노하우**

코바늘뜨기를 하다가 실수했을 때 해결 방법을 미리 알아두면 뜨개질이 훨씬 쉽고 즐겁습니다.
'알면 득이 되는 노하우'를 익혀 뜨개질할 때 활용해보세요.

뜨개질 도중에 실이 떨어졌을 때

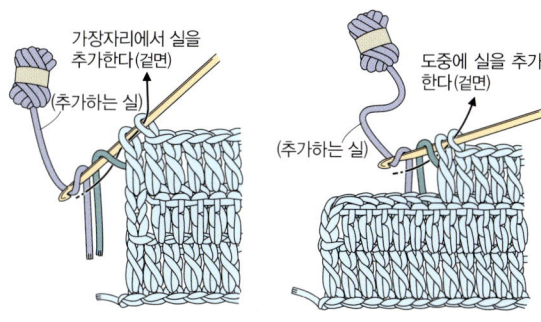

실은 가능하면 뜨개바탕의 가장자리에서 바꿉니다. 실을 바꾸기 직전의 코에서는 빼뜨기를 합니다. 겉면에서 뜰 때 실을 바꾸려면 뜨고 있는 실의 앞쪽에서 뒤쪽으로 바늘을 겁니다. 안면에서 뜰 때 실을 바꾸려면 반대쪽에서 앞으로 코바늘을 걸어 새 실을 빼냅니다. 가장자리에서 실을 바꾸려면 위아래의 코에 실을 통과시켜 정리합니다.

뜨개질 도중에 색을 바꾸고 싶을 때

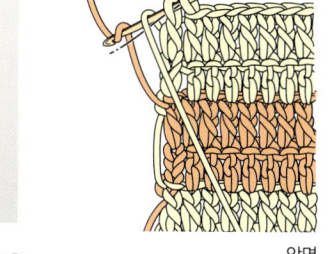

【가장자리에서 실 색상을 바꿀 때】

가장자리코의 마지막 빼뜨기에서 실을 바꿉니다. 방법은 왼쪽의 '뜨개질 도중에 실이 떨어졌을 때'와 같습니다. 그러면 위의 사진과 도안처럼 실이 안면으로 가므로 겉면에서 봤을 때는 깔끔합니다.

뜨개질 도중에 실타래에서 매듭이 나왔을 때

뜨개바탕 중간에 매듭이 생기는 경우가 많습니다. 매듭 부분을 풀거나 자르고 코의 마지막 빼뜨기에서 매듭을 자른 실로 바꿔 뜹니다. 실 끝은 좌우의 뜨개바탕에 통과시켜 눈에 띄지 않게 정리합니다.

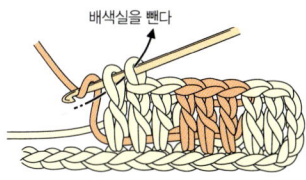

【뜨개바탕 중간에서 실 색상을 바꿀 때】

색 바꾸기 1코 전의 마지막 빼뜨기를 할 때 배색실을 걸어 바꿉니다. 사진처럼 색을 바꾸는 간격이 짧을 때는 바탕실을 감싸면서 뜹니다. 즉, 실을 끊어내지 않고 실 색상을 바꿔가며 뜨개질한다는 의미입니다.

Column

자주 하는 실수

사각형 뜨개바탕을 뜨려고 했는데 사다리꼴이 되어버렸어요! 이유는 2단 이후의 뜨기 끝에서 앞단의 기둥코를 줍지 않아서입니다. 그러니 콧수를 꼭 확인하면서 뜹니다.

뜨개코가 줄어든 뜨개바탕

기초코가 눈에 띄게 줄어들었어요! 기초코의 코를 주워 뜬 뜨개바탕인데 기초코를 빡빡하게 떠서 그렇습니다. 이런 실수를 하지 않으려면 기초코를 약간 두꺼운 코바늘로 뜹니다. 13쪽을 참고하세요.

뜨개코가 늘어난 뜨개바탕

만들면서 익히는 기본 뜨개 기법

코바늘뜨기를 익히려면 역시 직접 손으로 떠보는 게 가장 좋습니다.
뜨개 기법과 순서를 자연스럽게 손에 익혀봅시다.

꽃 모티브를 이용한 액세서리

코바늘뜨기의 4가지 기본 뜨개 기법으로
꽃 모티브를 만들었습니다.
액세서리는 모티브 1장으로 큰 효과를 발휘합니다.
모티브 2장을 겹쳐서 약간 크게 만들어도
재미있습니다.

Design & Knitting … 우라 시즈카
How to make … 29〜31쪽, 34쪽

Level I

꽃 모티브

작아서 금방 만들 수 있어요.
액세서리를 만들 때 훌륭한 역할을 해요.

[사용한 뜨개 기법]

 원형뜨기 … 18쪽   사슬뜨기 … 10쪽   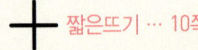 짧은뜨기 … 10쪽   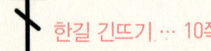 한길 긴뜨기 … 10쪽    빼뜨기 … 10쪽

How to make

꽃 모티브

기본인 꽃 모티브 뜨개 기법입니다. 28쪽의 반지, 가방 장식, 머리핀 만드는 방법은 34쪽을 참고하세요.

재료와 도구
Hamanaka Pom Beans 오렌지색(8) 소량,
코바늘 5/0호

완성 치수
꽃 모티브 지름 3.5cm

뜨는 방법의 포인트
● 원형코로 시작합니다.
● 도안을 참고해 2단 뜹니다.

꽃 모티브
(공통)

▶ = 실 끊기
[참고] 도안 보는 방법 8~9쪽

1 원형코 만들기

● 손가락에 실을 감아 원형코 만들기

1 왼손 검지에 실 끝을 2번 감아 고리를 만듭니다.
[참고] 원형뜨기의 기초코 18쪽

2 감은 고리가 찌그러지지 않도록 교차점을 누르고, 고리 안에 바늘을 넣은 다음 실을 겁니다.

3 바늘에 건 실을 고리 안으로 뺀 모습입니다.

4 다시 실을 걸어 빼냅니다.

2 1단 뜨기

● 기둥코(사슬뜨기)

● 짧은뜨기

5 첫코를 완성했습니다. 이 코는 콧수로 세지 않습니다.

6 바늘에 실을 걸어 빼냅니다.
[참고] 사슬뜨기 10쪽

7 기둥코인 사슬 1코를 떴습니다.
[참고] 기둥코 세우기 15쪽

8 원형코 안에 바늘을 넣은 다음 실을 걸어 빼냅니다.
[참고] 짧은뜨기 10쪽

9 다시 바늘에 실을 걸어 화살표처럼 한 번에 빼냅니다.

10 짧은뜨기 1코를 떴습니다.

11 이어서 사슬뜨기 1코, 짧은뜨기 1코를 5번 뜨고 사슬뜨기 1코로 마무리합니다. 다 떴으면 코바늘을 빼고 원형코의 2가닥 실을 당겨서 좁힙니다.
[참고] 19쪽 **10–12**

12 실 끝을 당겨 중심에 빈 공간이 보이지 않도록 조입니다.

● 빼뜨기

13 바늘을 고리에 다시 걸고 짧은뜨기 머리에 넣습니다.
[참고] 짧은뜨기 10쪽

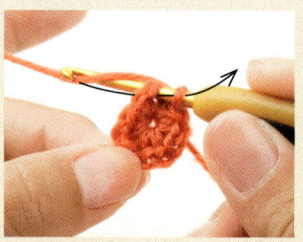

14 실을 걸어 빼냅니다.

15 빼뜨기가 끝난 모습입니다. 1단을 떴습니다.

3 2단 뜨기

16 앞단의 첫 사슬코를 코 아래에서 주워 바늘을 넣고 빼뜨기로 위치를 이동합니다. 이어서 기둥코인 사슬 1코를 뜹니다.
[참고] 코 아래에서 뜨기 11쪽

17 16처럼 앞단의 사슬코를 코 아래에서 주워 바늘을 넣고 실을 걸어서 뺀 다음 다시 바늘에 실을 겁니다.

18 2개의 고리 사이로 한 번에 빼냅니다. 짧은뜨기를 한 모습입니다.

● 한길 긴뜨기

19 바늘에 실을 겁니다
[참고] 한길 긴뜨기 10쪽

20 17과 같은 코 (앞단의 사슬코)를 코 아래에서 주워 바늘을 넣어 실을 당깁니다. 이렇게 하면 바늘에 고리가 3개 걸립니다.

21 바늘에 실을 다시 걸어 화살표 처럼 바늘 끝에서 2개의 고리 사이로 꺼냅니다. 이제 바늘에 걸린 고리는 2개입니다.

22 실을 다시 걸어 남은 고리 2개 사이로 한 번에 빼냅니다.

23 한길 긴뜨기 1코를 떴습니다.

24 계속해서 17과 같은 곳에 한길 긴뜨기 1코를 더 뜨고 짧은뜨기 1코를 떠 꽃잎 1장을 완성합니다.

4 실 정리하기

25 마찬가지로 코 아래에서 앞단의 사슬코를 주워 짧은뜨기 1코, 한 길 긴뜨기 2코, 짧은뜨기 1코를 반복해서 뜹니다.

26 1번째 코 짧은뜨기의 머리에 빼 뜨기를 합니다. 2단을 떴습니다.

27 바늘에 실을 걸어 화살표처럼 빼냅니다.

28 그대로 실을 길게 잡아 뺍니다. 실 끝을 약 15cm 정도 남기고 고리를 자릅니다.
[참고] 뜨기 끝에서의 실 정리법 24쪽

29 마무리할 실 끝을 돗바늘에 끼웁니다.

30 모티브 2단의 안면에 실을 꿴 돗바늘을 넣습니다.

31 실 끝을 바짝 자릅니다. 뜨기 시작의 실 끝은 1단의 안면으로 돌려 넣은 다음 자릅니다.

완성

겉면

안면

모티브 테두리에 사슬 모양의 코가 나열되는 면이 모티브의 겉면입니다. 모티브가 동그랗게 말린다면 스팀다리미로 형태를 정리합니다.

Arrange

소재와 수량을 바꾸어 응용해보자!

꽃 모티브 뜨는 방법이 손에 익으면
다양한 액세서리를 만들 수 있습니다.

모헤어 실로 뜬 꽃 모티브

목걸이

폭신폭신한 모헤어 실의 꽃 모티브를
체인에 연결했습니다.
모티브의 수를 다르게 해서
변화를 주는 것이 포인트입니다.
밍크 방울을 액센트로 사용했습니다.

Design & Knitting … 우라 시즈카
How to make … 29~31쪽, 33쪽

면실로 뜬 꽃 모티브

구두 클립

꽃 모티브 3장을 겹쳐 볼륨감을 살렸습니다.
뜨기 시작의 실 끝을 끊지 않고 모티브끼리 이어봤어요.
흰색을 포인트 컬러로 했더니
산뜻한 부케 스타일이 되었습니다.

Design & Knitting … 우라 시즈카
How to make … 29~31쪽, 33쪽

꽃 모티브 뒤쪽에 구두
클립 금구를 접착제로 고
정합니다.

목걸이 Photo 32쪽

재료와 도구
Hamanaka Hamanaka Mohair 크림색(11) 소량, 체인 62cm, 지름 3mm의 고리 2개, 지름 4mm의 고리 3개, 잠금 고리 1개, 밍크 방울 1개, 코바늘 4/0호

완성 치수
꽃 모티브 지름 2.5cm

뜨는 방법의 포인트
● 꽃 모티브는 공통 도안(29쪽)을 참고해 2단 뜹니다.
● 전부 6장 뜹니다.
● 완성도를 참고해 꽃 모티브와 목걸이 체인을 조합합니다.

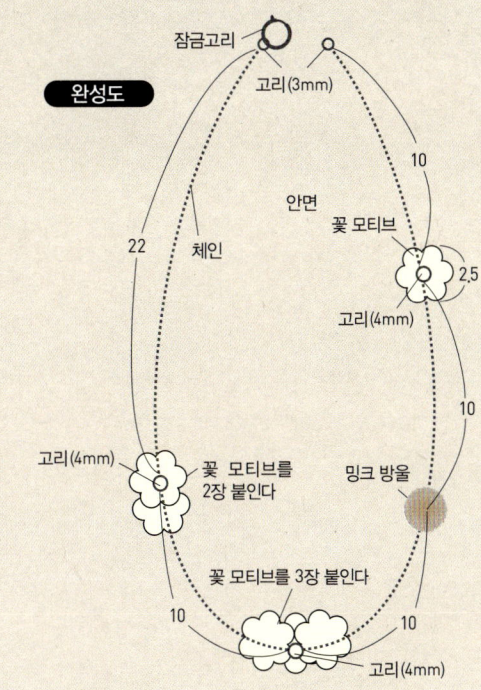

완성도

잠금고리 · 고리(3mm) · 10 · 안면 · 꽃 모티브 · 2.5 · 고리(4mm) · 22 · 체인 · 10 · 고리(4mm) · 꽃 모티브를 2장 붙인다 · 밍크 방울 · 꽃 모티브를 3장 붙인다 · 10 · 10 · 고리(4mm)

구두 클립 Photo 32쪽

재료와 도구
Hamanka Flax C 보라색(5) 소량, 흰색(1) 소량, 클립 금구 2개, 지름 4mm의 펄 비즈 6개, 코바늘 5/0호

완성 치수
꽃 모티브 지름 3cm

뜨는 방법의 포인트
● 꽃 모티브는 공통 도안(29쪽)을 참고해 2단 뜹니다. 보라색은 4장, 흰색은 2장 뜨고 꽃 중심에 각각 펄 비즈를 답니다. 보라색 2장과 흰색 1장을 조합해서 2세트 만듭니다.
● 꽃 모티브 뒤쪽에 클립 금구를 붙입니다.

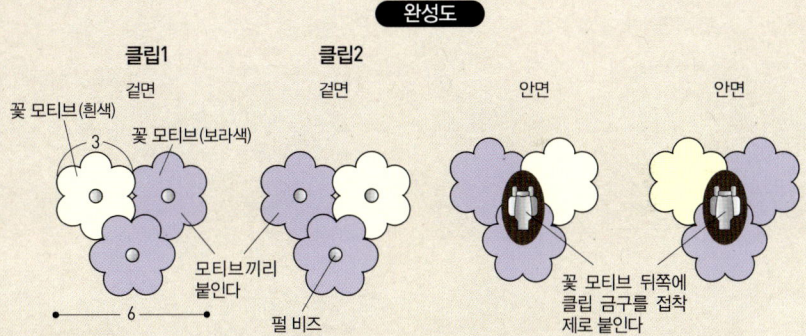

완성도

클립1 · 겉면 · 꽃 모티브(흰색) · 3 · 꽃 모티브(보라색) · 모티브끼리 붙인다 · 펄 비즈 · 6

클립2 · 겉면 · 펄 비즈

안면 · 꽃 모티브 뒤쪽에 클립 금구를 접착 제로 붙인다

안면

29~31쪽을 참고해 꽃 모티브를 떴다면 액세서리로 활용합시다!

액세서리로 활용하기

꽃 모티브를 액서세리 금속 장식에 고정하기만 하면 됩니다. 마르면 투명해지는 공예용 접착제를 사용하는 것이 좋습니다.

꽃 모티브에 비즈를 붙이는 방법은 간단합니다. 비즈를 바느질해 원하는 위치에 달고 뒤쪽에서 매듭을 지어 모티브 속으로 숨깁니다.

반지 Photo 28쪽

재료와 도구
Hamanaka Hamanaka Mohair 연보라색(8) 소량, 반지대
(자릿쇠) 1개, 지름 3mm의 날개 달린 라임스톤 1개, 코바늘
4/0호

완성 치수
꽃 모티브 지름 3cm

뜨는 방법의 포인트
● 꽃 모티브는 공통 도안(29쪽)을 참고해 2단 뜹니다.
● 꽃 모티브 중심에 라임스톤을 달고 모티브 뒤쪽에 반지대
를 붙입니다.

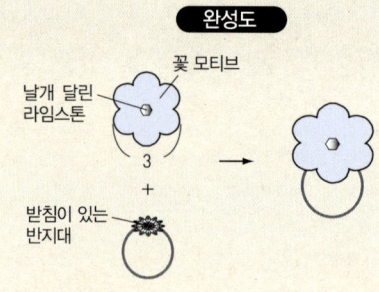

완성도

꽃 모티브
날개 달린
라임스톤
3
받침이 있는
반지대

가방 장식 Photo 28쪽

재료와 도구
Hamanaka Organic Wool Field 보라색(8)·핑크색(7) 각 소
량, 지름 3mm의 비즈 2개, 폭 13mm의 레이스 15cm, 체인
8cm, 지름 5mm의 고리 2개, 지름 13mm의 메탈 후프 1개,
걸쇠 1개, 코바늘 5/0호, 코바늘 7/0호

완성 치수
꽃 모티브(앞줄) 지름 3cm
꽃 모티브(뒷줄) 지름 5cm

뜨는 방법의 포인트
● 꽃 모티브는 공통 도안(29쪽)을 참고해 2단 뜹니다. 코바
늘 5/0호로 앞줄에 달 보라색과 핑크색을 1장씩 뜨고, 코바늘
7/0호로 뒷줄에 달 보라색 1장을 뜹니다.
● 꽃 중심에 비즈를 답니다.
● 완성도를 참고해 꽃 모티브와 금구를 조합합니다.

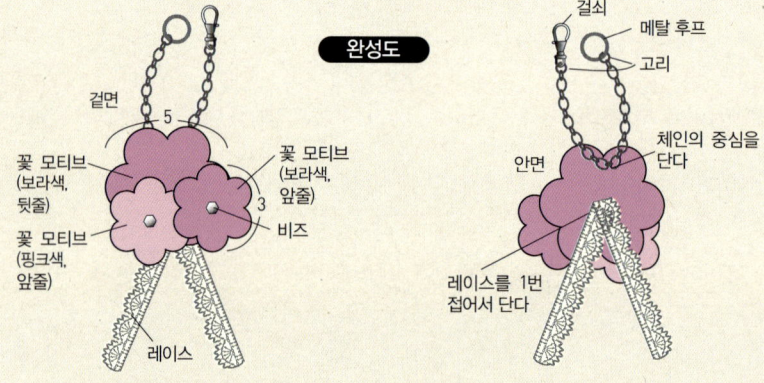

완성도

겉면
5
꽃 모티브
(보라색,
뒷줄)
꽃 모티브
(핑크색,
앞줄)
꽃 모티브
(보라색,
앞줄)
3
비즈
레이스

걸쇠
메탈 후프
고리
안면
체인의 중심을
단다
레이스를 1번
접어서 단다

머리핀 Photo 28쪽

재료와 도구
중세사 면실 크림색 소량, 머리핀 금구 1개, 지름 3mm의 날
개 달린 라임스톤 1개, 코바늘 3/0호

완성 치수
꽃 모티브 지름 2.5cm

뜨는 방법의 포인트
● 꽃 모티브는 공통 도안(29쪽)을 참고해 2단 뜹니다.
● 꽃 모티브 중심에 라임스톤을 붙이고 모티브 뒤쪽에 금
구를 붙입니다.

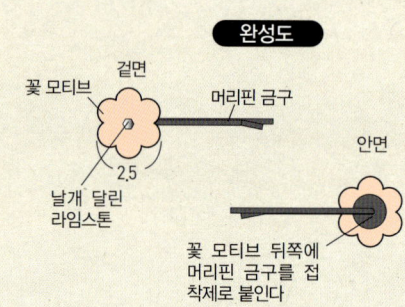

완성도

꽃 모티브
겉면
머리핀 금구
날개 달린
라임스톤
2.5
안면
꽃 모티브 뒤쪽에
머리핀 금구를 접
착제로 붙인다

Level 2

머플러

똑바로 뜨기만 하면 되니까 쉬워요!
초보자에게 꼭 추천하고 싶은 작품이랍니다.

한길 긴뜨기 보더 머플러

한길 긴뜨기를 반복해서 뜨는 머플러입니다.
양쪽의 가로줄 무늬와 술 장식이 포인트입니다.
솜씨와 속도에 따라 가로 폭이 바뀌므로 확인하면서 떠야
폭이 일정한 머플러를 만들 수 있습니다.

Design & knitting … 쿠사모토 미키
How to make … 36~39쪽

[사용한 뜨개 기법]

○ 사슬뜨기 … 10쪽   丅 한길 긴뜨기 … 10쪽

35

한길 긴뜨기 보더 머플러

재료와 도구
Hamanaka Organic Field 푸른색(5) 130g, 베이지색(2) 10g, 코바늘 5/0호, 기초코용 바늘 7/0호

완성 치수
폭 24cm×길이 126cm(술 포함)

게이지
가로세로 10cm 한길 긴뜨기 17.5코×12단

뜨는 방법의 포인트
● 본체는 기초코로 사슬 42코를 뜨고 도안을 참고해 한길 긴뜨기로 도중에 색을 바꾸면서 133단을 뜹니다.
● 술은 푸른색 실로 하고 24cm로 자른 것을 84줄 준비합니다. 본체의 뜨기 시작과 뜨기 끝에 42개씩 단 다음 술 길이를 8cm로 정리합니다.

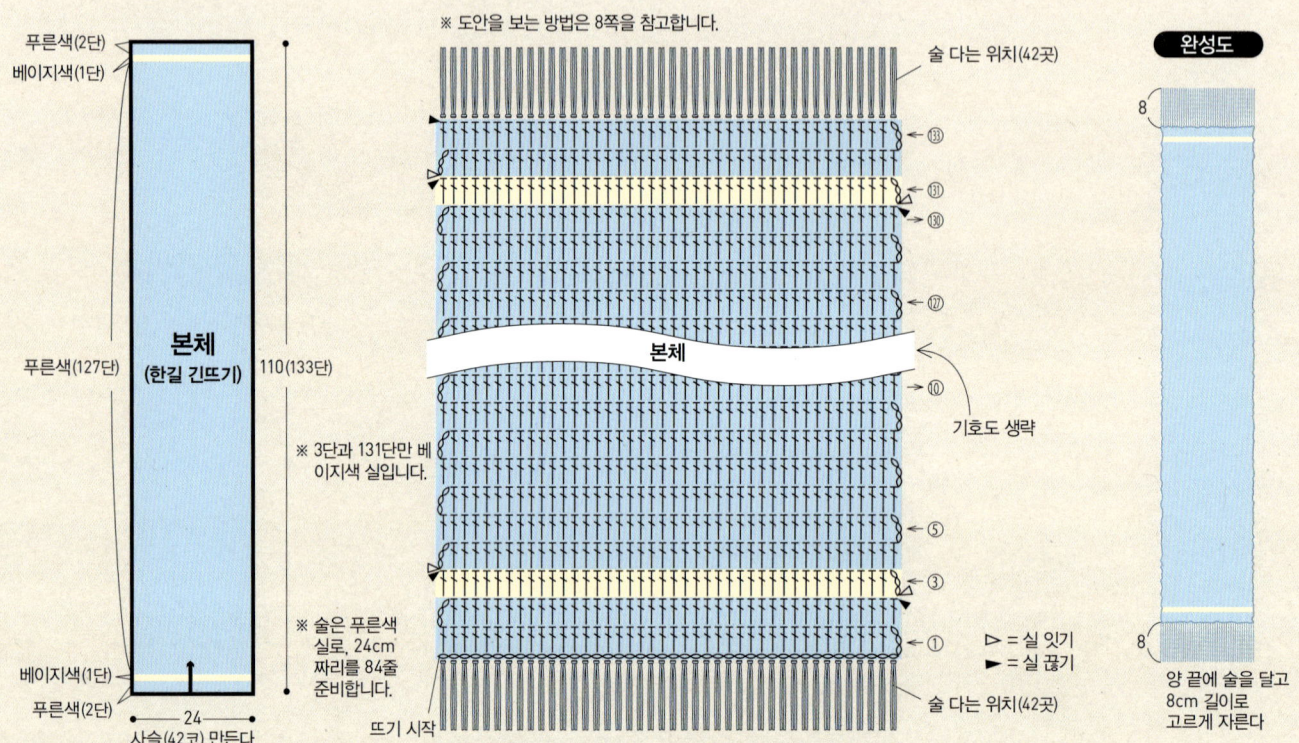

푸른색(2단)
베이지색(1단)

본체
(한길 긴뜨기)
110(133단)

푸른색(127단)

※ 3단과 131단만 베이지색 실입니다.

베이지색(1단)
푸른색(2단)

24
사슬(42코) 만든다

※ 술은 푸른색 실로, 24cm 짜리를 84줄 준비합니다.

※ 도안을 보는 방법은 8쪽을 참고합니다.

술 다는 위치(42곳)

본체

기호도 생략

▷ = 실 잇기
► = 실 끊기

술 다는 위치(42곳)

뜨기 시작

완성도

양 끝에 술을 달고 8cm 길이로 고르게 자른다

1 푸른색 실로 사슬뜨기 기초코 만들기

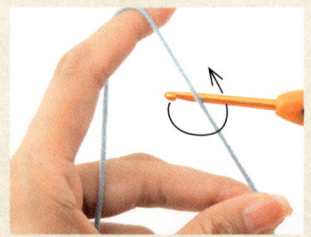

1 7/0호 코바늘을 푸른색 실의 뒤쪽에서 앞쪽으로 누르듯이 빙 돌리면 실 고리가 만들어집니다.
[참고] 첫코 뜨기 13쪽

2 고리의 교차점을 누르고 바늘의 등으로 실을 누르듯이 움직여 바늘 끝에 실을 겁니다.

3 바늘에 걸린 실을 바늘 끝으로 당기듯이 실 고리 사이로 빼냅니다.

4 왼손으로 실 끝을 당겨 고리를 좁힙니다. 가장자리코를 떴습니다. 이 코는 콧수로 세지 않습니다.

● 사슬뜨기

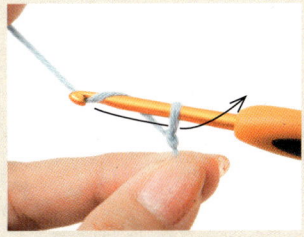

5 바늘에 걸린 실을 바늘 끝으로 당기면서 고리 사이로 빼냅니다.
[참고] 사슬뜨기 10쪽

6 사슬 1코를 떴습니다.

7 같은 방법을 반복해서 사슬 42코를 뜨면 기초코가 완성됩니다. 기초코는 2호 두꺼운 바늘로 뜹니다.
[참고] 기초코 만들기 13쪽

2 1단 뜨기

● 한길 긴뜨기

기둥코인 사슬 3코
토대코

8 5/0호 바늘로 기초코+기둥코인 사슬 3코를 뜨고, 바늘에 실을 걸어 기초코의 가장자리에서 2번째 코(바늘 아래에서 세어 5번째 사슬의 코산)에 바늘을 넣습니다.
[참고] 기둥코 세우기 15쪽
코 줍는 방법 16쪽
한길 긴뜨기 10쪽

9 바늘에 실을 걸어 사슬 2코만큼의 높이로 빼냅니다.

10 다시 실을 걸어 바늘에 걸린 2개의 고리 사이로 빼냅니다.

11 바늘에 1번 더 실을 걸어 남은 고리 2개 사이로 빼냅니다.

3 2단 뜨기

● 실 색상 바꾸기(3단의 배색실을 앞단의 마지막코에 연결한다)

12 한길 긴뜨기 1코를 떴습니다. 기둥코도 콧수에 들어가므로 이로써 모두 2코를 떴습니다.

13 이어서 바늘에 실을 걸고 8~12를 반복해 42코까지 한길 긴뜨기를 합니다. 1단을 떴습니다.

14 2단은 기둥코인 사슬 3코를 뜨고 도안대로 한길 긴뜨기를 합니다. 마지막 한길 긴뜨기에서 실 색상을 바꿉니다. 먼저 바늘에 실을 걸어 화살표처럼 바늘을 넣습니다.
[참고] 테두리코 줍는 방법 23쪽

15 배색할 실을 꺼내 미완성 한길 긴뜨기를 한 다음 푸른색 실(바탕실)을 뒤에서 앞으로 바늘에 겁니다.
[참고] 한길 긴뜨기 10쪽 **3**
뜨개질 도중에 색을 바꾸고 싶을 때 27쪽

4 3단은 베이지색 실로 뜨기

16 베이지색 실(3단 배색실)을 바늘에 걸어 한 번에 빼냅니다.

17 실 색상이 베이지색으로 바뀌면서 2단을 떴습니다. 푸른색 실 끝을 약 15cm 남기고 자릅니다.

18 기둥코인 사슬 3코를 뜹니다.

19 뜨개바탕을 돌려서 쥐고 도안대로 한길 긴뜨기를 합니다.

5 4단부터 푸른색 실로 뜨기

● 실 색상 바꾸기(4단의 배색실을 앞단의 마지막코에 연결한다)

20 마지막 한길 긴뜨기 코에서 푸른색 실로 바꿉니다. 바늘에 실을 걸어 앞단 기둥코의 3번째 사슬에서 바깥쪽 반코와 코산을 줍습니다.

21 미완성 한길 긴뜨기를 하고 배색할 푸른색 실을 바늘에 걸어 화살표처럼 빼냅니다.
[참고] 뜨개질 도중에 실을 바꾸고 싶을 때 27쪽

22 실 색상이 푸른색으로 바뀌면서 3단을 떴습니다. 베이지색 실의 끝은 약 15cm를 남기고 자릅니다.

23 푸른색 실로 사슬 3코를 떠서 기둥코를 세웁니다.

6 133단까지 한길 긴뜨기

24 뜨개바탕을 다시 돌려서 쥐고 도안대로 한길 긴뜨기를 합니다.

25 4단이 끝날 때까지 푸른색 실로 한길 긴뜨기를 합니다.

26 푸른색 실로 130단까지 뜨고 131단만 베이지색 실로 바꿔 뜹니다. 132~133단은 푸른색 실로 떠서 단을 마무리합니다.

7 실 정리하기

배색한 다음 베이지색 실은 베이지색 뜨개바탕에 넣어 정리합니다.

27 다시 바늘에 실을 걸어 뺀 뒤 그대로 실을 빼냅니다.
[참고] 뜨기 끝에서의 실 정리법 24쪽

28 실을 약 15cm 남기고 자른 다음 실 끝을 당겨서 조입니다.

29 실 끝을 돗바늘에 꿰어 뜨개바탕을 뒤집은 다음 같은 색상의 뜨개바탕에 실을 넣습니다.

30 3~4cm 정도 넣은 다음 실을 자릅니다.

8 술 달기

31 술은 24cm 길이의 푸른색 실을 84줄 준비합니다.

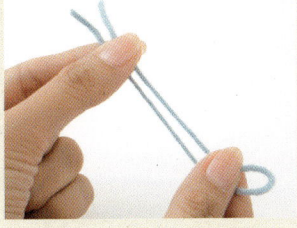

32 술을 1줄씩 반으로 접습니다.

33 술을 달 위치에 바늘을 뜨개바탕 겉면에서 넣은 다음 **32**의 실 고리에 바늘을 걸어 빼냅니다.

34 술 고리에 갈라진 술 양끝을 집어넣어 매듭을 짓습니다.

35 매듭지은 술을 당겨서 조입니다. 술 1개를 단 모습입니다.

안면

36 마찬가지로 뜨개바탕의 가장자리 42코에 술을 하나씩 답니다. 술을 다 달고 나서 실 끝을 가지런히 잘라 정리합니다.

술을 완성했습니다. 반대쪽 가장자리에도 같은 방법으로 술을 답니다.

완성

안면

머플러처럼 평면 왕복뜨기는 뜨개바탕의 가장자리 코줍기를 잊어먹기 쉬우니 콧수를 확인하면서 뜨는 습관을 들입니다.

모눈뜨기 머플러에 도전해보자!

보더무늬 대신에 사슬뜨기와 한길 긴뜨기로 가능한
모눈뜨기무늬로 포인트를 주자!

에펠탑 머플러

뜨개바탕 전체에 모눈뜨기를
느슨하게 넣어서 가볍게!
양 끝에는 에펠탑 무늬를 넣습니다.
면실을 사용해서 뜨면 숄로도
사용할 수 있답니다.

Design & knitting ⋯ 쿠사모토 미키
How to make ⋯ 41쪽

모눈뜨기란?

가로세로 선을 맞추어서 모눈종이처럼
뜨는 방법입니다. 한길 긴뜨기와 사슬뜨
기로 모눈뜨기를 하면 머플러가 완성됩
니다. 이때 무늬는 한길 긴뜨기로 칸을
메워가며 만듭니다. 평면 작품에서 자주
볼 수 있습니다.

코 아래에서 줍기란?

앞단의 사슬코 사이로 바늘을 넣는 것
이 아니라 사슬코의 아래쪽 공간에 바
늘을 넣어 코를 주워서 뜨는 뜨개 방법
입니다.

Point Lesson

코 아래에서
줍기로 뜨는
한길 긴뜨기

1 바늘로 앞단 사슬코의 아래쪽
공간에 바늘을 넣어 다발을
줍습니다.

2 바늘에 실을 걸어 빼냅니다.

3 한길 긴뜨기를 떴습니다.

에펠탑 머플러

Photo 40쪽

재료와 도구

중세사 노란색 80g, 코바늘 3/0호

완성 치수

길이 162cm×폭 14cm

게이지

가로세로 10cm 무늬뜨기 A·B·C 31.5코×14단

뜨는 방법의 포인트

● 본체는 기초코로 사슬 44코를 뜨고 도안을 참고해 무늬뜨기A·B·C·D를 만들면서 227단을 뜹니다.

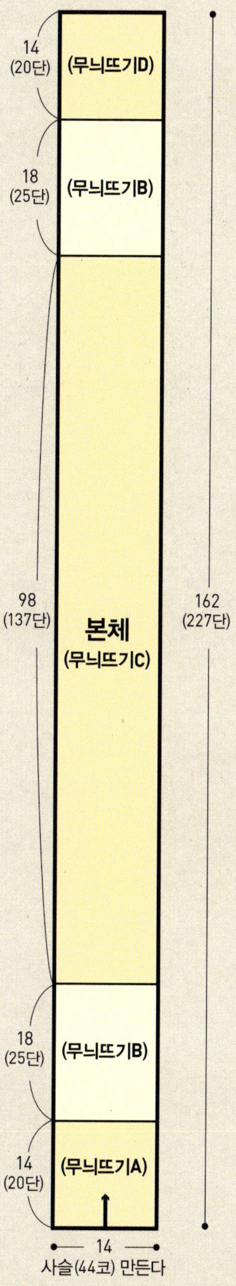

14
(20단)
(무늬뜨기D)
18
(25단)
(무늬뜨기B)
98
(137단)
본체
(무늬뜨기C)
162
(227단)
18
(25단)
(무늬뜨기B)
14
(20단)
(무늬뜨기A)
14
사슬(44코) 만든다

▷ = 실 잇기
► = 실 끊기

⑳
⑮
무늬뜨기D
⑩
⑤
①
㉕
⑤
무늬뜨기B
①
⑬⑦
⑤
무늬뜨기C
2단 1무늬
①
㉕
⑤
무늬뜨기B
4단 1무늬
②
①
⑳
⑮
⑩
무늬뜨기A
⑤
뜨기 시작
사슬(44코)
①

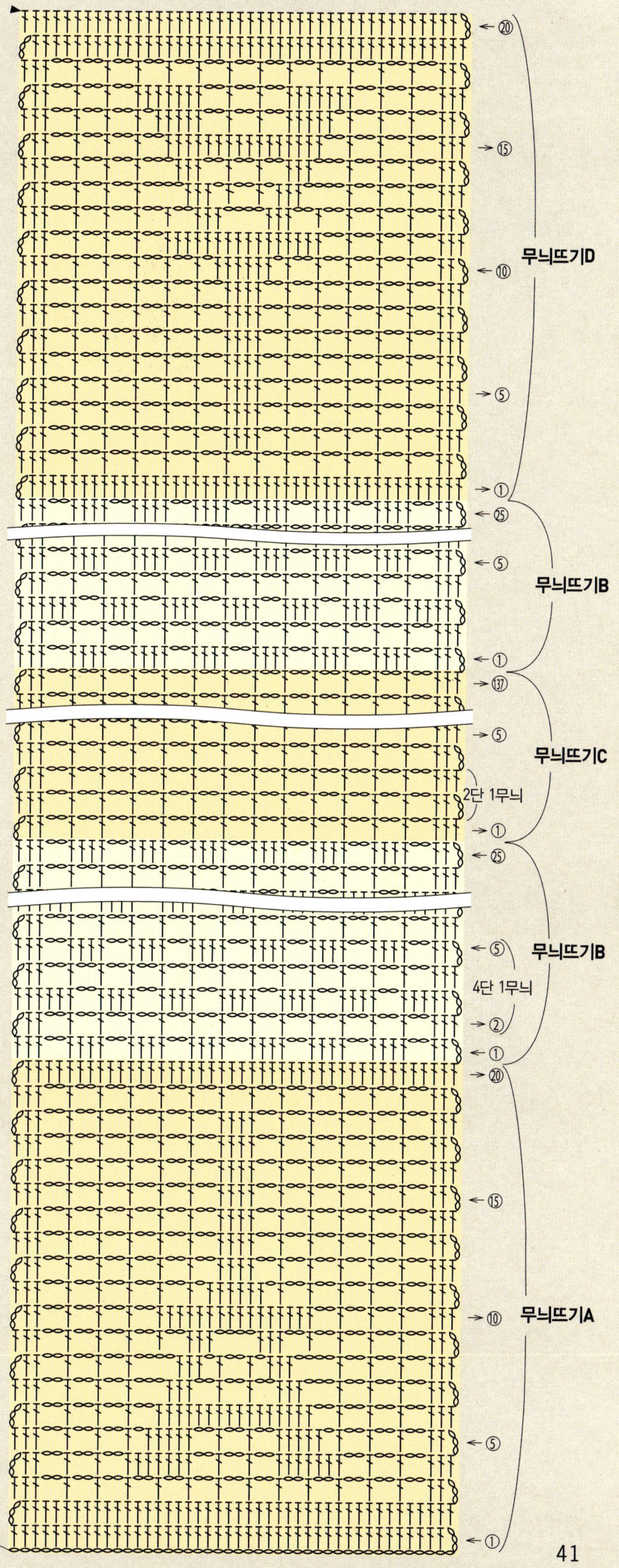

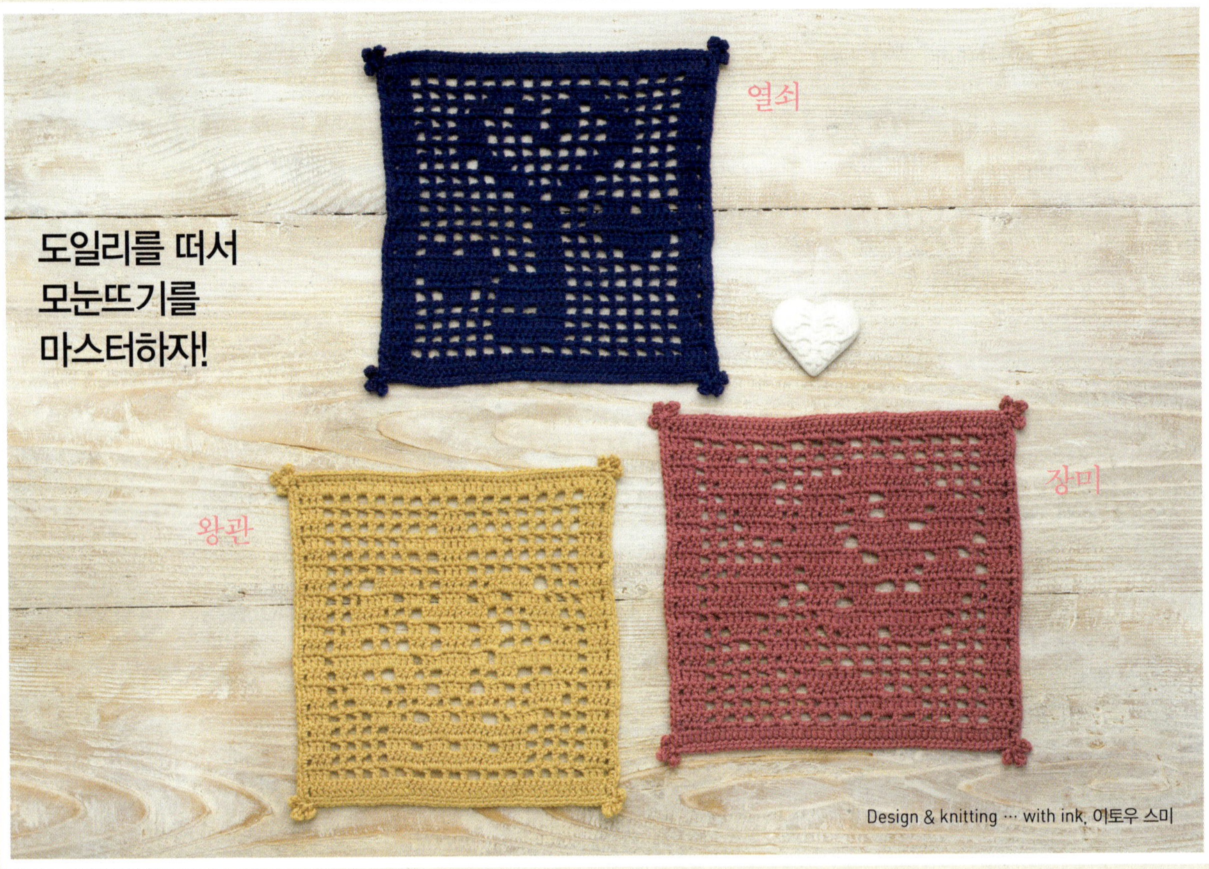

도일리를 떠서
모눈뜨기를
마스터하자!

열쇠

왕관

장미

Design & knitting … with ink. 이토우 스미

열쇠

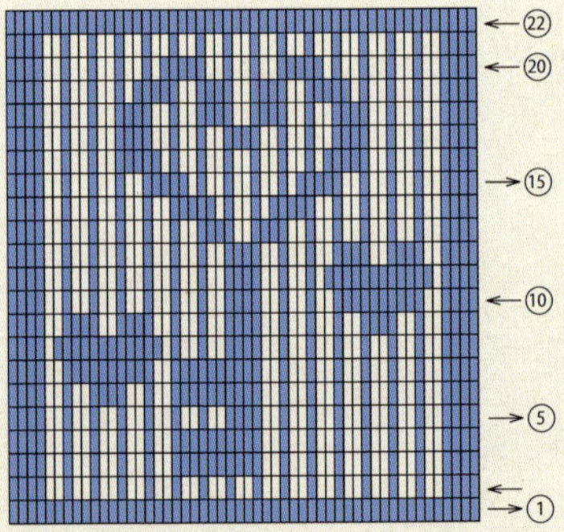

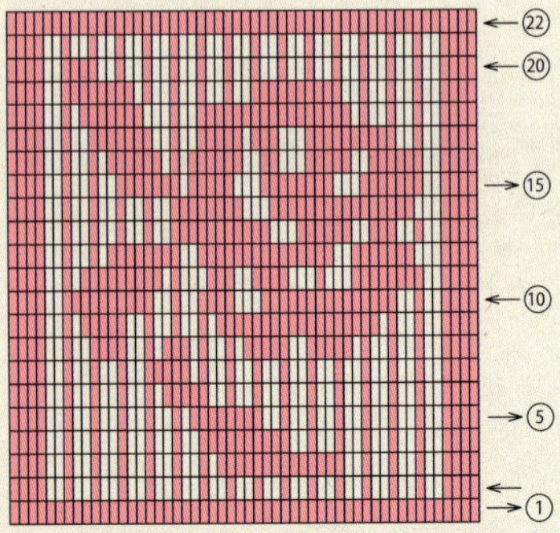

= 사슬 5코의 피코뜨기는 3개 모두
모서리에서 짧은뜨기로 빼낸다

► = 실 끊기

=

=

장미

① 테두리뜨기

왕관

22
20
15
10
5
1

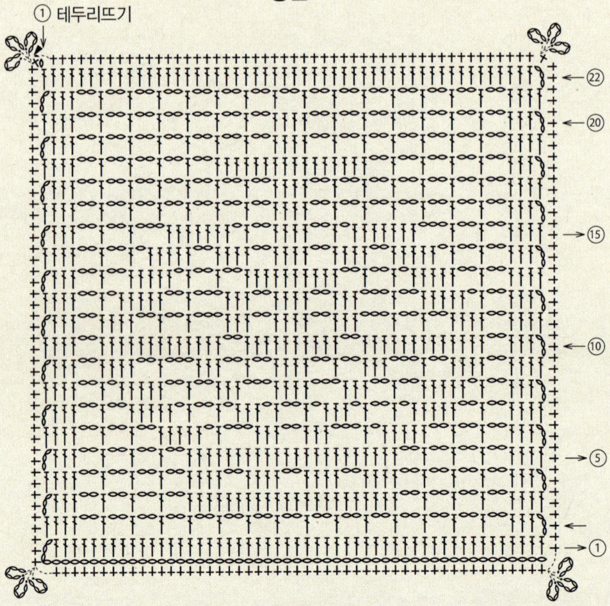

재료와 도구
Olympus Premio (왕관) 노란색(10), Olympus Premio (열쇠) 감색(19), Olympus Premio (장미) 핑크색(16) 각 25g, 코바늘 5/0호

완성 치수
22cm×22cm

게이지
가로세로로 10cm 모눈뜨기 26코×11단

뜨는 방법의 포인트
● 사슬 52코를 기초코로 잡아 도안을 참고해 22단 뜹니다. 사슬뜨기 위의 한길 긴뜨기는 사슬뜨기를 코 아래에서 줍기를 하여 뜹니다.
● 이어서 테두리뜨기로 사방을 1단 뜨고, 네 모서리의 무늬는 각 모서리의 1코에 뜹니다. 단에 뜨는 짧은뜨기는 1단에 2개씩 뜹니다.

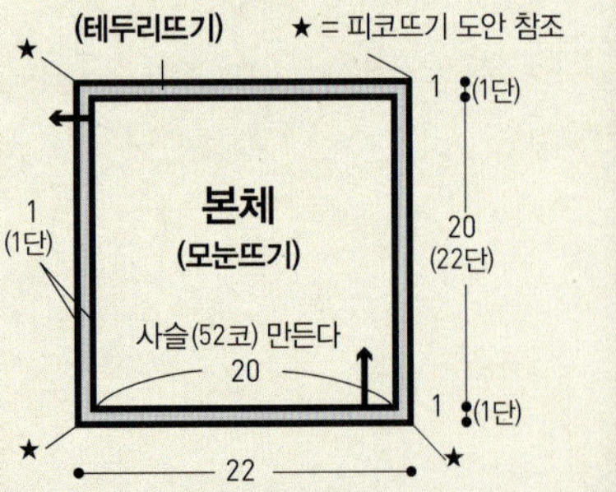

(테두리뜨기)　★ = 피코뜨기 도안 참조

본체
(모눈뜨기)

1 (1단)
20 (22단)
1 (1단)

사슬(52코) 만든다
20
22

알아둬야 할 모눈뜨기의 기본

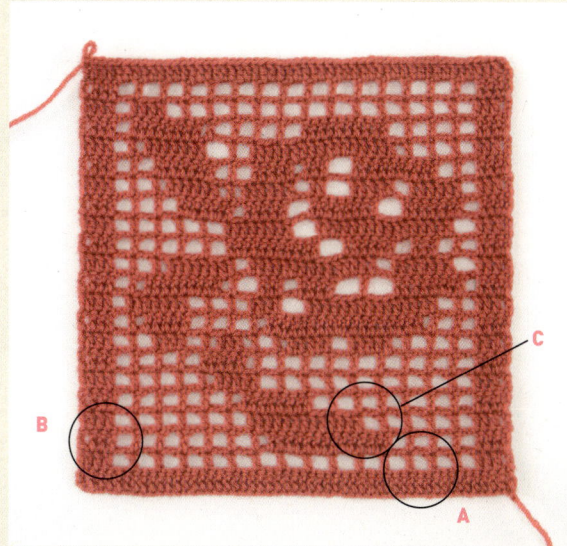

A 기초코 줍기

모눈뜨기의 기초코는 뜨개바탕에 사용할 바늘보다 1호 굵은 코바늘로 뜹니다. 기둥코의 코에서 바늘을 바꾸어 기초코의 사슬의 코산을 주워 뜹니다.
[참고] 코 줍는 방법 16쪽

기초코는 사슬의 코산을 줍습니다.

사슬의 코산을 주워서 뜨면 뜨개바탕의 가장자리에 사슬코가 균등하게 나열되며 모양이 깔끔하게 정리됩니다.

B 왼쪽 끝의 눈 줍기

모눈뜨기는 2단만 뜨고 테두리코를 줍는 방법이 다릅니다. 기둥코인 사슬코가 뒤쪽으로 향해 있으므로 바늘을 넣는 방법에 주의합니다.

2단
기둥코인 사슬 3번째 코의 한길 긴뜨기 머리 2가닥(코산과 바깥쪽 사슬 반코)을 줍습니다.

3단 이후
기둥코인 사슬 3번째 코의 한길 긴뜨기 머리 2가닥(바깥쪽 사슬 반코와 코산)을 줍습니다.

형태를 정리하려면?

1 테두리뜨기

단을 주울 때는 코의 머리를 나누어 뜹니다. 다리 부분은 초보자를 위해 모두 코 아래에서 줍기로 떴습니다.

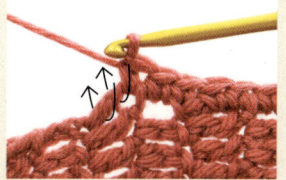

한길 긴뜨기는 코의 머리를, 기둥코의 사슬은 3단째를 나누어 줍고(사진의 오른쪽 화살표) 다리 부분은 코 아래에서 줍기로(사진의 왼쪽 화살표) 뜹니다.

모서리를 뜰 때는 코의 머리를 나누어 지정한 콧수만큼 뜹니다.

2 다림질해서 마무리하기

완성한 모티브는 스팀다리미로 형태를 정리합니다. 이때 시침핀으로 모티브를 고정한 다음 다리미 바닥을 약간 띄어서 증기를 쏘입니다.

C 그물뜨기

모눈뜨기는 사슬뜨기와 한길 긴뜨기로 그물뜨기무늬를 만듭니다.

코 가르기(a)
앞단에 한길 긴뜨기를 했다면 한길 긴뜨기의 사슬의 반코와 코산을 주워서 뜹니다.

코 아래에서 줍기(b)
앞단이 사슬코라면 앞단의 사슬 아래쪽 공간에 바늘을 넣어 사슬 전체를 주워서 뜹니다.

Level 3

모자

평면에서 입체, 높이가 있는 작품까지
손쉽게 뜰 수 있는 것도 코바늘의 매력입니다.

심플 라인 벙거지

톱과 사이드는 짧은뜨기, 모자의 테두리는 한길 긴
뜨기를 조합해서 둥글게 뜨기만 하면 됩니다. 코 늘
려뜨기를 하면서 본체의 높이와 챙의 넓이를 조절합
니다. 테두리는 브라운색으로 강조했습니다.

Design & kintting … 이나바 유미
How to make … 45~48쪽

【사용한 뜨개 기법】

 원형뜨기… 18쪽   사슬뜨기… 10쪽   짧은뜨기… 10쪽    짧은 2코 늘려뜨기… 97쪽

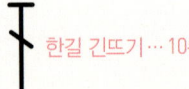 한길 긴뜨기… 10쪽    한길 긴 2코 늘려뜨기
… 97쪽   되돌아 짧은뜨기… 98쪽   빼뜨기… 10쪽

44

심플 라인 벙거지

재료와 도구
Olympus Make Make Flavor 후레바 핑크색(307) 85g, 브라운색(311) 10g, 코바늘 5/0호

완성 치수
머리 둘레 53.5cm×깊이 25.5cm

게이지
가로세로 10cm 짧은뜨기 23.5코×26단

뜨는 방법의 포인트
● 본체는 핑크색 실로 원형코를 만들고 도안을 참고해 짧은뜨기를 합니다. 톱 부분은 코 늘려뜨기를 하면서 21단, 사이드는 콧수 증감 없이 26단을 뜹니다. 모자의 챙 부분은 도안을 참고해 코 늘려뜨기를 하면서 무늬뜨기를 10단 뜹니다. 실을 브라운색으로 바꿔서 되돌아 짧은뜨기로 1단을 뜹니다.
[참고] 도안 보는 방법 8~9쪽

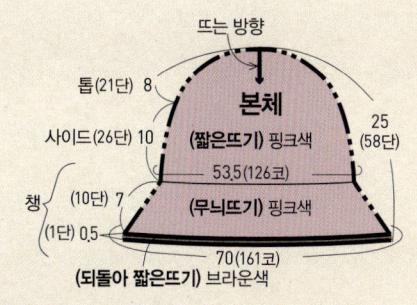

톱(21단) 8
사이드(26단) 10
챙 (10단) 7
(1단) 0.5

뜨는 방향

본체
(짧은뜨기) 핑크색
53.5(126코)
(무늬뜨기) 핑크색
25 (58단)
70(161코)
(되돌아 짧은뜨기) 브라운색

▷ = 실 잇기
► = 실 끊기

벙거지	단수	콧수	증감
챙	58단	161코	브라운색
	57단	161코	
	56단	161코	(+7코)
	55단	154코	
	54단	154코	(+7코)
	53단	147코	
	52단	147코	(+7코)
	51단	140코	
	50단	140코	(+5코)
	49단	135코	
	48단	135코	(+9코)
사이드	47단 ~ 22단	126코	
톱	21단	126코	(+6코)
	20단	120코	(+6코)
	19단	114코	(+6코)
	18단	108코	(+6코)
	17단	102코	(+6코)
	16단	96코	(+6코)
	15단	90코	(+6코)
	14단	84코	(+6코)
	13단	78코	(+6코)
	12단	72코	(+6코)
	11단	66코	(+6코)
	10단	60코	(+6코)
	9단	54코	(+6코)
	8단	48코	(+6코)
	7단	42코	(+6코)
	6단	36코	(+6코)
	5단	30코	(+6코)
	4단	24코	(+6코)
	3단	18코	(+6코)
	2단	12코	(+6코)
	1단	6코	

※ 도안을 보는 방법은 9쪽을 참고합니다.

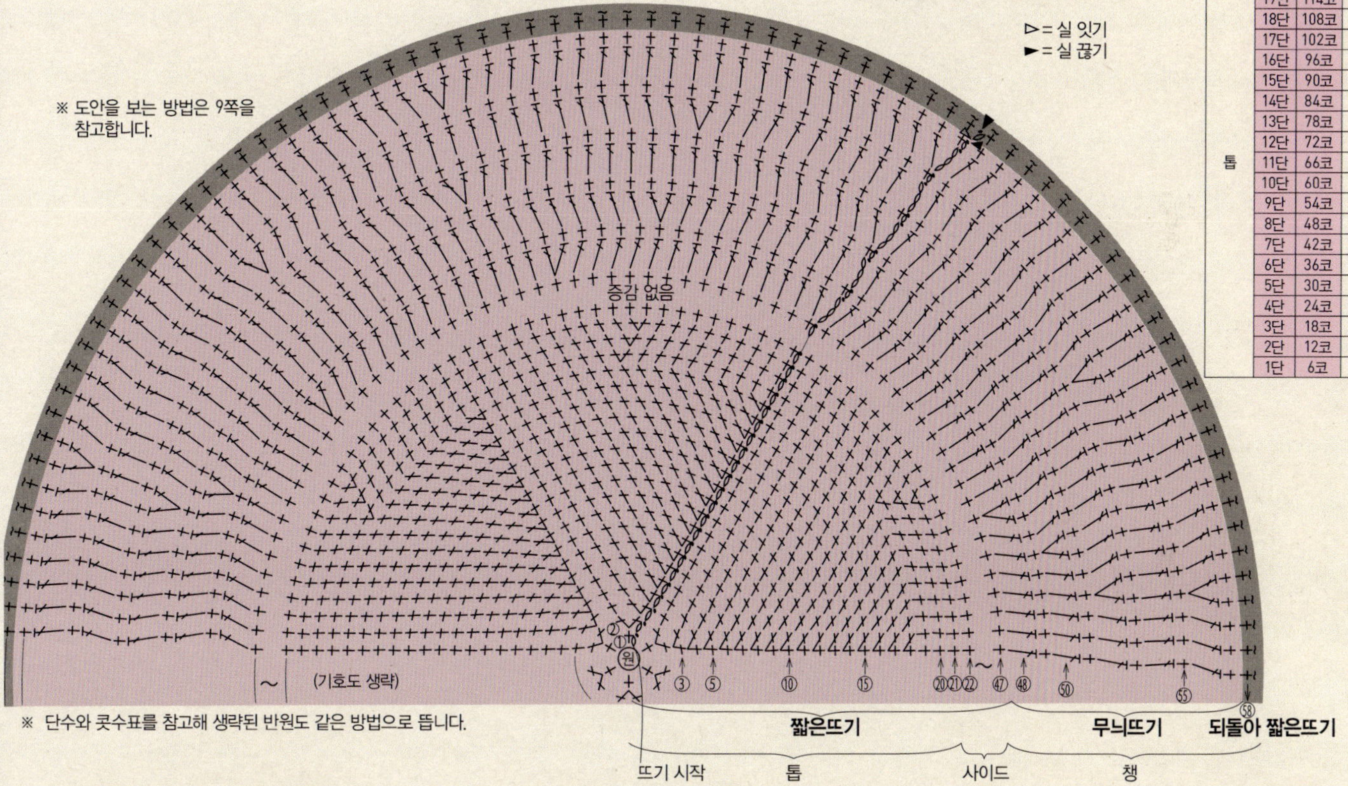

증감 없음

~ (기호도 생략)

※ 단수와 콧수표를 참고해 생략된 반원도 같은 방법으로 뜹니다.

짧은뜨기   무늬뜨기   되돌아 짧은뜨기

뜨기 시작   톱   사이드   챙

1 핑크색 실로 원형코 만들기

● 손가락에 실을 감아 원형코 만들기

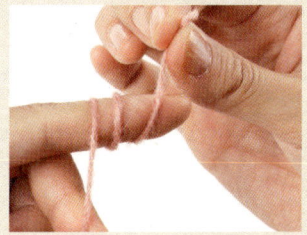

1 핑크색 실 끝을 왼손 검지에 2번 감습니다.
[참고] 원형뜨기의 기초코 18쪽

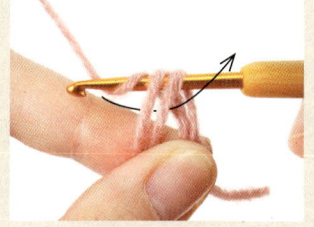

2 고리 속에 바늘을 넣고 실을 걸어 잡아 뺍니다.

3 다시 바늘에 실을 걸어 빼냅니다.

4 첫코를 떴습니다. 이 코는 콧수로 세지 않습니다.

2 1단 뜨기

● 짧은뜨기

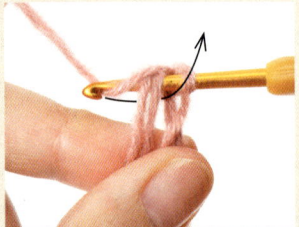

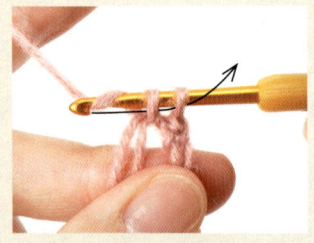

5 기둥코로 사슬 1코를 뜹니다.
[참고] 기둥코 세우기 15쪽

6 고리 속에 바늘을 넣은 다음 실을 걸어서 빼냅니다.
[참고] 짧은뜨기 10쪽

7 다시 바늘에 실을 걸어 한 번에 빼냅니다.

8 짧은뜨기를 떴습니다.

● 빼뜨기

9 같은 요령으로 원형코 안에 짧은 뜨기를 6코 뜹니다.

10 바늘을 빼서 중심을 조입니다.
[참고] 중심 조이기 19쪽 **10~12**

11 바늘을 뺀 코로 되돌아와서 첫 짧은뜨기 머리에 바늘을 넣은 다음 실을 걸어 빼냅니다.

12 빼뜨기를 한 모습입니다. 1단을 떴습니다.

3 2단부터 코 늘려뜨기

● 짧은 2코 늘려뜨기

13 사슬 1코로 기둥코를 뜨고 **11**에서 뺀 코(앞단 코의 머리 2가닥)에 짧은뜨기를 1코 뜹니다.

14 **13**과 같은 코에 짧은뜨기를 다시 1코 뜹니다.
[참고] 짧은 2코 늘려뜨기 97쪽

15 계속해서 같은 방법으로 앞단의 코 전부에 짧은뜨기를 2코 떠 넣고 빼뜨기로 마무리합니다. 2단을 떴습니다.

4 3~21단까지 코 늘려뜨기

16 도안대로 지정 위치에 '짧은 2코 늘려뜨기'로 6코씩 늘리면서 21단까지 뜹니다. 모자의 톱을 떴습니다.

5 22~47단은 콧수의 증감 없이 뜨기

17 22~47단은 콧수의 증감 없이 짧은뜨기를 합니다. 모자의 사이드가 될 부분으로 47단까지 뜹니다.

6 48단 뜨기

● 한길 긴뜨기

18 사슬 3코로 기둥코를 세우고 바늘에 실을 겁니다.
[참고] 기둥코 세우기 15쪽
한길 긴뜨기 10쪽

19 기둥코와 같은 앞단의 1코째에 바늘을 넣고 실을 걸어 빼냅니다.

20 바늘에 실을 걸고 바늘 끝에서 고리 2개를 빼냅니다. 코바늘에 걸린 고리는 2개입니다.

21 실을 다시 걸어 남은 고리 2개를 동시에 빼냅니다.

22 한길 긴뜨기 1코를 기둥코와 같은 코에 떠서 코 늘려뜨기했습니다.

● 한길 긴 2코 늘려뜨기

23 이어서 한길 긴 뜨기를 뜹니다. 13코째부터 앞단의 1코에, 한길 긴 뜨기를 2코 늘려 뜨기합니다.
[참고] 한길 긴 2코 늘려뜨기 97쪽

한길 긴 2코 늘려뜨기

7 49~56단까지 코 늘려뜨기

24 도안대로 지정 위치에 '한길 긴 2코 늘려뜨기'를 합니다. 48단을 완성했습니다.

25 도안대로 '한길 긴 2코 늘려뜨기'로 콧수를 늘리면서 짧은뜨기 단과 한길 긴뜨기 단을 교대로 뜹니다. 57단까지 뜨는 방법은 같습니다.

26 뜨기 끝에서 실을 약 15cm 남기고 자른 다음 고리로 잡아 뺍니다.

27 실 끝을 당겨서 코를 조입니다.

8 58단은 브라운색 실로 뜨기

● **되돌아 짧은뜨기** (뜨개바탕 방향은 그대로 유지하면서 왼쪽에서 오른쪽으로 뜬다)

28 앞단에서 마지막에 빼뜨기를 한 코에 바늘을 넣고 브라운색 실을 걸어서 뺀 다음 화살표처럼 실을 걸어 다시 빼냅니다.

29 브라운색 실을 뺀 모습입니다.

30 사슬 1코를 떴으면 **28**처럼 코를 주워 바늘에 넣습니다.
[참고] 되돌아 짧은뜨기 98쪽

31 바늘에 실을 걸어 빼냅니다.

32 실을 뺀 모습입니다. 이어서 바늘에 실을 앞쪽에서 뒤쪽으로 겁니다.

33 바늘에 걸린 고리를 한 번에 빼냅니다. 이렇게 하면 바늘에 고리가 1개 남습니다.

34 되돌아 짧은뜨기 1코를 완성했습니다.

뜨는 방향

35 오른쪽 방향으로 앞단의 짧은뜨기 머리를 주우면서 되돌아 짧은뜨기를 합니다.

9 실 정리하기

36 마지막으로 빼뜨기를 합니다. 실 끝을 약 15cm 남기고 자른 다음 고리로 잡아 뺍니다. 58단까지 끝났습니다.

37 실 끝을 돗바늘에 끼워서 안면에 있는 같은 브라운색 코에 실을 집어넣습니다. 다른 실 끝도 같은 방법으로 정리합니다.

완성

기둥코

희미하게 세로선이 생긴 부분이 기둥코 위치입니다. 머리에 쓸 때는 기둥코 쪽을 뒤로 해서 씁니다. 테두리의 되돌아 짧은뜨기는 올록볼록한 무늬가 특징으로 테두리뜨기에 자주 사용합니다.

Step up

그물뜨기 모자에 도전해보자!

측면에 부채 모양의 그물무늬를 넣어서 로맨틱한 분위기를 연출합니다.
테두리에는 프릴을 달았습니다.

그물뜨기란?

여러 뜨개 기법을 조합해서 그물 모양을
만듭니다. 섬세한 무늬를 강조하는 방법
인데, 로맨틱한 분위기나 화려한 분위기
를 연출하고 싶을 때 적합합니다.

부채꼴무늬 프릴 벙거지

톱 부분은 심플 벙거지와 같은 방법으로 뜹니
다. 측면에 한길 긴뜨기와 사슬코로 만든 그
물무늬를 뜹니다. 테두리에 측면과 같은 부채
꼴무늬를 1단 뜨면 완성!

Desing & knitting … 이나바 유미
How to make … 50~51쪽

코르사주로 분위기를 바꿔봅시다!

같은 색 실로 뜬 코르사주

코르사주는 약간 큰 것이 좋습니
다. 같은 색이면 옷과 색깔 맞추기
도 쉽습니다.

Desing & knitting … 이나바 유미
How to make … 50~51쪽

다른 색 실로 뜬 코르사주

짙은 색의 모자는 밝은색 코르사
주로 변화를 줍니다. 톤을 맞추면
더 좋습니다.

Desing & knitting … 이나바 유미
How to make … 50~51쪽

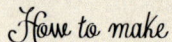

부채꼴무늬 프릴 벙거지 & 코르사주

Photo 49쪽

재료와 도구
파란색: 병태사 코튼 트위트계 파란색 110g
브라운색: Hamanaka Sonomono Tweed 브라운색(73) 95g, 옅은
브라운색(72) 10g, 무염색(71) 3g
공통: 길이 3.5cm의 브로치핀 각 1개, 코바늘 5/0호, 코바늘 4/0호

완성 치수
머리 둘레 54cm×깊이 26cm

게이지
가로세로 10cm 짧은뜨기 23.5코×23.5단

뜨는 방법의 포인트
● 본체는 큰 원의 형태로 원형코를 만들고 도안을 참고해 짧은뜨기를 합니다. 톱
부분은 콧수를 늘리면서 19단, 사이드는 증감 없이 무늬뜨기A로 14단 뜹니다. 챙은
도안을 참고해 콧수를 늘리면서 무늬뜨기B로 12단을 뜹니다.
● 코르사주는 꽃잎과 화심을 따로 뜹니다. 꽃잎은 원형코로 도안을 참고해 6단을
뜨는데 꽃잎을 5장 뜹니다. 화심은 원형코로 도안을 참고해 4단을 뜨고 마지막단에
실을 통과시켜 안에 실을 꽉 채워서 조입니다. 꽃잎은 조금씩 겹치면서 꽃 모양이 되
도록 붙이고 화심을 꽃잎 중심에 붙입니다. 뒤쪽에 브로치핀을 붙여 마무리합니다.

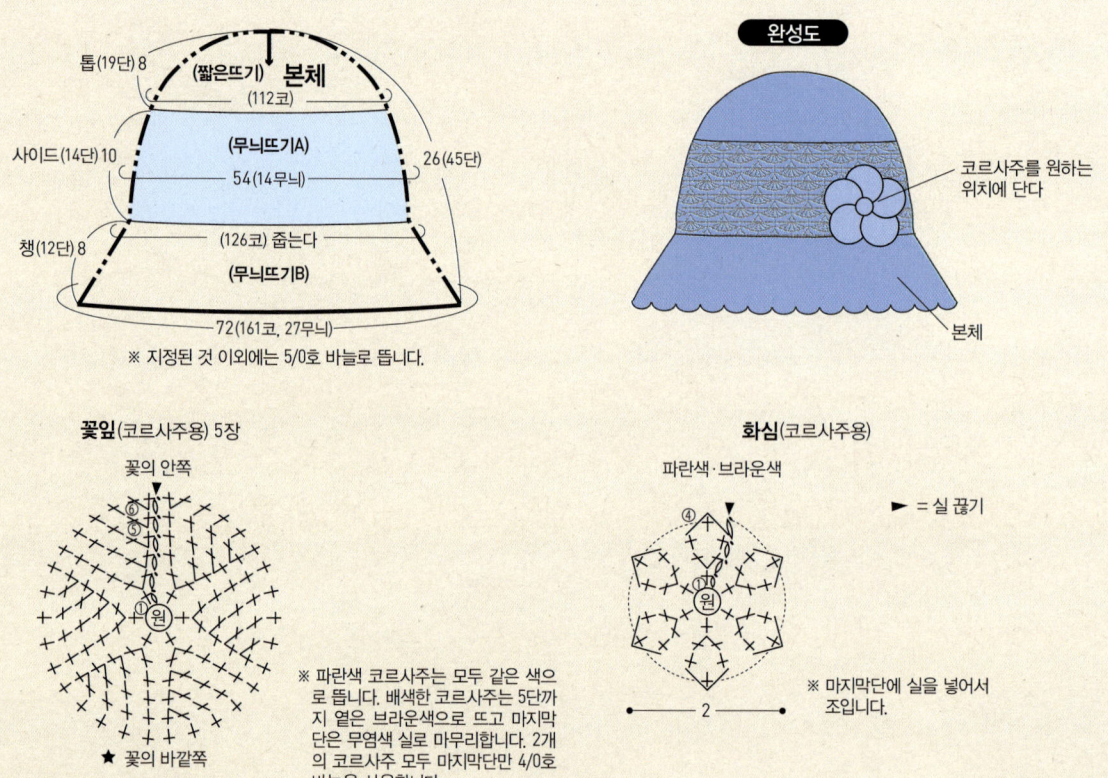

꽃잎(코르사주용) 5장
※ 파란색 코르사주는 모두 같은 색으로 뜹니다. 배색한 코르사주는 5단까지 옅은 브라운색으로 뜨고 마지막단은 무염색 실로 마무리합니다. 2개의 코르사주 모두 마지막단만 4/0호 바늘을 사용합니다.

화심(코르사주용)
※ 마지막단에 실을 넣어서 조입니다.

코르사주를 만드는 방법

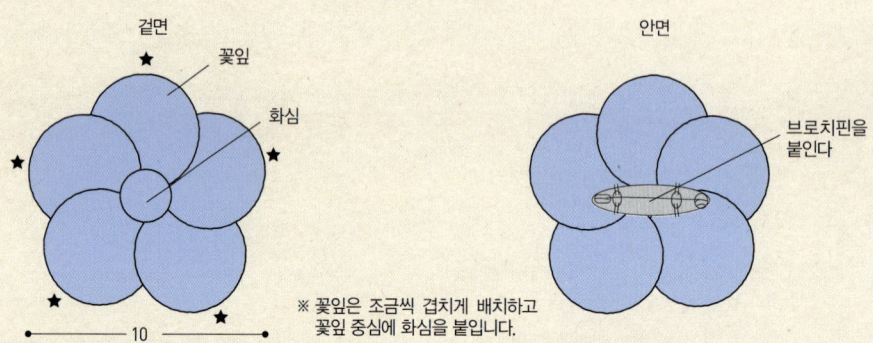

※ 꽃잎은 조금씩 겹치게 배치하고 꽃잎 중심에 화심을 붙입니다.

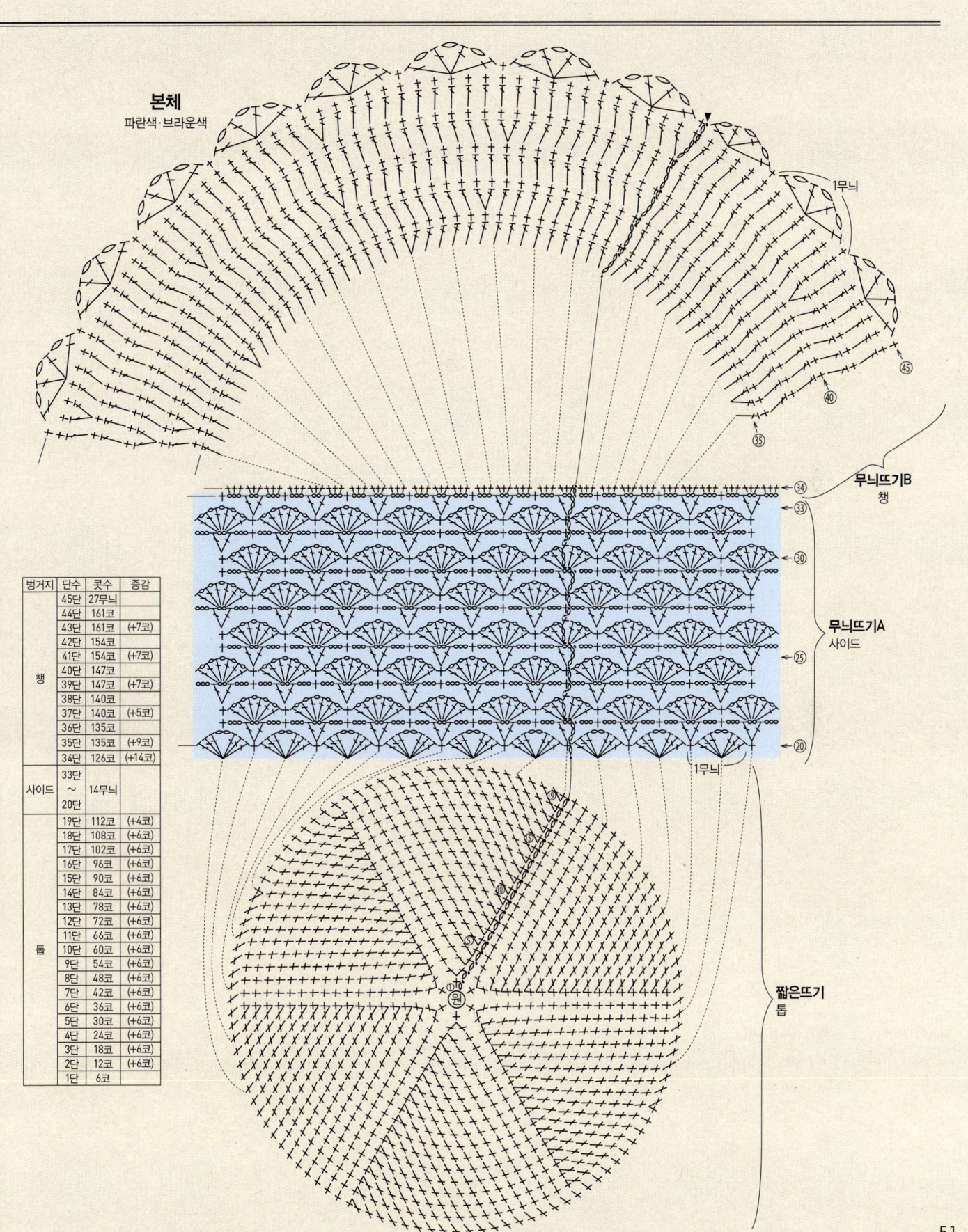

본체
파란색·브라운색

1무늬

45
40
35

무늬뜨기B
챙

34
33
30
25
20

무늬뜨기A
사이드

1무늬

짧은뜨기
톱

벙거지	단수	콧수	증감
챙	45단	27무늬	
	44단	161코	
	43단	161코	(+7코)
	42단	154코	
	41단	154코	(+7코)
	40단	147코	
	39단	147코	(+7코)
	38단	140코	
	37단	140코	(+5코)
	36단	135코	
	35단	135코	(+9코)
	34단	126코	(+14코)
사이드	33단 ~ 20단	14무늬	
톱	19단	112코	(+4코)
	18단	108코	(+6코)
	17단	102코	(+6코)
	16단	96코	(+6코)
	15단	90코	(+6코)
	14단	84코	(+6코)
	13단	78코	(+6코)
	12단	72코	(+6코)
	11단	66코	(+6코)
	10단	60코	(+6코)
	9단	54코	(+6코)
	8단	48코	(+6코)
	7단	42코	(+6코)
	6단	36코	(+6코)
	5단	30코	(+6코)
	4단	24코	(+6코)
	3단	18코	(+6코)
	2단	12코	(+6코)
	1단	6코	

바로 뜰 수 있는 기본 작품

쉽게 뜰 수 있는 소품으로 모았습니다.
계절에 맞는 소품과 귀여운 액세서리를 만들어봅시다.

두르는 소품

목 주위를 장식하는 인기 작품입니다.
쉽게 뜰 수 있는 스누드,
걸칠 수 있는 숄과 케이프를 소개합니다.

꽃 달린 스누드

사슬뜨기와 짧은뜨기로 만든 심플한 스누드.
같은 실로 꽃 모티브를 만들어서 포인트를 주었습니다.
실 1타래(40g/약 110m 기준)로 뜰 수 있습니다.

Design & knitting … wasanbon
How to make … 101쪽

앞단추 스누드

부채꼴 조개뜨기로 목 주변에서 끝자락까지 뜹니다.
뜨개바탕의 왼쪽 테두리에 단추를 달고
오른쪽 테두리의 한길 긴뜨기 사이에 단춧구멍을 만듭니다.

Design & knitting … 쿠사모토 미키
How to make … 102쪽

Point Lesson

그물뜨기

뜨개바탕이 그물망처럼
보이는 뜨기입니다. 사
슬뜨기와 짧은뜨기를
조합해 뜹니다.

1 사슬을 5코 뜹니다.

2 앞단 사슬코의 아래쪽 공간에
바늘을 넣습니다.

3 바늘에 실을 걸어 빼서 짧은뜨
기를 1코 뜹니다. 그물뜨기를 떴
습니다.

조개뜨기

완성한 모양이 조개와
비슷합니다. 한길 긴뜨
기와 사슬뜨기를 조합
해 부채꼴로 뜹니다.

1 앞단 코의 머리에 한길 긴뜨기
로 1코를 뜹니다.

2 1과 같은 코에 한길 긴뜨기 2코,
사슬 1코, 한길 긴뜨기 2코를 뜹
니다.

3 도안대로 반복해서 뜹니다. 조
개뜨기를 떴습니다.

꽃 모티브 스톨

입체적으로 제작한 꽃 모티브로
스톨의 양 끝을 장식했습니다.
이어 붙일 모티브 수가 많지 않아
손쉽게 만들 수 있습니다.

Design … 엔도 히로미
Knitting … 유메노 아야
How to make … 103쪽

꽃잎을 그러데이션 실로 뜨면 자연스럽게 다양한 색상의
모티브를 만들 수 있습니다

장식 칼라

섬세한 무늬가 돋보이는 칼라.
옷에 살짝 걸치기만 해도
화사해집니다.

Design & knitting … 엔도 히로미
How to make … 104쪽

조개무늬 케이프

본체는 소매 쪽에서 목둘레 쪽으로 뜨고
테두리뜨기를 추가합니다.
앞여밈 부분은 한쪽에 구멍을 만들어
반대쪽을 넣도록 디자인했습니다.

Design & knitting … 이나바 유미
How to make … 106쪽

마거리트 숄

동그란 모티브를 소매에 연결한 마거리트무늬에
고무밴드를 넣어서 봉긋하게 만들었습니다.
모티브 중심에 색을 넣으면 물방울처럼 보입니다.

Design & knitting ⋯ 이나바 유미
How to make ⋯ 104~105쪽

마거리트 숄을
반으로 접어서 머플러처럼
사용해도 멋집니다.

모티브를 연결해서 만든 머플러 스타일의 스누드

2가지 색을 사용한 모티브를 마지막단으로
연결하면서 32장을 이어 만듭니다.
스누드로도 사용할 수 있도록
손뜨개 단추를 달았습니다.

Design ··· Sachiyo * Fukao
Knitting ··· 우치다 사토시
How to make ··· 107쪽

손뜨개한 단추를
모티브 가장자리에
답니다.

스누드는 2가지로 사용할 수 있게
긴 사이즈로 만들었습니다.
모티브 수를 줄여서
짧게 만들어도 예쁩니다.

모자

모자 하나만으로 소녀가 되기도 하고
캐주얼하게도 변신할 수 있습니다!
캡, 벙거지, 베레모 등 원하는 모양을 골라보세요.

심플 캡

돔 모양의 캡은 아래쪽을 폭신한 실로 뜹니다.
전체적으로 부채꼴 무늬뜨기를 기본으로 하며
코르사주는 탈부착할 수 있습니다.

Design & knitting ··· Sachiyo＊Fukao
How to make ··· 108쪽

코르사주가 달린 벙거지

그물뜨기를 부채꼴로 펼쳐서 뜬 벙거지.
레이스를 단 코르사주로 달콤한 분위기를 연출했습니다.
탄력이 있는 실이면 무늬가 더 예쁘답니다.

Design & knitting ··· Sachiyo ✽ Fukao
How to make ··· 109쪽

Color Variations

마가 들어간 실로 뜨면
봄여름용 모자가 됩니다.
게다가 옅은 색으로 뜨면
더 시원한 느낌이 됩니다.
베이지색 모자는 내추럴한 옷과 아주
잘 어울리고 연하늘색 모자는 데님과
매치하면 좋아요.

마린 카스케트

톱 부분에서 코를 증감하며
둥글게 뜨는 심플한 디자인입니다.
무염색과 베이지색으로 뜬 코드는
사이드에 리본을 달아 귀여움을 더했습니다.

Design & knitting ··· Ha–Na
How to make ··· 112쪽

보더 카스케트

상쾌한 마 소재 실을
마린 스타일의 보더로 뜬 카스케트입니다.
걸어뜨기로 뜨개바탕에 탄력이 생깁니다.

Design & knitting ··· 마쓰이 미유키
How to make ··· 110~111쪽

모티브가 달린 카스케트

사각형으로 떠서 양 사이드를 조여
모자의 챙을 뜨면 완성!
사이드에는 단추 모양의
모티브 장식을 떠서 포인트를 줍니다.

Design & knitting ··· michiyo
How to make ··· 110쪽

구멍 송송 도트 베레모

머리 윗부분은 한길 긴뜨기와 구슬뜨기로
꽃잎무늬와 도트를 여유 있게 떴습니다.
입구는 짧은뜨기로 꼭 맞게 디자인했습니다.

Design & knitting … 칸노 나오미
How to make … 113쪽

모자 뒤쪽에 단추를 달아 머리 둘레 길이를 조절합니다.

꽃무늬 베레모

꽃무늬와 사다리무늬를 교대로 뜨고 머리 둘레는 여유 있게 디자인했습니다.
입구에 사용한 흰색이 멋스럽습니다.

Design & knitting ⋯ 엔도 히로미
How to make ⋯ 114쪽

방울 달린 베레모

아래부터 위로 뜨면서 좁아지는 타입의 베레모.
입구는 걸어뜨기로 고무뜨기식으로 떴습니다.
방울을 떼면 심플한 베레모가 됩니다.

Design & knitting ··· Sachiyo＊Fukao
How to make ··· 65쪽

재료와 도구

Hamanaka Warmmy 그레이색(3) 115g, 길이 2.5cm의 브로치핀 1개, 지름 2.5cm의 펠트 1장, 코바늘 7/0호

완성 치수

머리 둘레 46cm

게이지

가로세로 10cm 무늬뜨기 15.5코×7단

뜨는 방법의 포인트

● 베레모는 사슬 75코를 기초코로 잡고 도안을 참고해 분산 코 늘려뜨기와 분산 코 모아뜨기를 하면서 무늬뜨기로 14단을 뜹니다. 마지막에는 남은 실에 실을 통과시켜서 조입니다. 뜨기 시작 쪽에 테두리뜨기를 4단 뜹니다.

● 방울은 도안을 참고해 1개 만들고, 방울 브로치 만드는 방법을 참고해 브로치에 답니다.

● 방울 브로치는 베레모의 톱 중심에 답니다.

(8코)

베레모
(무늬뜨기)
도안 참조
77.5(120코)
(75코) 만든다
테두리뜨기

20(14단)
3(4단)

46
(76코, 38무늬) 줍는다

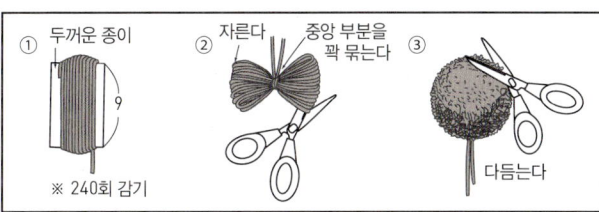

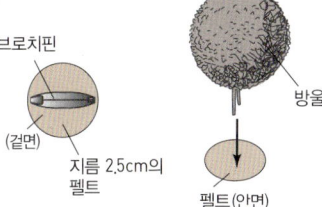

완성도

베레모는 맨 꼭대기에 실을 통과시켜서 조인다

방울 브로치는 베레모의 톱에 붙인다

방울(1개)

7.5

방울 만드는 방법

① 두꺼운 종이
9
※ 240회 감기

② 자른다
중앙 부분을 꽉 묶는다

③ 다듬는다

방울 브로치 만드는 방법

① 펠트에 브로치핀을 바느질해 붙입니다.

② 방울의 실 끝을 ①의 펠트에 바느질로 연결합니다.

③ 펠트에 연결한 실 끝을 세게 조인 다음 펠트 안면에 접착제를 붙여 방울을 펠트에 고정합니다.

브로치핀
(겉면)

방울

지름 2.5cm의 펠트

펠트(안면)

베레모 콧수표

단수	콧수	증감
14단	8코	(−8코)
13단	16코	(−14코)
12단	30코	(−30코)
11단	60코	(−15코)
10단	75코	(−15코)
9단	90코	(−10코)
8단	100코	(−10코)
7단	110코	(−10코)
4단~6단	120코	
3단	120코	(+15코)
2단	105코	(+15코)
1단	90코	(+15코)
기초코	75코	

▷ = 실 잇기
► = 실 끊기
= 한길 긴 앞걸어뜨기
= 긴 앞걸어뜨기

베레모

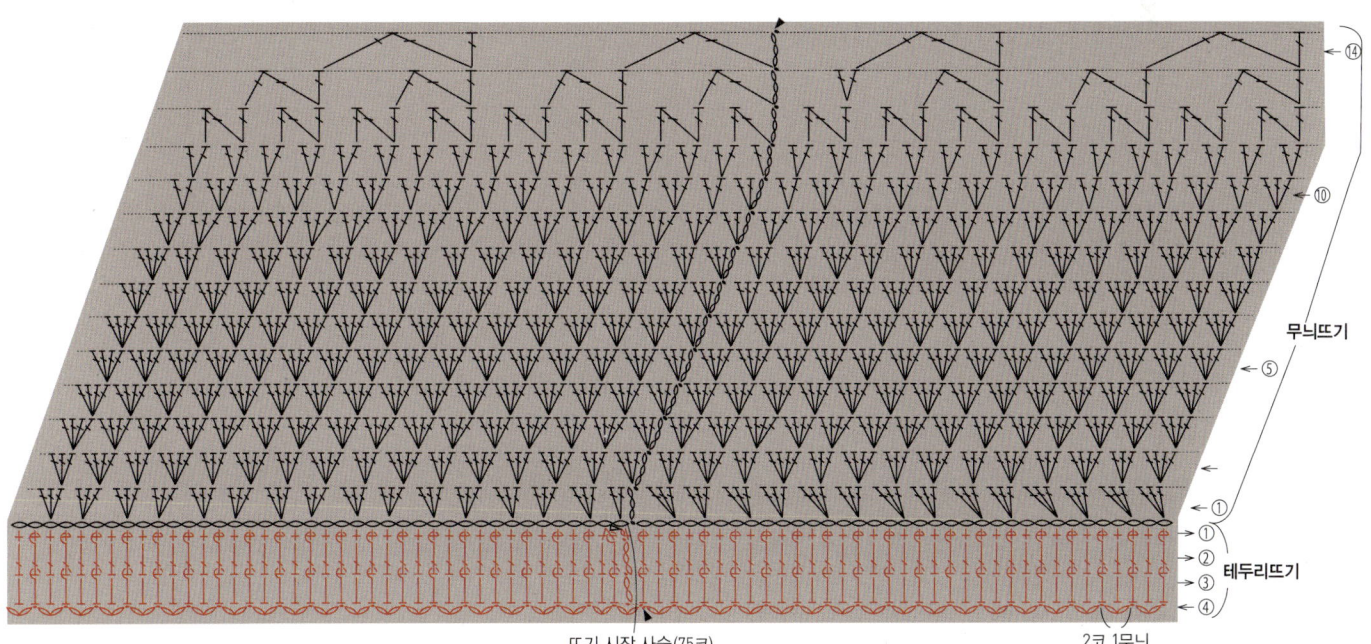

⑭
⑩
무늬뜨기
⑤
①
①
②
③
④
테두리뜨기

뜨기 시작 사슬(75코)

2코 1무늬

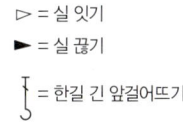

손발을 따뜻하게 하는 소품

추운 계절에는 뭐니 뭐니 해도 따뜻한 게 최고입니다.
내추럴한 작품부터 귀여운 장식이 달린 작품까지 디자인도 다양합니다.

레그워머
통 모양의 본체는 2종류의 무늬를 조합한
그물뜨기로 뜨고 위쪽에 흰색 라인을 넣었습니다.
신을 때는 가죽끈으로 조입니다.

Design & knitting … 우라 시즈카
How to make … 115쪽

피코뜨기 룸슈즈

본체는 한길 긴뜨기만으로
깔끔하게 뜹니다. 테두리를 피코뜨기로
뜨고 발이 들어가는 입구의 크기를
사슬뜨기 끈으로 조절합니다.

Design & knitting … 나카가와 토모미
How to make … 116쪽

구슬뜨기 룸슈즈

집에서 인기인 따뜻한 아이템.
짧은뜨기 벨트로 발등을 고정하면 발에
딱 맞고 신기도 편합니다.
폭신폭신한 구슬뜨기로 따뜻하게.

Design & knitting … hinahouse
How to make … 117쪽

심플한 양말

어려울 것 같은 '양말'을
코바늘로 간단히 뜰 수 있는 디자인.
배색을 하지 않으면 실을 자르지 않고
마지막까지 단번에 뜰 수도 있습니다.

Design & knitting … michiyo
How to make … 69쪽

Color Variations

색 조합을 즐기고 싶다면 이런 색도 추천합니다.
블루그린색과 베이지색의 조합은 캐주얼하고,
카키색과 회색을 조합한 양말은
향수를 불러일으키며,
연핑크색과 진회색의 조합은
소녀다운 느낌을 풍깁니다.

장식 리본이 달린 룸슈즈

한길 긴뜨기만으로 뜬 단순한 디자인이라도
독특한 실을 쓰면 분위기가 달라집니다.
슈즈 바닥은 펠트로 맞추고
발목 부분은 리본을 묶어서 완성했습니다.

Design & knitting … amy*
How to make … 118쪽

재료와 도구

Hamanaka Koropokkuru 겨자색(5) 65g, 회색 (3) 15g, 코바늘 5/0호

완성 치수

발 크기 24cm×높이 약 14cm

게이지

가로세로 10cm 무늬뜨기 24코×11단

뜨는 방법의 포인트

● 양말은 발끝부터 뜨기 시작합니다. 회색으로 원형코를 만들고 한길 긴뜨기로 코를 늘려가면서 6단을 뜹니다.

● 실을 겨자색으로 바꿔 무늬뜨기로 14단을 뜹니다.

● 다시 회색으로 바꾼 다음 발꿈치 부분을 한길 긴뜨기를 왕복해서 8단 뜹니다.

● 실을 겨자색으로 바꾸고 발꿈치와 ★단에서 코 줄기를 해 무늬뜨기로 12단을 뜹니다.

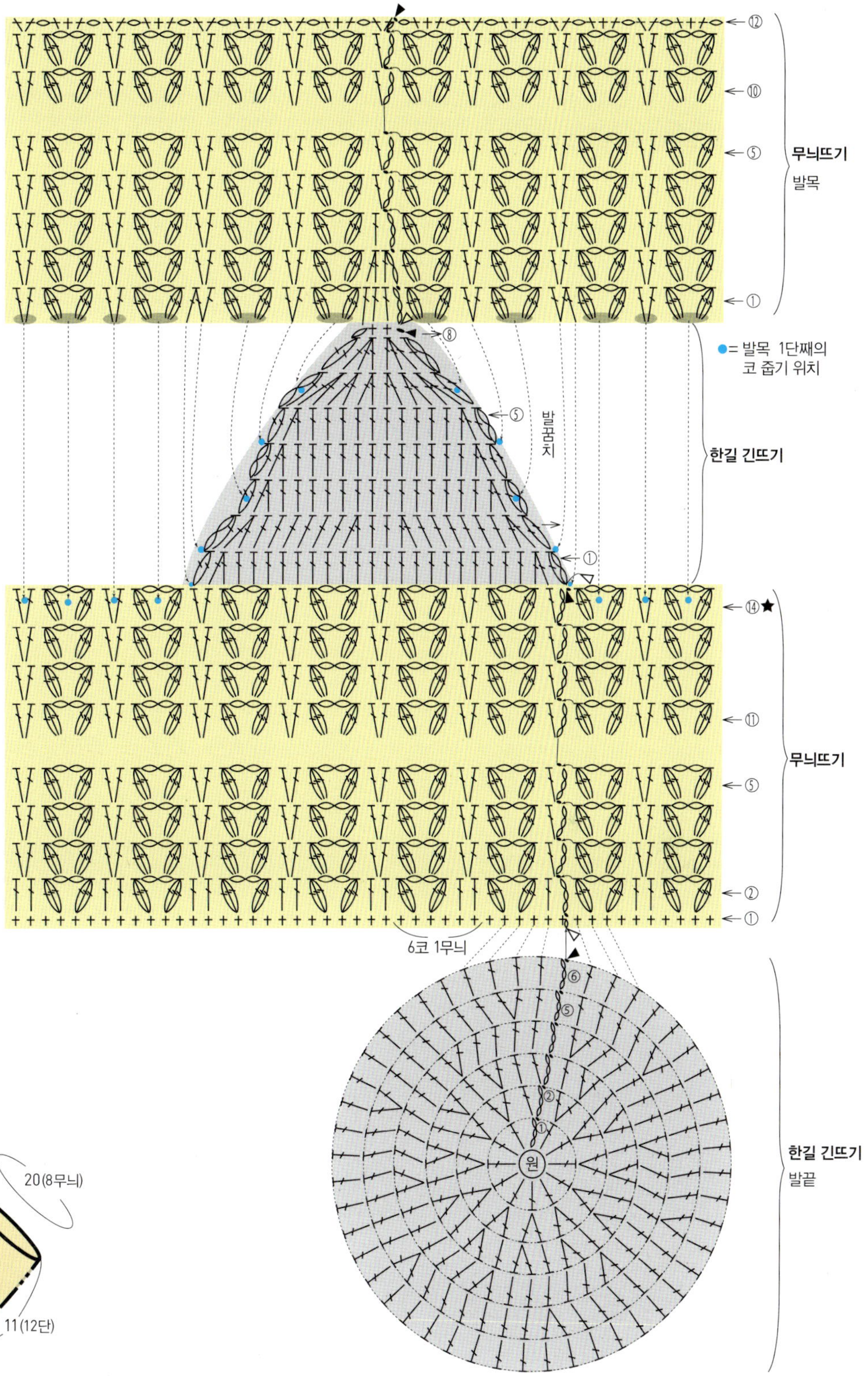

발끝 콧수표

단수	콧수	증감
6단	48코	
5단	48코	(+6코)
4단	42코	(+6코)
3단	36코	(+12코)
2단	24코	(+12코)
1단	12코	

··· 겨자색
··· 회색
► = 실 잇기
▷ = 실 끊기

⑫
⑩
⑤
① → 무늬뜨기 발목

● = 발목 1단째의 코 줄기 위치

⑧
⑤
발꿈치
① 한길 긴뜨기

⑭ ★
⑪
⑤
②
① 무늬뜨기

6코 1무늬

한길 긴뜨기 발끝

원
①②⑤⑥

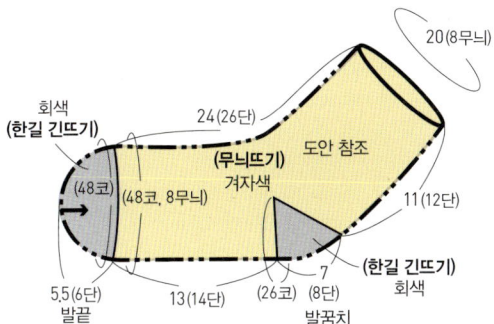

20(8무늬)

회색
(한길 긴뜨기)

24(26단)

(무늬뜨기)
겨자색

도안 참조

11(12단)

(48코)

(48코, 8무늬)

5.5(6단)
발끝

13(14단)

7
(26코)
(8단)

(한길 긴뜨기)
회색

발꿈치

딸기 벙어리장갑

손목 부분은 접은 듯 붙이고
표면에는 유리 비즈를 바느질해 장식했습니다.
왕복으로 긴뜨기를 해서 올록볼록한 느낌을 표현했습니다.

Design & knitting ⋯ amy*
How to make ⋯ 119쪽(딸기는 참고 작품)

꽈배기무늬
핸드워머

코바늘로 뜨는 이랑뜨기 타입의
꽈배기무늬.
두길 긴 앞걸어뜨기를 교차시켜
올록볼록함을 도드라지게
표현했습니다.

Design & knitting … 이나바 유미
How to make … 120쪽

벨트 달린 핸드워머

증감 없이 똑바르게 떠서 손목의 벨트로
포인트를 줍니다.
손등의 길이는 자신에게 맞춰서 바꿔도 좋습니다.
손가락 쪽에는 그물뜨기로 프릴을 달아
색다르게 디자인했습니다.

Design & knitting … 쿠사모토 미키
How to make … 121쪽

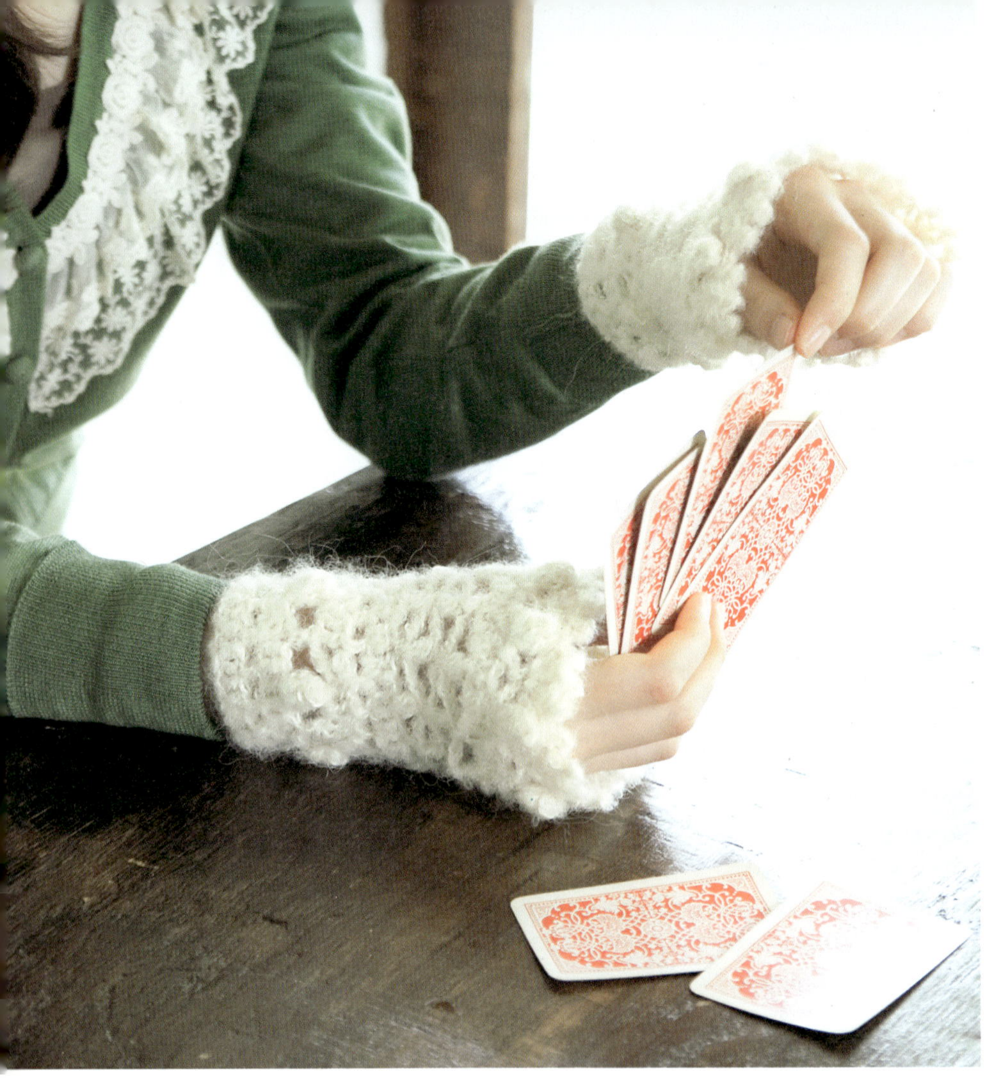

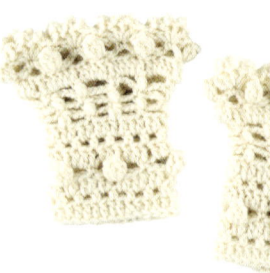

레이스 니트 커프스

폭신한 실로 섬세하게 그물뜨기를 해서
따뜻한 인상을 줍니다.
손등이 닿는 끝부분은
사다리꼴 모양으로 하고
손 모양에 맞춰서 피코 테두리뜨기로
완성합니다.

Design & knitting … 이나바 유미

Arrange

실을 바꿔서 응용해보자!

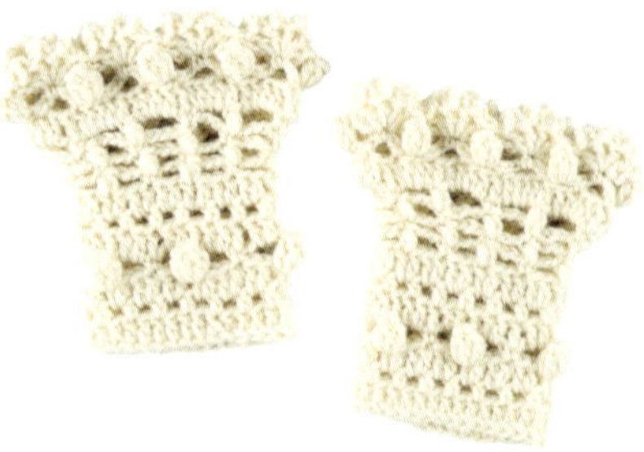

스트레이트 실로 뜨면
뜨개코와 무늬가 확실하게 보입니다.
초보자라도 뜨기 쉽고
캐주얼하게 사용할 수 있습니다.
재료는 Hamanaka Sonomono
Alpaca Wool(병태사)입니다.

재료와 도구

극태 루프사 오프화이트색 30g, 코바늘 7/0호

완성 치수

손목 둘레 17cm×길이 14cm

뜨는 방법의 포인트

- 사슬 30코를 떠서 원을 만들고 무늬뜨기로 9단째까지 똑바르게 뜹니다. 10단째에서 코를 늘리면서 뜨다 보면 12단째는 50코가 됩니다.
- 13단째 그물뜨기의 짧은뜨기는 지정한 위치에서 떠야 합니다.
- 14단째 팝콘뜨기는 13단째 그물뜨기의 2코째 사슬을 갈라서 뜹니다.

28(8무늬)
(50코)
본체
(무늬뜨기)
5.5(6단)
8.5(9단)
17
사슬(30코) 만든다

► = 실 끊기

= 한길 긴 5코 팝콘뜨기(한 코에서)

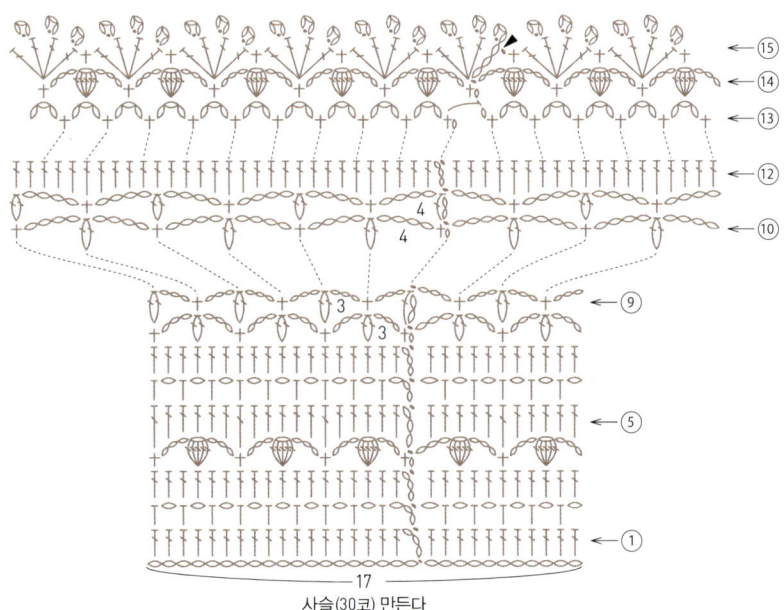

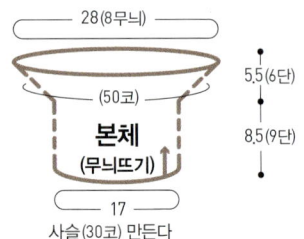

15
14
13
12
10
9
5
1
4
3
17
사슬(30코) 만든다

구슬뜨기 핸드워머 & 암워머

손목 쪽의 가터뜨기가 독특한 작품.
핸드워머는 2가지 색으로 뜨고 엄지손가락이 붙은 디자인이며,
암워머는 무염색 1가지 색으로 엄지손가락에 구멍이 난 타입입니다.
색 조합은 자유자재로 바꿔도 괜찮습니다.

Design & knitting … 오노유노 (ucono)
How to make … 122~123쪽

가방

편리한 마르셰백이나 모티브 가방을 비롯해
파우치나 동전 지갑 등의 소품들을 만들어봅시다.

모티브 미니백

4단을 떠서 완성한 1장의 사각 모티브.
미니백은 이 사각 모티브를
앞판에 4장, 뒤판에 4장 이어서 만듭니다.
옆과 밑을 이어 봉투 모양을 만들고
손잡이를 붙이면 끝!

Design & knitting … 이나바 유미
How to make … 75~77쪽

모티브 핸드백

핸드백도 기본 사각 모티브는 같습니다.
'빼뜨기로 모티브 연결하기'를 익혔다면
핸드백에도 도전해보세요.

Design & knitting … 이나바 유미
How to make … 78~79쪽

How to make

모티브 미니백

모티브 미니백으로 사각 모티브 연결하기를 배워봅시다. 핸드백도 같은
방법으로 만들 수 있습니다. 도안은 78~79쪽을 참고하세요.

1 모티브A 뜨기

● 1단(새먼색)

1 새먼색 실로 원형코를 만듭
니다.
[참고] 원형뜨기의 기초코 18쪽

2 기둥코를 세우고 짧은뜨기
를 1코 뜹니다.
[참고] 짧은뜨기 10쪽

3 원형코에 짧은뜨기를 12코
뜨고 나서 중심을 조입니다.
[참고] 중심 조이기 19쪽 **10~12**

4 중심을 꽉 조인 모습입니다.

5 첫 짧은뜨기의 머리 사슬
2가닥을 주워 바늘에 넣습
니다.

6 빼뜨기를 한 모습입니다.

7 실 끝을 약 15cm 남기고
잘라서 돗바늘에 끼운 다
음 뜨개바탕의 안면에 실을
통과시켜 정리합니다.

8 1단을 떴습니다.

● 2단(로즈색)

9 2단은 로즈색 실로 기둥코
인 사슬 3코를 뜹니다.

10 9와 같은 코에 한길 긴뜨
기를 1코 뜹니다.
[참고] 한길 긴뜨기 10쪽

11 앞단의 모든 코에 '한길
긴 2코 늘려뜨기'를 하고
마지막에 빼뜨기를 한 다
음 실 정리를 합니다. 2단
을 떴습니다.
[참고] 한길 긴 2코 늘려뜨기
97쪽
빼뜨기 10쪽

● 3단(올리브색)

12 3단은 올리브색 실로 기
둥코인 사슬 1코를 뜹니
다. 짧은뜨기 4코, 사슬뜨
기 4코를 뜹니다.

13 미완성의 한길 긴뜨기를
1코 뜹니다.
[참고] 미완성 긴뜨기 10쪽
(긴뜨기 **3**)

14 다음 코에도 미완성 한길
긴뜨기를 뜨고 바늘에 실
을 걸어 한 번에 빼냅니다.

15 한길 긴 2코 모아뜨기를
떴습니다.
[참고] 한길 긴 2코 모아뜨기
97쪽

75

2 모티브B를 빼뜨기로 연결하기

● 4단(하늘색)

● 1단(오렌지색) ● 4단에서 연결하는 방법

16 도안대로 마지막까지 뜨고 실 정리를 합니다. 3단을 떴습니다.

17 하늘색 실로 바꾸고 짧은뜨기와 사슬뜨기를 도안대로 뜹니다. 모서리에는 앞단 1코에 짧은뜨기 1코, 사슬뜨기 3코, 짧은뜨기 1코를 뜹니다.

18 도안대로 마지막까지 뜨고 실을 정리합니다. 4단을 떴습니다.

19 1단을 오렌지색으로 뜹니다.

20 2단은 하늘색 실로 뜹니다. 연결할 위치가 되었다면 모티브A의 모서리 사슬뜨기에 바늘을 넣습니다.

21 바늘에 실을 걸고 한 번에 빼냅니다.

22 빼뜨기로 연결했습니다.

23 이어서 모티브B를 계속 뜹니다. 사슬뜨기 2코, 짧은뜨기 1코를 떴습니다.

24 도안대로 모티브B를 모티브A와 빼뜨기로 연결했습니다.

3 3번째 장 모티브B 연결하기
4 4번째 장 모티브 A 연결하기

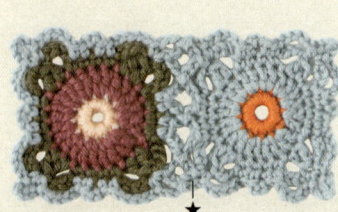  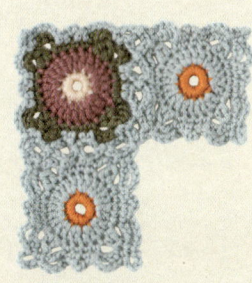 

모티브A와 2번째 장을 이은 빼뜨기의 다리(실 2가닥)를 줍습니다.

25 4단의 나머지 부분을 도안대로 뜨고 실 정리를 하면 2번째 장 모티브B가 완성됩니다.

26 3번째 장 모티브B를 4단의 연결할 위치까지 뜹니다. 그대로 **25**의 ★ 위치(2번째 장 빼뜨기)에 바늘을 넣습니다.

27 2번째 장과 마찬가지로 모티브A와 3번째 장을 빼뜨기로 연결하면서 도안대로 뜨고 실 정리를 합니다.

28 4번째 장 모티브A도 4단에서 이으면서 마지막까지 뜹니다. 모서리는 3번째 장과 마찬가지로 2장의 빼뜨기 다리를 줍습니다. 4번째 장 모티브A도 연결했습니다.

5 테두리뜨기

● 1단

29 2번째 장 모티브B의 모서리에 하늘색 실을 빼뜨기로 붙입니다.

30 앞단의 사슬코를 코 아래에서 줍고 짧은뜨기를 1단 뜹니다.
[참고] 코 아래에서 뜨기 11쪽

31 연결한 모티브 둘레를 짧은뜨기로 두릅니다.

32 테두리 1단을 짧은뜨기로 뜨고 빼뜨기합니다. 테두리뜨기로 짧은뜨기 1단을 완성한 모습입니다.

● 2단

33 테두리 2단도 짧은뜨기로 뜹니다. 모서리는 앞단의 1코에만 짧은뜨기를 3코 뜹니다. 모서리 모두 같은 방법으로 합니다.

6 뒤판 뜨기

7 앞판과 뒤판 연결하기

34 도안대로 마지막까지 뜨고 실 정리를 하면 테두리뜨기가 끝납니다. 이것이 미니백의 앞판입니다.

35 앞판과 같은 방식으로 뒤판도 뜹니다. 뜨기 끝에 실 정리를 하지 말고 1m 정도 남깁니다.

36 뒤판에 남긴 실을 돗바늘에 끼워 앞판의 모서리 바깥쪽 반코에 바늘을 넣습니다.

37 다음 코도 바깥쪽 반코를 각각 줍니다.

38 같은 방법으로 바깥쪽 반코를 떠서 간격과 모양이 일정하도록 힘을 조절해야 합니다.

8 손잡이 연결하기

39 앞판과 뒤판의 세 변을 같은 방법으로 바느질합니다. 반코를 휘감고 남은 실 끝은 뜨개바탕 사이에 꿰어 정리합니다.

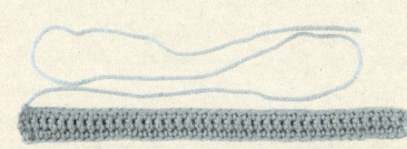

40 짧은뜨기로 손잡이를 뜨고 실 끝을 약 30cm 남겨둡니다. 같은 방법으로 손잡이를 하나 더 뜹니다.

41 실 끝에 돗바늘을 끼워 모티브 안쪽에 손잡이를 연결합니다. 손잡이의 반대쪽은 새 실에 돗바늘을 끼워 연결합니다.

완성

모티브를 다 연결했다면 테두리를 짧은뜨기로 정리하세요. 깔끔하게 완성할 수 있는 요령입니다.

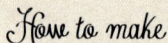

모티브 핸드백
(미니백 포함)

Photo 74쪽

재료와 도구
핸드백: Hamanaka Organic Wool Field 하늘색(5) 110g, Hamanaka Exceed Wool L '병태사' 새먼색(340) 10g·오렌지색(344) 10g·올리브색(321) 25g·로즈색(336) 30g, 코바늘 5/0호
미니백: Hamanaka Organic Wool Field 하늘색(5) 18g, Exceed Wool L '병태사' 새먼색(340) 1g·오렌지색(344) 1g·올리브색(321) 3g, 로즈색(336) 4g, 코바늘 5/0호

완성 치수
핸드백: 폭 30cm×깊이 31.5cm(손잡이 제외)
미니백: 폭 11.5cm×깊이 11.5cm(손잡이 제외)

뜨는 방법의 포인트
핸드백:
● 본체는 모티브 연결하기로 뜹니다. 먼저 모티브A를 뜹니다. 원형코를 만들어 도안을 참고해 배색을 바꾸면서 4단까지 뜹니다. 2번째 장에 해당하는 모티브B를 4단까지 뜨는데 연결하면서 뜹니다. 도안을 참고해 52장을 순서대로 연결합니다. 트임 부분은 짧은뜨기로 돌아가면서 5단을 뜹니다.
● 손잡이는 기초코로 사슬 80코를 잡아 짧은뜨기 12단을 뜬 다음 2번 접고 말아서 고정합니다.
● 본체 안쪽에 손잡이를 단단히 연결합니다.
미니백:
● 본체는 모티브 가방처럼 모티브를 연결하면서 뜹니다. 도안을 참고해 4장을 연결합니다. 앞판의 모티브 테두리는 짧은뜨기를 2단 뜹니다. 모티브 4장을 다시 연결해 뒤판을 준비하고 앞판과 뒤판을 입구 이외의 세 변을 반코를 휘감아 봉투 모양처럼 만듭니다.
● 손잡이는 기초코로 사슬 40코로 잡고 짧은뜨기 3단을 뜹니다.
● 본체 안쪽에 손잡이를 붙입니다.

모티브A
(4장)
| 5 |
| 5 |

모티브B
(4장)
| 5 |
| 5 |

미니백 본체
(모티브 연결하기)
(테두리뜨기) 하늘색
도안 참조
2장

| 1 | 2 |
| 3 | 4 |

0.75(2단)
10(2장)
0.75(2단)
10(2장)
0.75(2단)

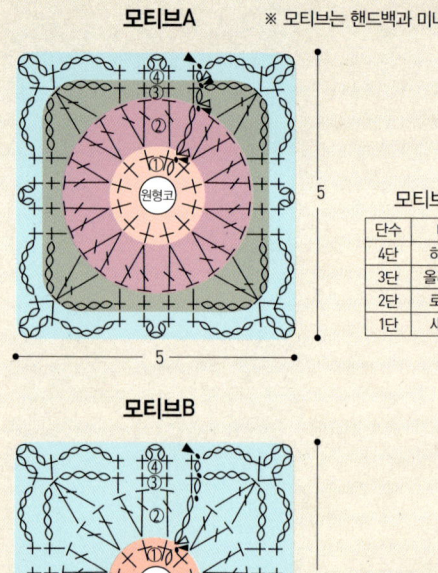

※ 모티브는 핸드백과 미니백 공통입니다.

모티브A

단수	배색
4단	하늘색
3단	올리브색
2단	로즈색
1단	새먼색

원형코

모티브B

단수	배색
4단	
3단	하늘색
2단	
1단	오렌지색

원형코

미니백 본체
(테두리뜨기)

▷ = 실 잇기
► = 실 끊기

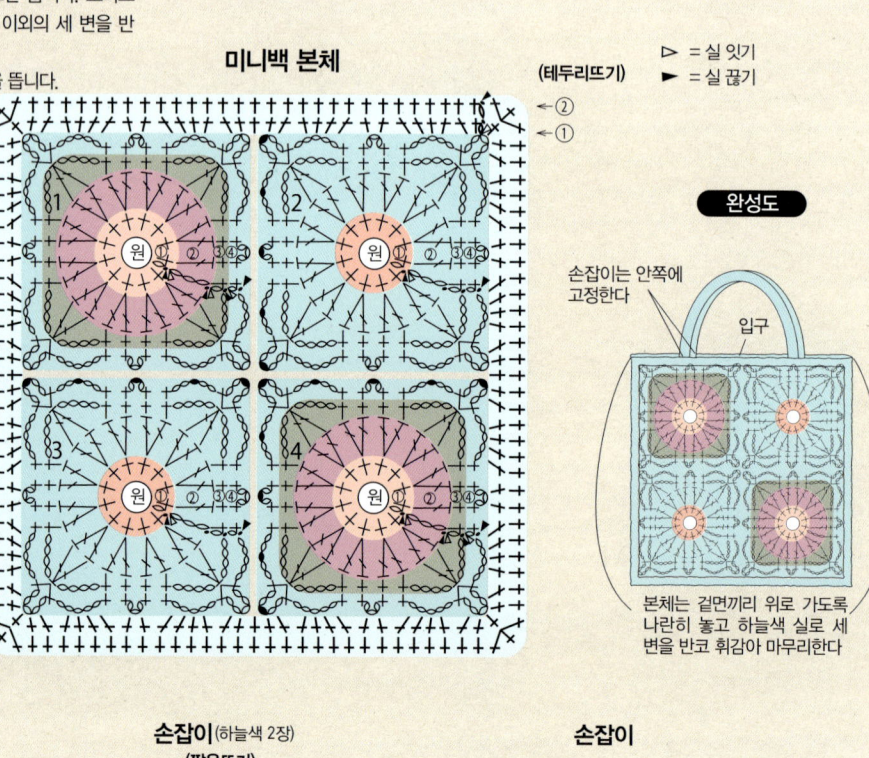

완성도

손잡이는 안쪽에 고정한다
입구

본체는 겉면끼리 위로 가도록 나란히 놓고 하늘색 실로 세 변을 반코 휘감아 마무리한다

손잡이(하늘색 2장)
(짧은뜨기)
13(40코) 만든다
1.2(3단)

손잡이
사슬(40코)

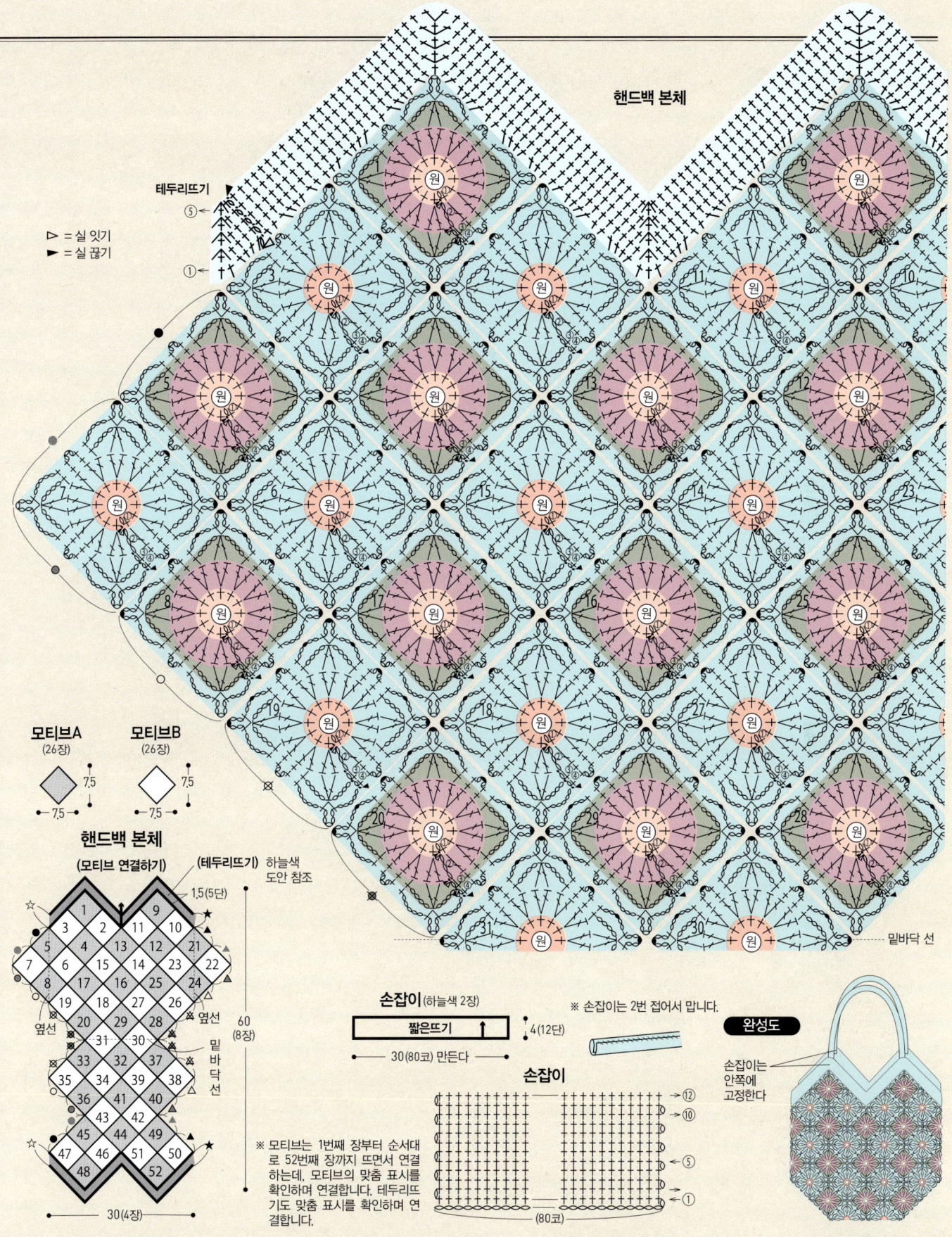

핸드백 본체

테두리뜨기

▷ = 실 잇기
► = 실 끊기

모티브A
(26장)
7.5
7.5

모티브B
(26장)
7.5
7.5

핸드백 본체
(모티브 연결하기)
(테두리뜨기) 하늘색
도안 참조
1.5(5단)

	1		9	
5	3	11		10	
7	4	13	12	21	
	6	15	14	23	22
8		17	16	25	24
19	18	27	26		
20	29	28			
옆선	31	30	옆선		
33	32	37	밑		
35	34	39	38	바닥선	
36	41	40			
43	42				
45	44	49			
47	46	51	50		
48	52				

옆선   밑바닥선

60
(8장)

30(4장)

손잡이 (하늘색 2장)
짧은뜨기
30(80코) 만든다
4(12단)

※ 손잡이는 2번 접어서 만듭니다.

손잡이

⑫
⑩
⑤
①

(80코)

완성도

손잡이는 안쪽에 고정한다

밑바닥 선

※ 모티브는 1번째 장부터 순서대로 52번째 장까지 뜨면서 연결하는데, 모티브의 맞춤 표시를 확인하며 연결합니다. 테두리뜨기도 맞춤 표시를 확인하며 연결합니다.

79

사각 모티브 가방

사각 모티브를 사선으로 이은
다이아몬드무늬 가방입니다.
코가 촘촘한 편이라
안감을 대지 않아도 됩니다.

Design … Sachiyo ✳ Fukao
Knitting … 우치다 사토시
How to make … 124~125쪽

모티브는 1장씩,
중심의 무염색과 모카색을 교대로 넣어
리드미컬하게 배치합니다.
어두운 빨간색으로 테두리뜨기를 해서
전체적인 분위기를 잡았습니다.

동그란 모티브의 동전 지갑

따뜻한 느낌을 연출하고 싶다면
레트로 분위기의 색 조합을 추천합니다.
크게 뜬 동그란 모티브를 2장 맞추고
프레임을 달아 동전 지갑을 만듭니다.

Design & knitting … 이나바 유미
How to make … 123쪽

플랩 파우치

뚜껑의 프릴과 벨벳 리본의
조합이 귀엽습니다.
안감에 천을 덧대니 수납도
문제 없습니다.

Design & knitting … 모리타 케이코(petit bouquet)
How to make … 124쪽

플랫 파우치

주머니 부분은 한길 긴뜨기와 짧은뜨기로 뜨고,
뚜껑은 색다르게 구슬뜨기를 했습니다.
꽃 모티브와 레이스가 포인트입니다.

Design & knitting ··· Sachiyo * Fukao
How to make ··· 126쪽

동전 지갑

면실을 사용해 바닥부터 떠서 올라옵니다.
옆면의 무늬는 한길 긴 교차뜨기입니다.
본체는 프레임 구멍에 연결합니다.

Design & knitting ··· 야마시타 토모미
How to make ··· 127쪽

짧은뜨기 마르셰백

보더 컬러가 특징인 마르셰백.
옆으로 긴 모양인데
전체를 짧은뜨기로 완성했답니다.
위쪽 6곳에 주름을 잡으면서 뜨고
바닥을 둥글게 합니다.

Design & knitting … hinahouse

뜨개 인형은 참고 작품입니다.

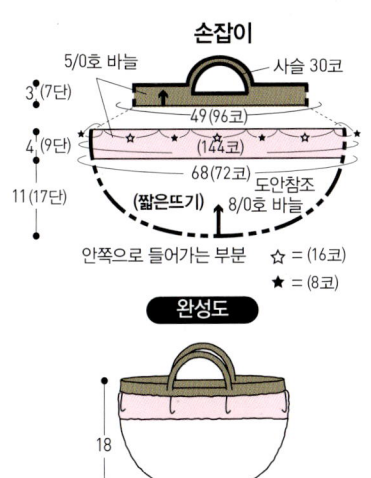

재료와 도구
병태사 울과 나일론 혼방사 아이보리색
60g·핑크믹스색 30g·밤색 10g, 코바늘
8/0호, 코바늘 5/0호

완성 치수
폭 24cm×깊이 18cm(손잡이 제외)

뜨는 방법의 포인트
● 원형코를 만들어 도안을 참고해 바늘과 배색을 바꾸며 30단까지 뜹니다.
● 31~33단은 손잡이를 만들어 뜹니다.

손잡이
5/0호 바늘 — 사슬 30코
3 (7단)
4 (9단)
11 (17단)
49 (96코)
(144코)
68 (72코)
도안참조
(짧은뜨기) 8/0호 바늘
안쪽으로 들어가는 부분 ☆ = (16코)
★ = (8코)

완성도
18
24

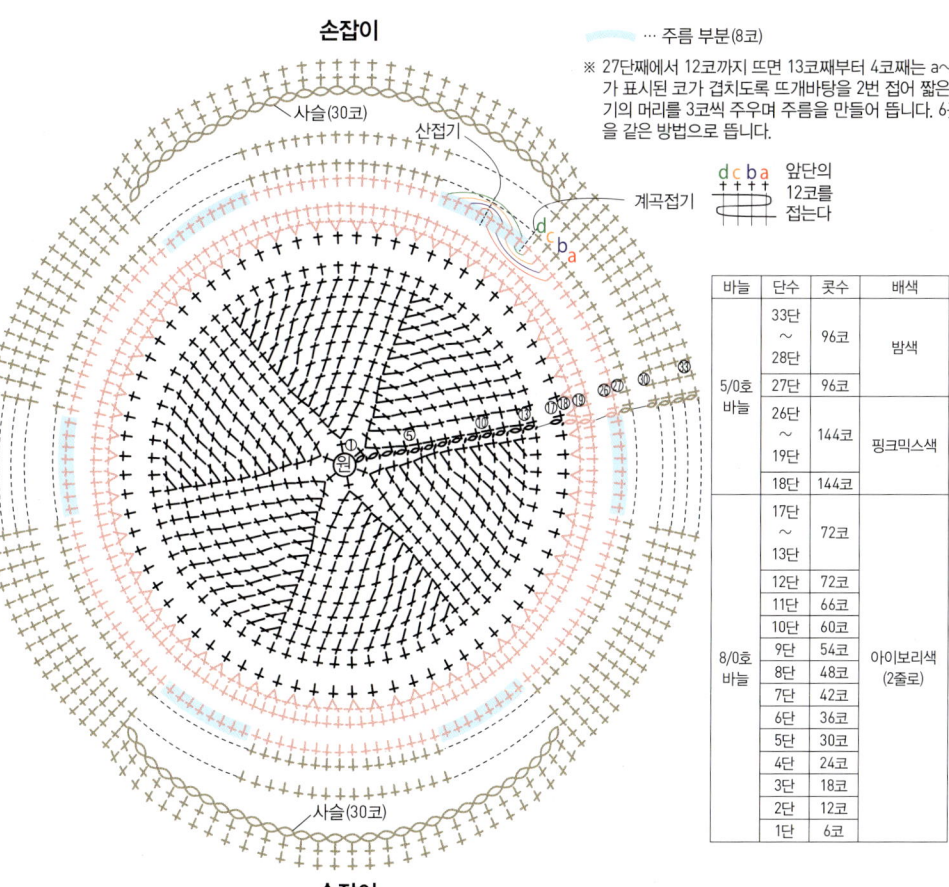

손잡이

사슬(30코)
산접기
계곡접기

… 주름 부분(8코)

※ 27단째에서 12코까지 뜨면 13코째부터 4코째는 a~d 가 표시된 코가 겹치도록 뜨개바탕을 2번 접어 짧은뜨기의 머리를 3코씩 주우며 주름을 만들어 뜹니다. 6곳을 같은 방법으로 뜹니다.

앞단의 12코를 접는다

바늘	단수	콧수	배색
5/0호 바늘	33단 ~ 28단	96코	밤색
	27단	96코	
	26단 ~ 19단	144코	핑크믹스색
	18단	144코	
8/0호 바늘	17단 ~ 13단	72코	아이보리색 (2줄로)
	12단	72코	
	11단	66코	
	10단	60코	
	9단	54코	
	8단	48코	
	7단	42코	
	6단	36코	
	5단	30코	
	4단	24코	
	3단	18코	
	2단	12코	
	1단	6코	

손잡이

올록볼록 핸드백

가방 입구와 바닥은 짧은뜨기로 튼튼하게 뜨고
측면은 팝콘뜨기로 올록볼록한 느낌을 줍니다.
꽃 모티브를 토션 레이스에 달아서
가방 장식으로 사용합니다.

Design & knitting … 칸노 나오미
How to make … 84~85쪽

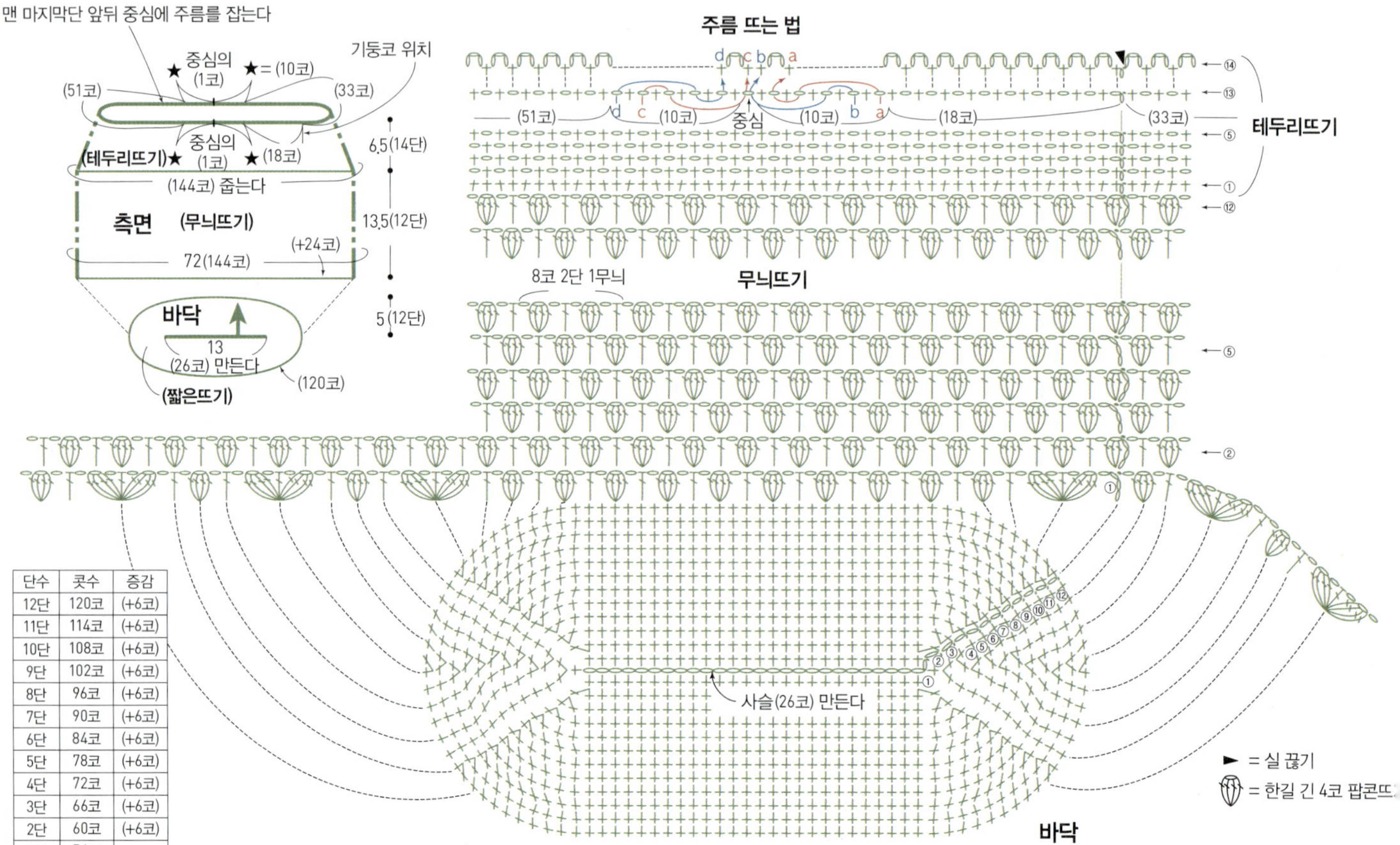

맨 마지막단 앞뒤 중심에 주름을 잡는다

중심의 ★=(10코)
(51코) ★ 중심의(1코) 기둥코 위치
(33코)

(테두리뜨기)★ 중심의(1코) ★(18코)
6.5(14단)

(144코) 줍는다

측면 (무늬뜨기) 13.5(12단)

72(144코) (+24코)

5(12단)

바닥
13
(26코) 만든다 (120코)

(짧은뜨기)

주름 뜨는 법

d c b a

(51코) d c (10코) 중심 (10코) b a (18코) (33코)

테두리뜨기

⑭
⑬
⑤
①
⑫

8코 2단 1무늬 **무늬뜨기**

⑤

②
①

사슬(26코) 만든다

② ③ ④ ⑤ ⑥ ⑦ ⑧ ⑨ ⑩ ⑪ ⑫
①

바닥

► = 실 끊기
= 한길 긴 4코 팝콘뜨

단수	콧수	증감
12단	120코	(+6코)
11단	114코	(+6코)
10단	108코	(+6코)
9단	102코	(+6코)
8단	96코	(+6코)
7단	90코	(+6코)
6단	84코	(+6코)
5단	78코	(+6코)
4단	72코	(+6코)
3단	66코	(+6코)
2단	60코	(+6코)
1단	54코	

재료와 도구

병태모사 올리브그린색 190g·무염색 6g, 폭 1.5cm×
길이 45cm의 가죽 손잡이 1쌍, 폭 1cm의 토션 레이스
40cm, 코바늘 6/0호

완성 치수

폭 36cm×깊이 20cm(손잡이 제외)

게이지

가로세로 10cm 짧은뜨기 20코×24단
가로세로 10cm 무늬뜨기 5무늬×9단
가로세로 10cm 테두리뜨기 22코×22단

뜨는 방법의 포인트

가방:
● 사슬뜨기로 기초코를 만들어 바닥부터 뜹니다.
● 테두리뜨기의 마지막단에서 측면 중심에 주름을
잡습니다.

가방 장식:
● 원형코를 만들어 모티브 2장을 뜹니다.

모티브
(무염색 2장)

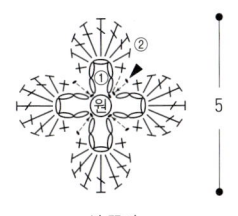

▶ = 실 끊기

완성도

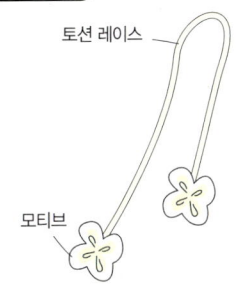

※ 모티브를 떠 토션 레이스에 달아
가방 장식을 만듭니다

※ 가방 장식은 리본 매듭을 묶어서 장식합니다.

투톤백

A4 용지 사이즈의 토트백.
안감을 덧대어 튼튼하게 완성합니다.
청록색의 그물뜨기와
가죽 손잡이가 포인트입니다.

Design & knitting … 히라카와 미키(Polivi)
How to make … 128쪽

컬러풀한 주머니

바닥을 짧은뜨기로 튼실하게 뜨고
측면은 긴 구슬뜨기로 변화를 줬습니다.
끈에 달린 꽃 모티브는 포인트.

Design & knitting ··· hinahouse
How to make ··· 129쪽

액세서리

반지와 팔찌, 가방 장식, 머리끈, 곱창밴드 등등
작고 간단한 액세서리를 만들어봤습니다.
선물용으로도 좋답니다.

A

B

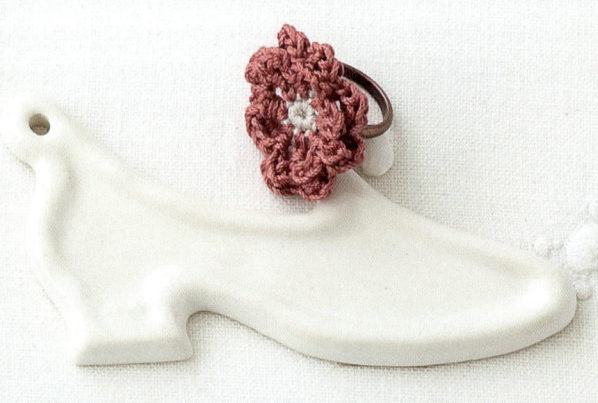

2단 꽃목걸이 & 반지

반지는 꽃 모티브를 반지대에 붙이기만 하면 됩니다.
목걸이는 사슬뜨기한 끈에 2단 모티브와
4단 모티브를 체인에 답니다.

Design & knitting … Ha-Na
How to make … 130쪽

작은 꽃 & 클로버 팔찌

봄날 들판에 핀 꽃을 모티브로 했습니다.
작은 꽃의 꽃잎을 1장 줄이면 클로버로 변신합니다.
파스텔컬러로 몇 개 만들어 팔찌 체인에 붙이기만 하면 됩니다.

Design & knitting … amy*

재료와 도구
작은 꽃: Olympus Emmy
Grande 무염색 (804)·연갈색
(736), Olympus Emmy Grande
'Herbs' 오렌지색 (171)·핑크색
(119)·연청록색 (341)·연노랑색
(560)·회갈색(814) 각 1g
클로버: Olympus Emmy
Grande 'Herbs' 연녹색(252) 1g,
Olympus Emmy Grande 무염
색(804) 1g
공통: 코바늘 2/0호

작은 꽃
※ 좋아하는 색으로 뜹니다

클로버
연녹색

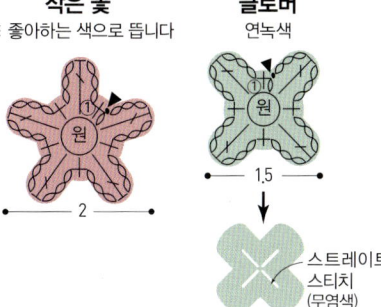

스트레이트
스티치
(무염색)

꽃 머리끈 & 머리핀

브레이드를 뜨고 돌돌 말아서
입체적으로 표현합니다.
머리끈도 머리핀도 뜨는 방법은 같습니다.
무늬 수의 증감으로 크기를 바꿀 수 있습니다.

Design & knitting … 오노유코(ucono)

재료와 도구
공통: Daruma Silk 레이스사 #30 핑크색
(9), Lamé 레이스사 #30 핑크색(5) 소량, 레
이스 바늘 2/0호
머리끈: 동그랗고 큰 비즈(핑크색 계열) 5개,
머리끈 1개
머리핀: 동그랗고 큰 비즈(핑크색 계열) 3개(꽃
C는 2개), 접시 달린 머리핀 2개, 접착제
※ 군청색은 Daruma Silk 레이스사 #30
청색(13), Lamé 레이스사 #30 검정색
(7), 동그랗고 큰 비즈(군청색계)를 사용합
니다.

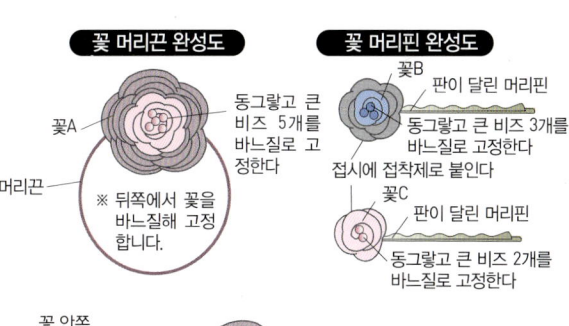

꽃 머리끈 완성도

꽃A

꽃B
머리끈

동그랗고 큰
비즈 5개를
바느질로 고
정한다

※ 뒤쪽에서 꽃을
바느질해 고정
합니다.

꽃 머리핀 완성도

꽃B
판이 달린 머리핀
동그랗고 큰 비즈 3개를
바느질로 고정한다
접시에 접착제로 붙인다
꽃C
판이 달린 머리핀
동그랗고 큰 비즈 2개를
바느질로 고정한다

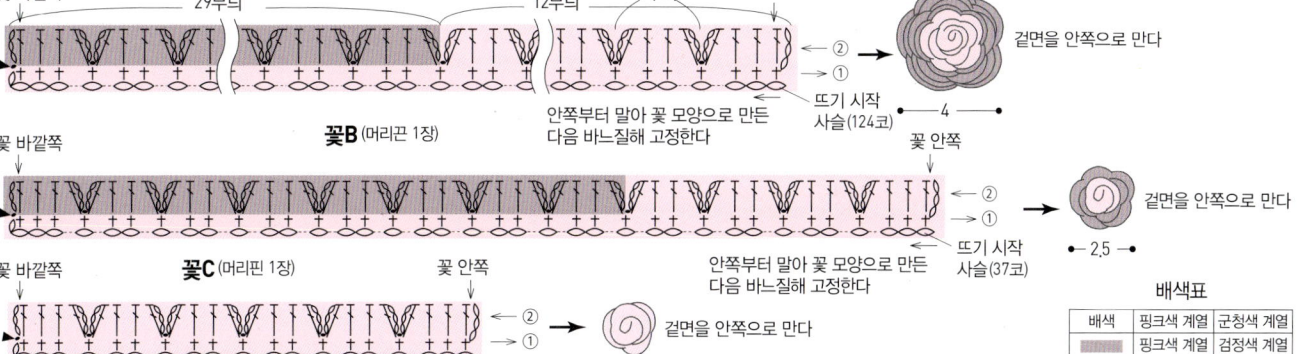

꽃A(머리끈 1장)

꽃 바깥쪽   29무늬   12무늬   1무늬   꽃 안쪽

②
①
뜨기 시작
사슬(124코)

겉면을 안쪽으로 만다

4

안쪽부터 말아 꽃 모양으로 만든
다음 바느질해 고정한다

꽃B(머리끈 1장)

꽃 바깥쪽   꽃 안쪽

②
①
뜨기 시작
사슬(37코)

겉면을 안쪽으로 만다

2.5

안쪽부터 말아 꽃 모양으로 만든
다음 바느질해 고정한다

꽃C(머리핀 1장)

꽃 바깥쪽   꽃 안쪽

②
①
뜨기 시작
사슬(19코)

겉면을 안쪽으로 만다

1.8

► = 실 끊기

안쪽부터 말아 꽃 모양으로 만든 다음
바느질해 고정한다

배색표

배색	핑크색 계열	군청색 계열
	핑크색 계열	검정색 계열
	핑크색	군청색

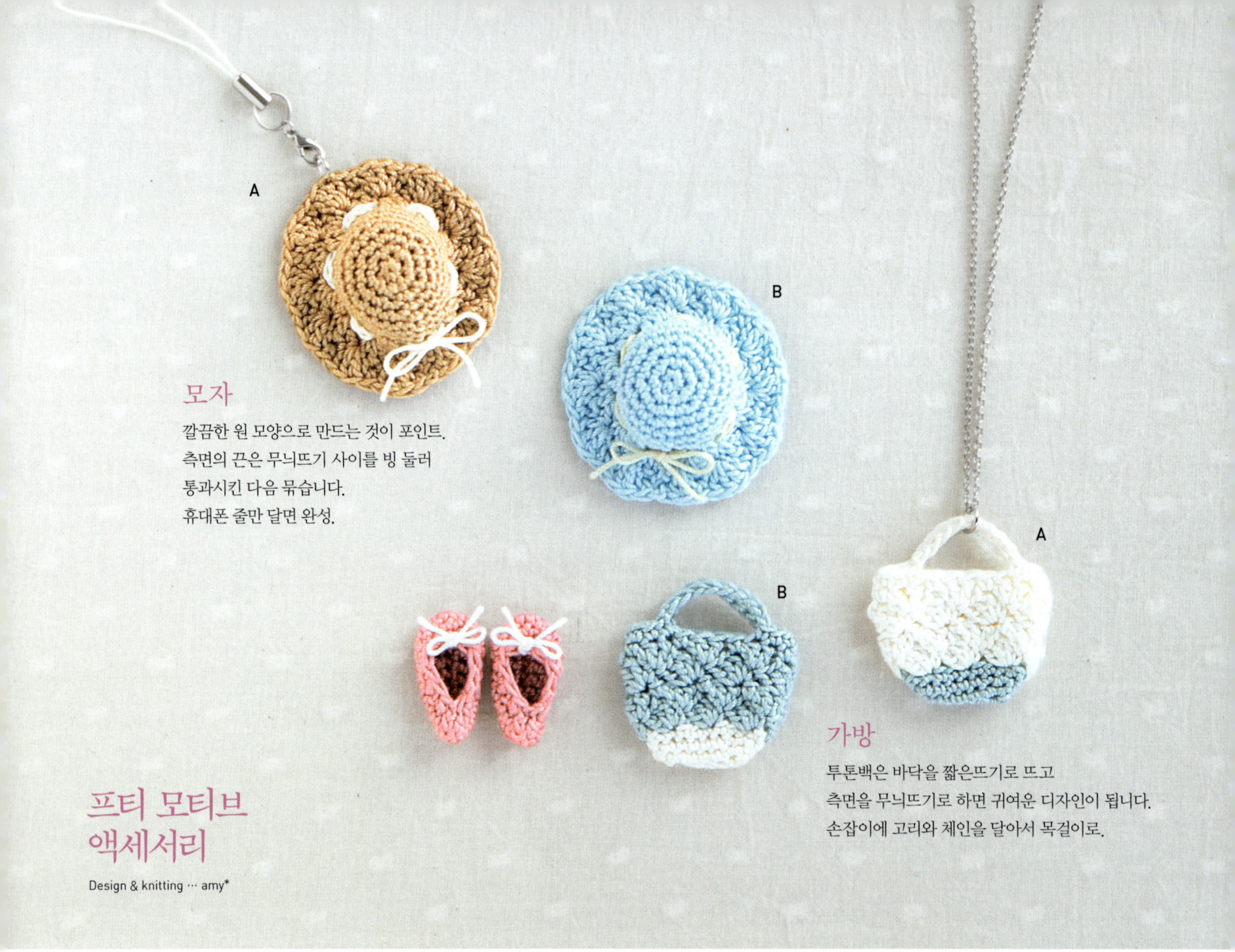

모자

깔끔한 원 모양으로 만드는 것이 포인트.
측면의 끈은 무늬뜨기 사이를 빙 둘러
통과시킨 다음 묶습니다.
휴대폰 줄만 달면 완성.

프티 모티브
액세서리

Design & knitting … amy*

모자

A: 연갈색
B: 물색

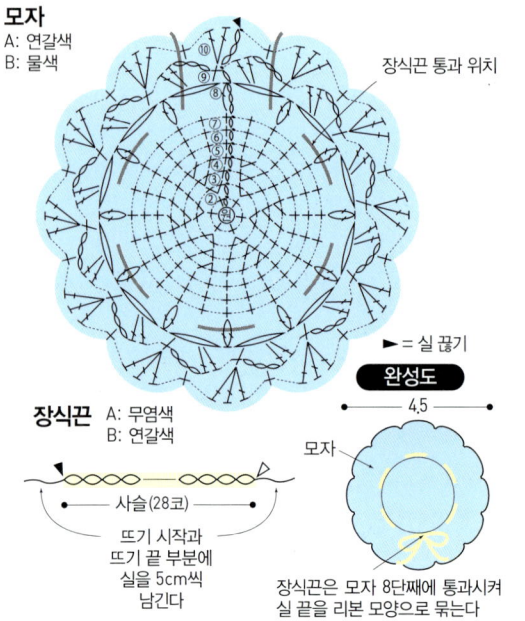

장식끈 통과 위치

장식끈   A: 무염색
         B: 연갈색

사슬(28코)

뜨기 시작과
뜨기 끝 부분에
실을 5cm씩
남긴다

▶ = 실 끊기

완성도

4.5

모자

장식끈은 모자 8단째에 통과시켜
실 끝을 리본 모양으로 묶는다

재료와 도구

모자A: Olympus Emmy Grande 연갈색
(736) 2g·무염색(804) 1g
모자B: Olympus Emmy Grande 물색(364)
2g, Olympus Emmy Grande 'Herbs' 연갈
색(560) 1g
공통: 코바늘 2/0호

가방A: Olympus Emmy Grande 무염색
(804) 2g, Olympus Emmy Grande 'Herbs'
연청록색(341) 1g
가방B: Olympus Emmy Grande 'Herbs'
연청록색(341) 2g, Olympus Emmy Grande
무염색(804) 1g
공통: 코바늘 2/0호

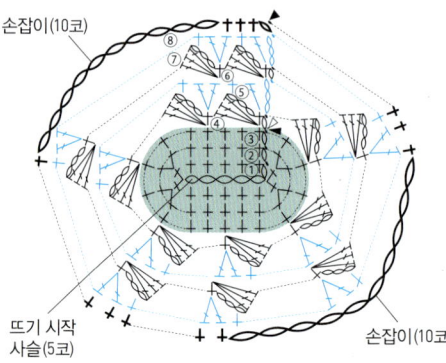

손잡이(10코)

뜨기 시작
사슬(5코)

손잡이(10코)

가방 배색표

단수	가방A	가방B
4단~8단	무염색	연청록색
1단~3단	연청록색	무염색

▷ = 실 잇기
▶ = 실 끊기

완성도

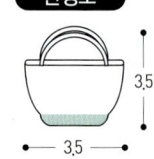

3.5

3.5

재료와 도구

발레 슈즈A: Olympus Emmy Grande 빨간색(192) 2g·무염색(804) 1g

발레 슈즈B: Olympus Emmy Grande 'Herbs' 핑크색(119) 2g, Olympus Emmy Grande 무염색(804) 1g

공통: 코바늘 2/0호

발레 슈즈(2개) A: 빨간색 B: 핑크색

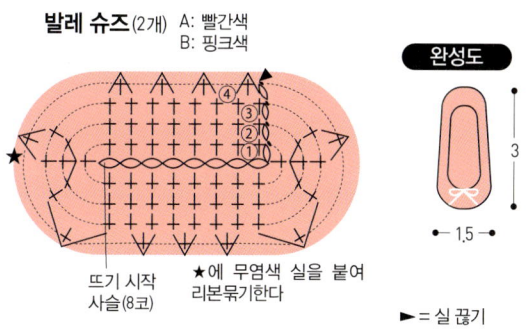

뜨기 시작 사슬(8코)

★에 무염색 실을 붙여 리본묶기한다

완성도

3

1.5

► = 실 끊기

발레 슈즈

멋스러운 발레 슈즈는
짧은뜨기만으로 뜰 수 있습니다.
짧은 볼 체인을 달아
키홀더로 사용하거나
취향에 맞춰 응용해도 좋습니다.

A

B

리본

중심을 끈으로 꽉 묶어서
만든 귀여운 리본.
각각 둥근 고리를 달아
A는 목걸이, B는 반지,
C는 귀걸이로 만들어봤습니다.

A

B

C

재료와 도구

리본A·C: Olympus Emmy Grande 'Herbs' 핑크색(119) 각 1g

리본B: Olympus Emmy Grande 'Herbs' 오렌지색(171) 1g

공통: 코바늘 2/0호

본체

뜨기 시작 사슬(6코)

► = 실 끊기

중심끈

뜨기 시작 사슬(2코)

리본 조합하는 방법

① 리본 본체는 뜨기 시작과 뜨기 끝을 맞춰 감칩니다.

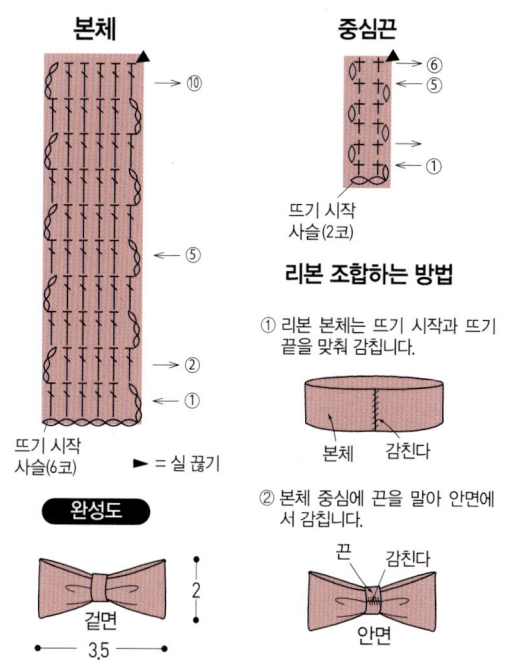

본체   감친다

② 본체 중심에 끈을 말아 안면에서 감칩니다.

끈   감친다

겉면   안면

완성도

2

겉면

3.5

1 1단째는 중심 원을 만든 후에 사슬코 1코를 세우고 8코를 뜬 다음 원을 조입니다.

2 2단째는 사슬 2코를 뜨고 1단째 짧은뜨기에 한길 긴뜨기를 2코 걸어서 뜬 다음 사슬 2코를 뜨고 앞단의 다음 짧은뜨기 머리로 뺍니다. 이것을 반복합니다.

3 3단째는 사슬 1코를 세우고 앞단의 사슬 2코에 짧은뜨기→한길 긴뜨기를 뜹니다. 앞단의 한길 긴뜨기 머리에 한길 긴뜨기를 2코씩 걸어 뜹니다. 이후에도 도안대로 뜹니다.

작은 꽃 팔찌

그러데이션 컬러의 작은 꽃과 잎을 원하는 만큼 뜹니다. 모티브의 안면을 주워 사슬뜨기한 줄에 연결합니다.

Design & knitting … 가야시마 레이코

재료와 도구

중세사 염색실 핑크색 계열 믹스 10g·그린색 계열 믹스 10g, 중세사 면실 겨자색 5g·오렌지색 5g· 녹색 5g, 금속 마감재 2개, 지름 5mm의 고리 2개, 고리와 갈고리 1세트, 코바늘 3/0호

완성 치수

길이 18cm(금속 마감재 제외)

뜨는 방법의 포인트

● 꽃 모티브는 원형코를 뜨고 도안을 참고해 3단 뜹니다. 색상별로 필요한 장수만큼 뜨면 됩니다.
● 잎 모티브는 사슬 10코를 시작코로 삼아 1단 뜹니다.
● 끈은 사슬뜨기로 18cm 분량을 2줄 뜹니다.
● 끈의 양 끝에 팔찌에 필요한 금속 마감재를 답니다.

꽃 모티브

a 핑크색 계열 믹스 7장
b 그린색 계열 믹스 4장
c 겨자색 3장
d 오렌지색 2장

끈

그린색 계열 믹스 1장
핑크색 계열 믹스 1장

18

잎 모티브

(녹색 6장)

사슬(10코)

3.5

► = 실 끊기

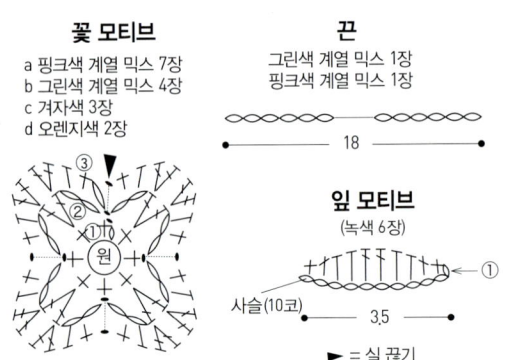

2.5~3

※ 실에 따라 모티브 크기가 달라집니다.

완성도

잎 모티브
꽃 모티브a
고리
금속 마감재
갈고리

그린색 계열 믹스 끈
고리
갈고리
금속 마감재
핑크색 계열 믹스 끈

b c a d a b
a c a a d b

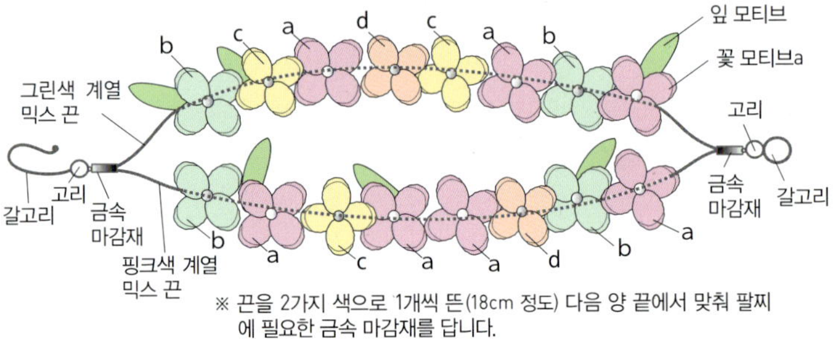

※ 끈을 2가지 색으로 1개씩 뜬(18cm 정도) 다음 양 끝에서 맞춰 팔찌에 필요한 금속 마감재를 답니다.

B

두 송이 꽃이 달린 머리끈

꽃 모티브는 물방울 모양의 꽃잎이 포인트입니다.
1장씩 고무줄을 통과시키거나
크고 작은 모티브를 겹친 다음
레이스를 넣어 입체적입니다.

Design & knitting ··· 아하하 공방
How to make ··· 131쪽

A

A   B

두 겹 꽃잎 머리끈

꽃잎이 두 겹인 모티브를 뜨고 화심으로 동그란 단추를 답니다.
꽃받침 모티브에 맞춰 고무줄을 연결합니다.

Design & knitting ··· 아하하 공방
How to make ··· 130쪽

꽃장식 곱창밴드 & 머리끈

사슬뜨기 고리에 한길 긴뜨기로 뜬 꽃잎을 답니다.
그물뜨기한 프릴 곱창을 달아 화사해졌습니다.

Design & knitting ··· 아하하 공방
How to make ··· 132쪽

목걸이, 귀걸이, 귀찌

파스텔컬러의 색 조합이
마음을 따뜻하게 하는 액세서리 세트.
비즈를 같이 뜨는 모티브는
촘촘하게 뜨는 것이 포인트입니다.

Design & knitting … 오노유코(ucono)

재료와 도구

공통: Olympus Emmy Grande 'Herbs' 연청록색(341)·연노랑색(560) 각 소량, 레이스 바늘 0호

목걸이: 17cm 목걸이 체인 2줄, 길이 조절 체인 1개, 고리 1개, 지름 3mm 의 고리 4개, 동그랗고 작은 비즈(노랑색 계열) 101개

귀걸이: 귀걸이 금구 1쌍, 고리 2개, 동그랗고 작은 비즈(노랑색 계열) 44개

귀찌: 귀찌 고리 1쌍, 동그랗고 작은 비즈(노랑색 계열) 80개, 접착제

꽃 모티브 (연청록색)
목걸이 3장
귀찌 2장

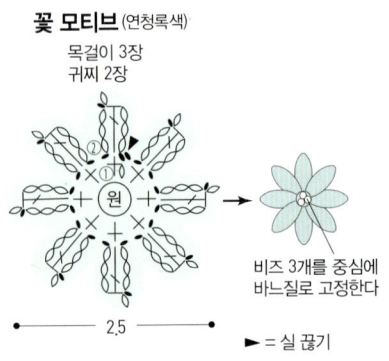

비즈 3개를 중심에 바느질로 고정한다

▶ = 실 끊기

2.5

뜨개볼 (연청록색)
목걸이 2개

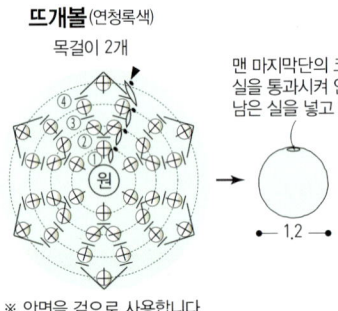

맨 마지막단의 코에 실을 통과시켜 안으로 남은 실을 넣고 조인다

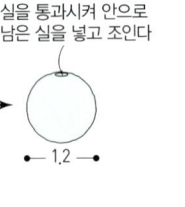

1.2

※ 안면을 겉으로 사용합니다.
○ = 비즈뜨기 넣는 위치(36개)

잎 모티브 (연노랑색)
목걸이 3장
귀찌 2장

뜨기 시작
사슬(7코)

2.5

원 모티브 (연청록색)
귀찌 2장

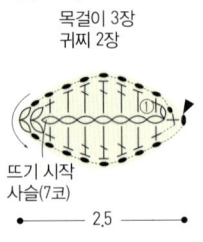

2

※ 안면을 겉으로 사용합니다.
○ = 비즈뜨기 넣는 위치(40개)

장식끈 (연청록색)
목걸이 2줄

뜨기 시작
사슬(10코)

○ = 비즈뜨기를 넣는 위치(10개)

장식 (연청록색)
귀찌 2개

15cm

(7개)

※ 실 끝을 15cm 정도 남기고 ★ 부분에 비즈를 떠서 넣고 사슬을 5코 뜬 다음 15cm 정도 실을 남기고 자릅니다.

○ = 비즈 위치(19개)

목걸이 완성도

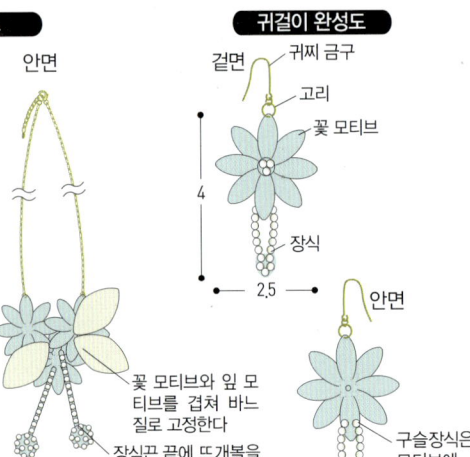

겉면

잠금고리
고리
길이 조절 체인
목걸이 체인
목걸이 체인
고리
꽃 모티브
잎 모티브
장식끈
뜨개볼

안면

꽃 모티브와 잎 모티브를 겹쳐 바느질로 고정한다
장식끈 끝에 뜨개볼을 바느질로 고정한 다음 꽃 모티브 뒤쪽에 붙인다

7

5.5

귀걸이 완성도

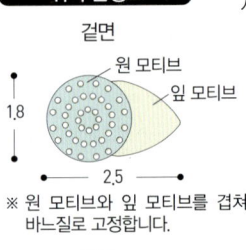

겉면
귀찌 금구
고리
꽃 모티브

4

장식

2.5

안면

꽃 모티브와 잎 모티브를 겹쳐 바느질로 고정한다

구슬장식은 꽃 모티브에 바느질로 고정한다

귀찌 완성도

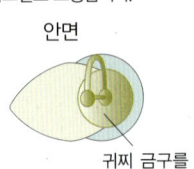

겉면

원 모티브
잎 모티브

1.8

2.5

※ 원 모티브와 잎 모티브를 겹쳐 바느질로 고정합니다.

안면

귀찌 금구를 접착제로 붙인다

※ 다른 귀찌는 좌우 대칭으로 배치해 만듭니다.

작은 꽃을 연결한 긴 목걸이

뾰족한 꽃잎이
수선화를 닮은 꽃 모티브.
꽃 모티브를 어떻게 배치하느냐에 따라
입체적인 모티브를 만들 수 있습니다.

Design ··· Sachiyo & Fukao
Knitting ··· 하시쓰메 히토미

재료와 도구
Daruma Supima Crochet 무염색 (3) 30g·오프화이트색 (2) 10g, 지름 5mm의 우드 비즈 6개, 코바늘 2/0호

완성 치수
폭 5cm×길이 135cm

뜨는 방법의 포인트
● 원형코에서 뜨기 시작합니다.
● 3단은 1단 짧은뜨기 안면에 떠서 넣습니다.
● 4단에서 색을 바꾸어 뜹니다.
● 모티브 2번째 장 이후에는 4단에서 앞의 모티브와 이으면서 30장을 뜹니다.
● 1~3과 28~30의 모티브 중심에는 비즈를 답니다.

긴 목걸이 (모티브 연결하기)

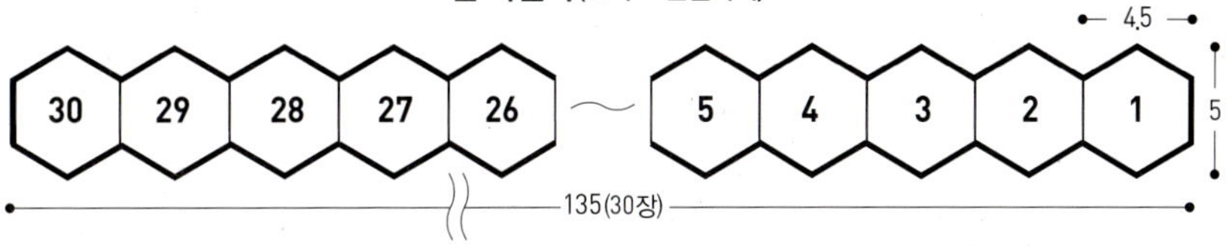

모티브 배색표

단수	모티브 배색
4단~5단	무염색
1단~3단	오프화이트색

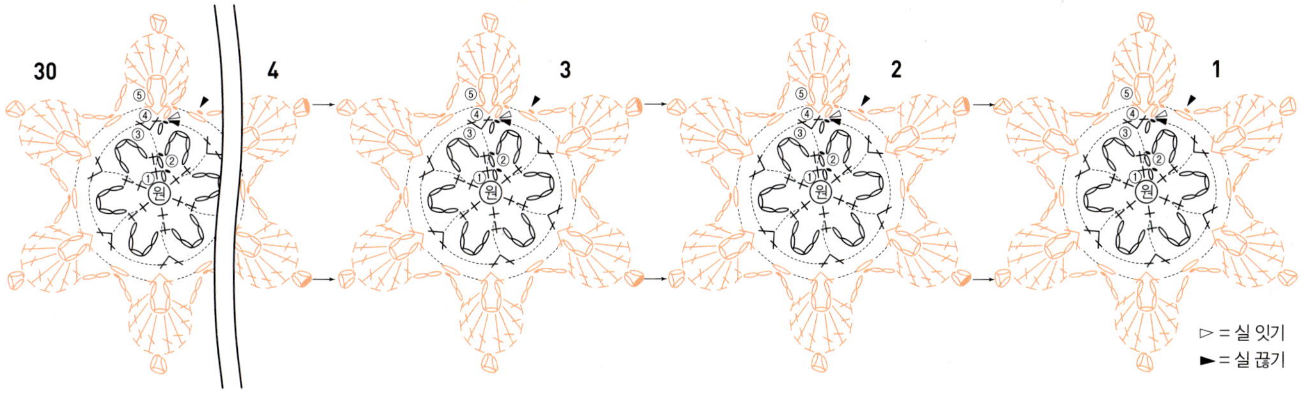

▷ = 실 잇기
► = 실 끊기

※ 3단째는 1단째의 짧은뜨기에 걸어서 뜹니다.

바느질로 비즈를 고정한다

완성도

바느질로 비즈를 고정한다

긴 목걸이 & 헤어밴드

목 주위를 화사하게 장식하는 긴 목걸이는
숄더 포인트입니다.
헤어밴드는 2줄의 브레이드 간격을
스타일에 따라 조절합니다.

Design & Knitting … amy*
How to make … 132~133쪽

모티브 스리핀

모티브 뒤쪽에 핀을 붙인
펠트를 부착하면
귀여운 헤어 액세서리가 됩니다.
다양한 색 조합을 즐겨보세요.

Design & Knitting … 오노유코(ucono)
How to make … 133쪽

꽃 모티브 목걸이 &
반지 & 코르사주

여러 단이 겹쳐진 화사한 꽃이 주인공입니다.
작은 모티브를 겹쳐서 만드니
금방 뜰 수 있고
다양한 아이템으로 활용할 수 있습니다.

Design & Knitting ··· 오노유코(ucono)
How to make ··· 134쪽

펌프스 코르사주

신발이 덜렁거리는 것을 방지하거나
귀엽게 활용할 수 있는 편리한
아이템입니다.
프릴을 가득 단 꽃 모티브와
원 모티브를 이어서
고무밴드에 붙이기만 하면 된답니다.

Design & Knitting ··· amy*
How to make ··· 135쪽

비즈뜨기

뜨개질을 시작하기 전에
필요한 비즈 분량만큼 전부 실에 꿰어둡니다.
약간 넉넉하게 비즈를 꿰어두는 편이 좋습니다.
비즈를 실에 꿸 때 비즈 구멍과 실의 굵기가 맞는지 확인합니다.

【비즈를 꿰는 방법】

실에 꿰어 있는 비즈를 사용할 때 실에 꿰인 비즈를 구입해서 사용하면 좀 더 편리합니다.

1 뜨개실 끝에 비즈 실을 묶습니다.

2 비즈를 조금씩 간격을 두며 뜨개실로 옮깁니다.

3 방해가 되지 않도록 실타래 쪽에 비즈를 모아두고 뜹니다.

뜨개실 끝을 가늘게 잘라 비즈 실에 접착제로 붙이면서 통과시켜도 됩니다.

비즈를 직접 꿰어서 사용할 때

비즈 전용 바늘 사용하기

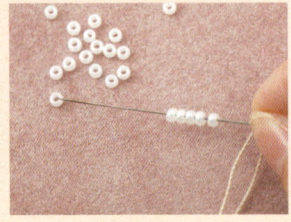

낱개로 흩어져 있는 비즈를 꿸 때는 전용 바늘에 뜨개실을 미리 꿰어놓고서 바늘 끝으로 줍듯이 들어 올립니다.

뜨는 실 사용하기

비즈 구멍이 작아서 바늘에 꿰기 어려울 때는 뜨개실의 끝 3~4cm에 수예용 접착제를 발라 딱딱하게 굳힌 다음 그 끝을 비즈들게 잘라 직접 주워 올립니다.

【비즈를 넣어 뜨는 방법】

'비즈뜨기'라고 해서 특별히 더 어려운 것은 아닙니다.
비즈가 들어갈 코를 뜰 때 필요한 수의 비즈를 옮겨놓기만 하면 됩니다.
비즈가 모두 안쪽으로 들어가므로 뜨개바탕의 안면을 겉으로 사용합니다.

사슬뜨기

 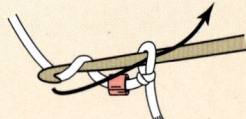

비즈를 옮기고 나서 바늘에 실을 걸어 뺀 다음 사슬뜨기를 합니다. 비즈를 옮긴 다음 느슨해지지 않도록 실을 당겨가며 뜨면 좋습니다.

짧은뜨기

 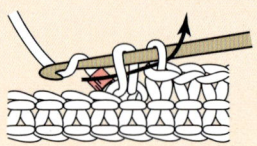

앞단의 코를 주워 실을 빼서 (미완성 짧은뜨기 상태) 비즈를 옮기고 다시 실을 걸어 바늘에 걸린 코로 빼냅니다. 비즈는 안쪽으로 들어갑니다.

한길 긴뜨기 (1코에 2개 넣을 때)

 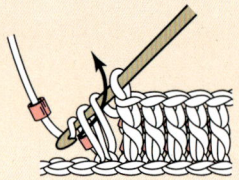

1 바늘에 실을 걸어 앞단 코를 주워 실을 뺀 다음 비즈를 1개 옮깁니다. 다시 실을 걸어 고리 2개 사이로 빼냅니다.

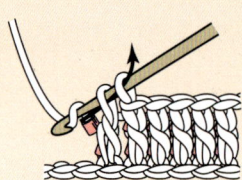

2 미완성 한길 긴뜨기 상태에서 비즈를 1개 더 옮기고, 바늘에 실을 걸어 남은 2개의 고리 사이로 빼냅니다. 비즈는 안쪽에 세로로 나란히 들어갑니다.

이 책에 등장하는 코바늘 코의 기호와 뜨개 기법

※ 기본 뜨개 기법은 10~11쪽을 참고하세요.

짧은 2코 늘려뜨기
(한 코에서)

코를 늘릴 때는 앞단의 같은 코에 복수의 코를 걸어서 뜨면 됩니다. 뜨개 기법이나 콧수가 바뀌어도 기본은 같습니다.

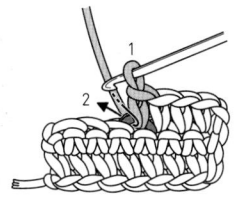

1 앞단 코의 머리 2가닥에 바늘을 넣어 짧은뜨기를 1코 뜨고, 다시 같은 코에 바늘을 넣습니다.

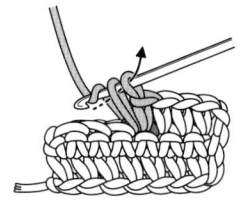

2 다시 짧은뜨기를 1코 더 뜹니다. 바늘 끝에 실을 걸고 바늘에 걸린 2개의 고리 사이로 빼냅니다.

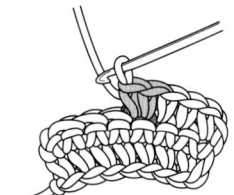

3 한 코에 짧은뜨기를 2코 떴습니다. 1코가 늘어난 모습입니다. 이어서 다음 코를 뜹니다.

짧은 2코 모아뜨기

코를 줄일 때는 뜨개코의 도중까지 뜨고(미완성 뜨개코), 복수의 코를 1코로 묶어서 줄입니다.

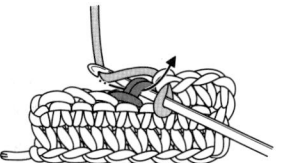

1 앞단 코의 머리에 바늘을 넣고 실을 겁니다.

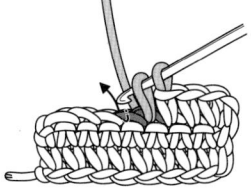

2 사슬 1코만큼의 높이로 실을 빼냅니다. 이 상태를 '미완성 짧은뜨기'라고 부릅니다. 다음 코에 바늘을 넣고 실을 걸어 빼냅니다.

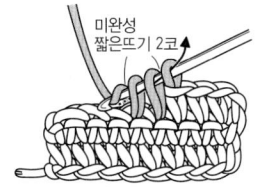

3 미완성 짧은뜨기를 2코 뜬 상태에서 바늘에 실을 걸고 바늘에 걸린 3개의 고리 사이로 한 번에 빼냅니다.

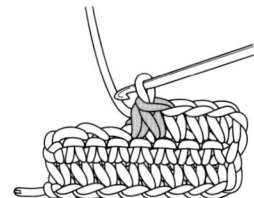

4 2코가 1코로 줄어드는 '짧은 2코 모아뜨기'를 했습니다. 1코 줄어들었습니다.

한길 긴 2코 늘려뜨기
(한 코에서)

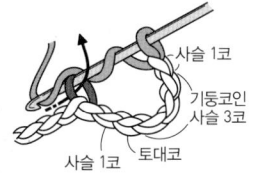

1 바늘에 실을 걸고 앞단(여기에서는 기초코)의 코를 주워서 한길 긴뜨기를 합니다.

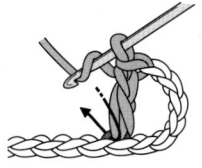

2 다시 바늘에 실을 걸고 같은 코에 바늘을 넣어 사슬 2코만큼의 높이로 실을 빼냅니다.

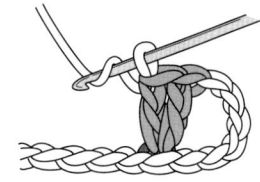

3 한 코에 한길 긴뜨기 2코를 떴습니다. 1코 늘어났습니다.

한길 긴 2코 모아뜨기

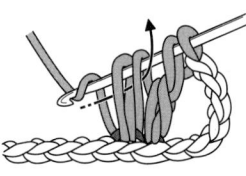

1 미완성 한길 긴뜨기(10쪽)를 1코 뜨고 바늘에 실을 걸어서 앞단 코(여기에서는 기초코)에 바늘을 넣습니다.

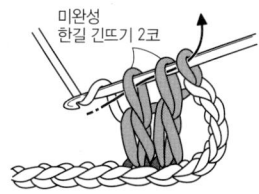

2 실을 걸어 빼낸 다음, 다시 바늘에 실을 걸어 2개의 고리 사이로 빼냅니다.

3 다시 바늘에 실을 걸어 바늘에 걸린 모든 고리 사이로 한 번에 빼냅니다.

4 2코가 1코로 줄어드는 '한길 긴 2코 모아뜨기'를 했습니다. 1코 줄어든 모습입니다.

두길 긴뜨기

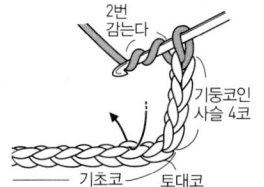

1 '기초코+기둥코 4코'만큼 사슬을 뜨고, 바늘에 실을 2번 감아 기초코의 가장자리에서 2번째 코에 바늘을 넣습니다.

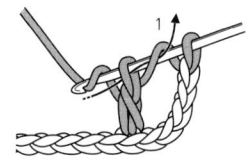

2 바늘에 실을 걸어 사슬 2코만큼의 높이에서 빼 다시 바늘에 실을 걸고 바늘에 걸린 고리 2개 사이로 빼냅니다.

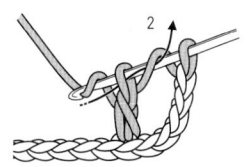

3 다시 바늘에 실을 걸고 바늘에 걸린 고리 2개 사이로 빼냅니다.

4 이 상태를 '미완성 두길 긴뜨기'라고 합니다. 다시 실을 걸어 남은 2개 고리 사이로 빼냅니다.

짧은 이랑뜨기
(편평하게)

앞단의 반대쪽 반코를 주워서 뜨면 뜨개질하는 사람 쪽에 있는 반코가 이랑 모양으로 남습니다. 왕복으로 뜬다면 늘 겉면으로 이랑 모양이 나오도록 뒤에서 뜨는 단은 뜨개질하는 사람 쪽의 코를 줍습니다.

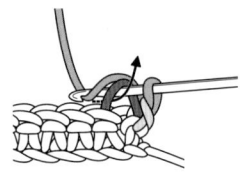

1 1단은 앞단의 머리 앞쪽 사슬 반코에 바늘을 넣어 짧은뜨기를 합니다.

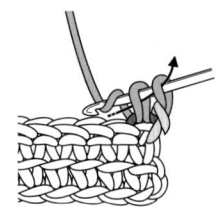

2 다시 바늘에 실을 걸고 바늘에 걸린 고리 사이로 빼내 짧은뜨기를 합니다. 뜨개바탕 겉면에 줄이 나오도록 뜹니다.

짧은 이랑뜨기
(원형뜨기)

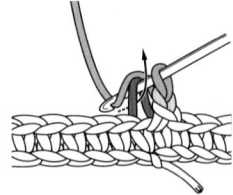

원형뜨기로 뜰 때는 뜨개바탕의 겉면만 보면서 뜨게 되므로 항상 앞단의 오른쪽 반코를 주워 뜹니다.

짧은 이랑뜨기
(왕복뜨기)

단마다 앞단의 반코를 주워 왕복해서 뜨면 뜨개바탕에 물결 같은 요철이 생깁니다.

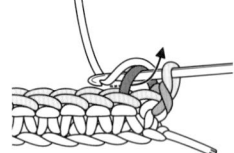

1 1단은 일반적인 짧은뜨기로 뜨고 2단은 안면을 보면서 뜹니다. 바늘을 실에 걸어 앞단 가장자리코의 오른쪽 반코를 줍습니다.

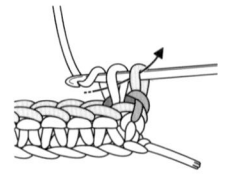

2 바늘에 실을 걸어 짧은뜨기를 합니다.

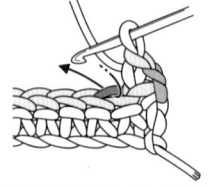

3 계속해서 다음 코도 오른쪽 반코를 주워 짧은뜨기합니다.

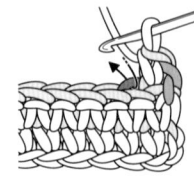

4 3단도 오른쪽 반코를 주워 짧은뜨기를 합니다.

긴 2코 늘려뜨기
(한 코에서)

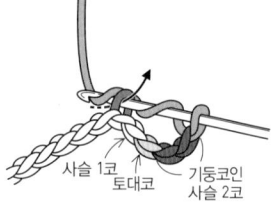

사슬 1코
토대코
기둥코인 사슬 2코

1 바늘에 실을 걸어 앞단의 코에 바늘을 넣습니다. 다시 바늘에 실을 걸고 사슬 2코만큼의 높이로 빼냅니다.

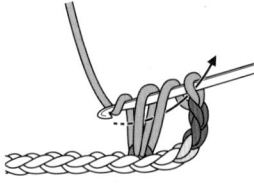

2 긴뜨기를 합니다. 바늘에 실을 걸어 바늘에 걸린 모든 고리 사이로 한 번에 빼냅니다.

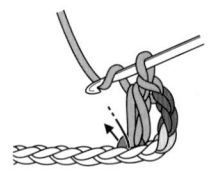

3 긴뜨기 1코를 떴다면, 다시 바늘에 실을 걸고 같은 코에 바늘을 넣습니다.

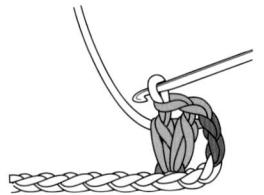

4 긴뜨기를 2코 떴습니다. 1코가 늘어났습니다.

한길 긴 3코 늘려뜨기
(한 코에서)

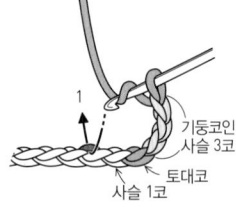

1
기둥코인 사슬 3코
사슬 1코
토대코

1 바늘에 실을 걸고 앞단(여기에서는 기초코)의 코를 주워 한길 긴뜨기를 합니다.

2

2 한길 긴뜨기를 1코 뜨고 난 뒤, 바늘에 실을 걸고 같은 코를 주워 한길 긴뜨기를 합니다.

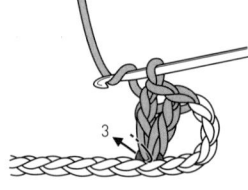

3

3 다시 실을 걸고 같은 코에 바늘을 넣어 한길 긴뜨기를 합니다.

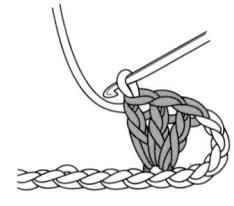

4 한 코에 한길 긴뜨기 3코를 뜬 모습입니다. 2코 늘었습니다.

되돌아 짧은뜨기

뜨개바탕 방향은 그대로 유지하고 왼쪽에서 오른쪽으로 되돌아가면서 뜹니다.

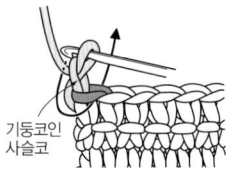

기둥코인 사슬코

1 뜨개바탕의 방향은 그대로 둔 채 기둥코인 사슬 1코를 뜨고, 화살 표처럼 바늘을 돌려 앞단 가장자리코의 머리를 줍습니다.

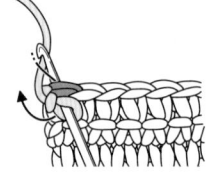

2 실 위에서 그대로 바늘에 실을 걸어 앞쪽으로 빼냅니다.

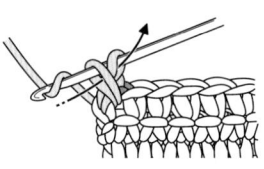

3 바늘에 실을 걸어 바늘에 걸린 2개의 고리 사이로 한 번에 빼냅니다. 짧은뜨기를 한 것입니다.

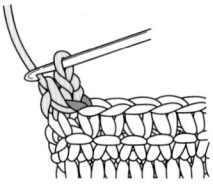

4 '되돌아 짧은뜨기'를 1코 뜬 모습입니다.

한길 긴 3코 구슬뜨기
(코 아래에서)

'걸어서 빼기'와 'ㅇ코를 한 번에'를 결합시킨 뜨개 기법을 구슬뜨기라고 합니다. 콧수가 바뀌어도 동일한 방법으로 뜹니다.

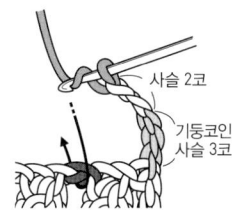

1 바늘에 실을 걸어서 앞단 사슬의 아래쪽 공간에 바늘을 넣고 다발을 줍습니다.

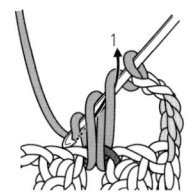

2 바늘에 실을 걸어서 빼고 미완성 한길 긴뜨기를 합니다.

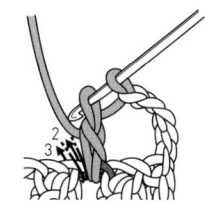

3 같은 요령으로 미완성 한길 긴뜨기를 2코 더 뜹니다.

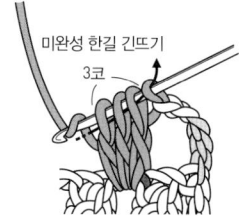

4 미완성 한길 긴뜨기를 3코 떴다면, 바늘에 실을 걸고 바늘에 걸린 4개의 고리 사이로 한 번에 빼냅니다.

한길 긴 3코 구슬뜨기
(한 코에서)

구슬뜨기와 비슷하지만, 더 입체적으로 도톰하게 부풀어 오르는 뜨개 기법입니다. 겉쪽으로 도톰해지도록 뜹니다.

1 바늘에 실을 걸고서 앞단(여기에서는 기초코)에 바늘을 넣습니다. 바늘에 실을 걸어 사슬 2코만큼의 높이로 빼냅니다.

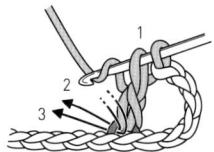

2 다시 바늘에 실을 걸고 앞의 2개의 고리로 먼저 빼내 미완성인 채로 둡니다. 바늘에 실을 걸고 같은 코에 미완성 한길 긴뜨기를 2코 더 뜹니다.

3 미완성 한길 긴뜨기를 3코 떴다면, 바늘에 실을 걸고 바늘에 걸린 4개의 고리 사이로 한 번에 빼냅니다.

4 '한길 긴 3코 구슬뜨기'를 했습니다.

긴 3코 변형 구슬뜨기
(코 아래에서)

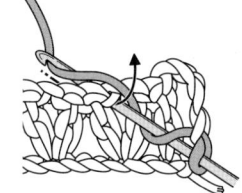

1 바늘에 실을 걸어 앞단 사슬의 아래쪽 공간에 바늘을 넣고 다발을 줍습니다.

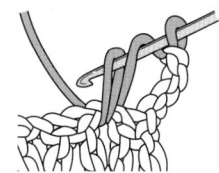

2 바늘에 실을 걸어서 사슬 2코만큼 높이의 실을 빼냅니다. 긴뜨기는 미완성 상태입니다.

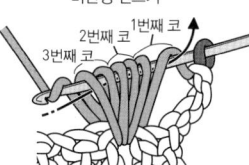

3 미완성 긴뜨기를 같은 코에 2코 더 뜨고 바늘에 실을 걸어서 바늘에 걸린 6개의 고리 사이로 한 번에 빼냅니다. 이때 가장 오른쪽 고리는 남겨둡니다.

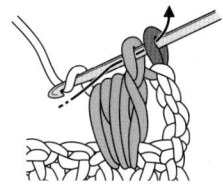

4 다시 바늘에 실을 걸어 남은 2개의 고리 사이로 빼냅니다.

긴 2코 변형 구슬뜨기
(한 코에서)

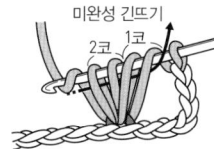

1 같은 코에 미완성 긴뜨기를 2코 뜨고 바늘에 실을 걸어 4개의 고리 사이로 빼냅니다. 가장 오른쪽 고리는 남겨둡니다.

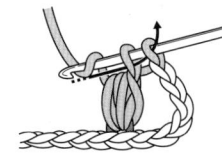

2 다시 바늘에 실을 걸어 바늘에 남은 2개의 고리 사이로 빼냅니다.

3 '긴 2코 변형 구슬뜨기'를 했습니다.

한길 긴 5코 팝콘뜨기
(한 코에서)

구슬뜨기와 비슷하지만 더욱 입체적이고 풍성한 뜨개코입니다. 뜨개코가 겉쪽으로만 도드라지게 떠야 합니다.

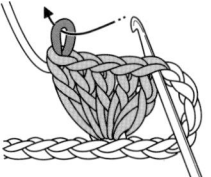

1 앞단(여기에서는 기초코)의 1코에 한길 긴뜨기 5코를 뜨고 일단 바늘을 뺍니다. 바늘에 걸린 코를 건너뛰고 1번째 코의 한길 긴뜨기 앞쪽에 바늘을 넣습니다.

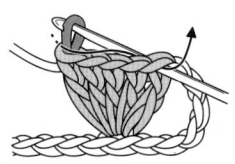

2 쉬고 있던 코에 바늘을 걸고 1번째 코의 머리 아래로 빼냅니다.

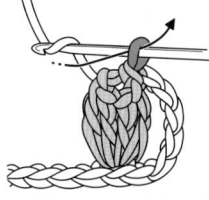

3 빼낸 코가 느슨해지지 않도록 사슬을 1코 떠서 조입니다.

4 뜨개코가 앞쪽으로 도드라지고, 3에서 뜬 사슬코가 팝콘뜨기의 머리가 됩니다.

빼뜨기의 피코뜨기
(짧은뜨기에서)

사슬뜨기를 이용해 장식뜨기를 합니다. 빼는 위치에 주의합니다.

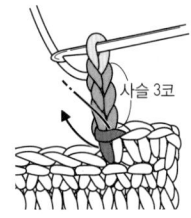

1 짧은뜨기에 이어 사슬3코를 뜨고 짧은뜨기의 머리에서 앞쪽 반코와 다리 쪽 실 1가닥을 줍습니다.

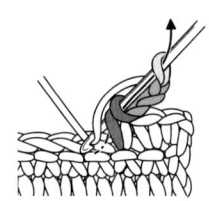

2 바늘에 실을 걸어 화살표처럼 한 번에 빼냅니다.

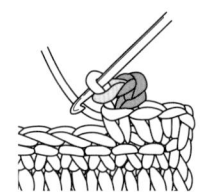

3 '빼뜨기의 피코뜨기'를 짧은뜨기에 떴습니다.

한길 긴 1코 교차뜨기

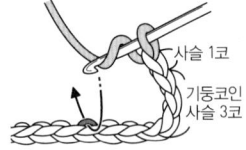

1 바늘에 실을 걸어 앞단(여기에서는 기초코)의 가장자리에서 4번째 코를 주워 한길 긴뜨기를 합니다.

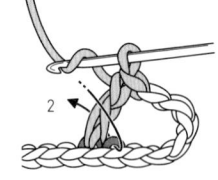

2 바늘에 실을 걸어 1코 전의 코를 주워서 바늘을 넣습니다.

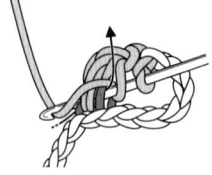

3 앞의 한길 긴뜨기를 감싸듯이 실을 걸어 빼냅니다.

4 바늘에 실을 걸어 2개의 고리 사이로 2번에 나누어 빼낸 다음 한길 긴뜨기를 합니다.

변형 한길 긴 1코 교차뜨기
(왼코 뒤)

기호도에서 끊어진 쪽의 뜨개코가 뒤쪽에 놓이도록 교차해서 뜨는 뜨개코입니다. 뜨는 방법과 콧수가 변해도 동일합니다.

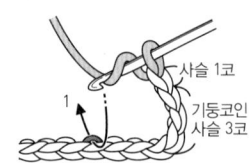

1 바늘에 실을 걸어 앞단(여기서는 기초코)의 가장자리에서 4번째 코를 주워 한길 긴뜨기를 합니다.

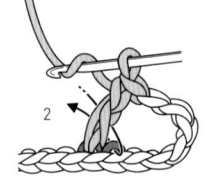

2 바늘에 실을 걸고 1코 이전 코를 주워서 앞(왼쪽)의 한길 긴뜨기 뒤쪽에서 줍습니다.

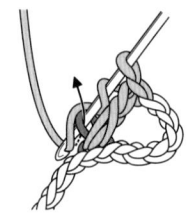

3 실을 걸어 빼냅니다.

4 바늘에 실을 걸어 2개의 고리 사이로 2번에 나누어 빼낸 다음 한길 긴뜨기를 합니다. 왼쪽의 한길 긴뜨기가 뒤쪽에서 교차됩니다.

한길 긴 앞걸어뜨기

기호의 열쇠 모양 부분에 코를 줍듯이 바늘을 넣어서 뜹니다. 뜨는 방법이 바뀌어도 요령은 같습니다.

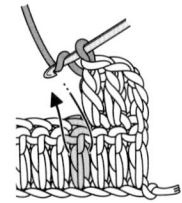

1 바늘에 실을 걸어 앞단 코의 다리 전체를 줍는데, 이때 앞쪽에서 바늘을 넣어 앞쪽으로 뺍니다.

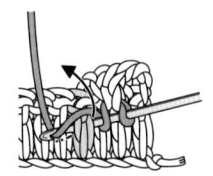

2 실을 걸어 길게 빼냅니다.

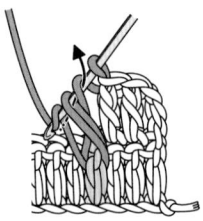

3 바늘에 다시 실을 걸어 바늘에 걸린 2개의 고리 사이로 빼냅니다.

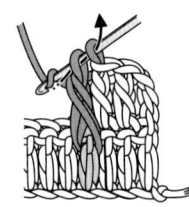

4 다시 바늘에 실을 걸어 바늘에 남은 2개의 고리 사이로 빼냅니다. 한길 긴뜨기를 합니다.

한길 긴 뒤걸어뜨기

걸어뜨기에는 '앞'과 '뒤'가 있으므로 뜨개바탕의 겉면(앞쪽)에서 바늘을 넣으면 앞걸어뜨기, 안면(뒤쪽)에서 바늘을 넣으면 뒤걸어뜨기가 됩니다.

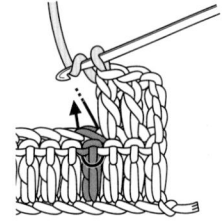

1 바늘에 실을 걸고 앞단의 다리 전체를 줍는데, 뒤쪽에서 바늘을 넣어 뒤쪽으로 뺍니다.

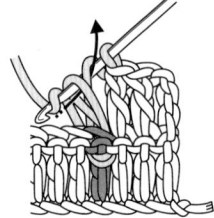

2 실을 걸어 길게 빼내고, 바늘에 실을 걸어 바늘에 걸린 고리 2개 사이로 빼냅니다.

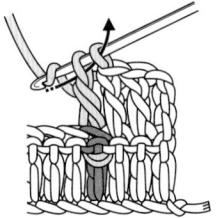

3 다시 바늘에 실을 걸고 남은 2개의 고리 사이로 빼냅니다. 한길 긴뜨기를 합니다.

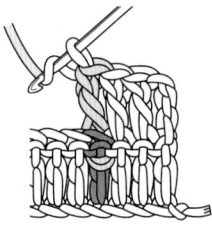

4 '한길 긴 뒤걸어뜨기'를 했습니다.

꽃 달린 스누드 Photo 52쪽

재료와 도구
Puppy Princess Anny 푸른색이 도는 핑크색(527) 40g,
코바늘 6/0호

완성 치수
머리 둘레 50cm×길이 14cm

게이지
가로세로 10cm 무늬뜨기 28코×19.5단

뜨는 방법의 포인트
● 본체는 기초코로 사슬 140코를 잡아 원 모양으로
만듭니다. 도안을 참고해 무늬뜨기 27단을 뜹니다.
● 꽃 모티브는 도안을 참고해 원형코를 잡아 2단 뜹
니다.
● 꽃 모티브는 본체에 균형 있게 붙입니다.

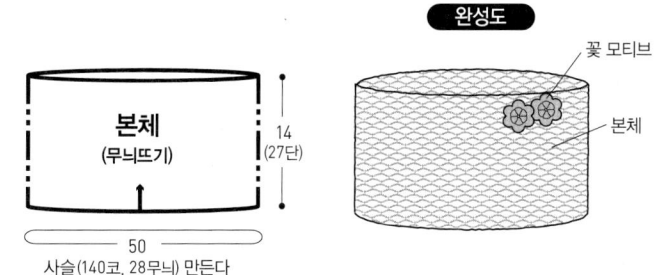

완성도

본체
(무늬뜨기)

14
(27단)

50
사슬(140코, 28무늬) 만든다

꽃 모티브

본체

무늬뜨기

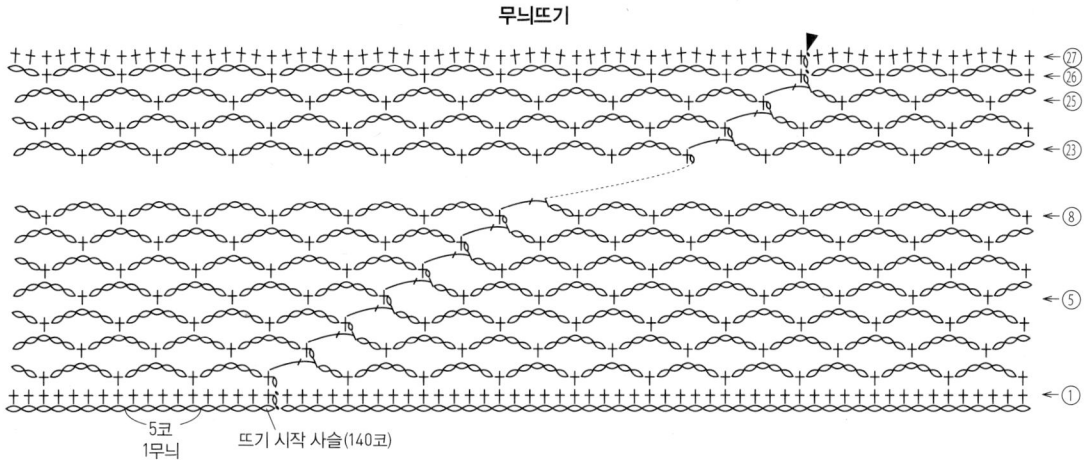

5코
1무늬

뜨기 시작 사슬(140코)

27
26
25
23
8
5
1

꽃 모티브(2장)

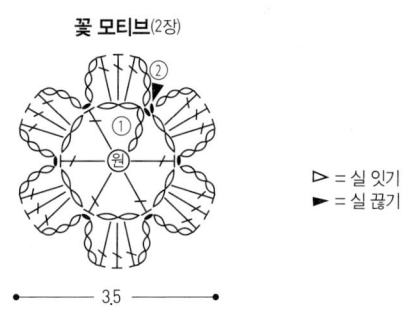

▷ = 실 잇기
► = 실 끊기

3.5

앞단추 스누드 Photo 53쪽

재료와 도구
Hamanaka Exceed Wool 베이지색(231) 80g, 지름
15mm의 나무 단추 5개, 코바늘 4/0호

완성 치수
폭 73cm(옷자락)×길이 22cm

게이지
가로세로 10cm 무늬뜨기 24.5코×16.5단

뜨는 방법의 포인트
● 본체는 기초코로 사슬 125코를 잡고 도안을 참고해
무늬뜨기를 35단 뜬 다음 테두리를 뜹니다.
● 스누드의 앞자락(뜨개바탕의 왼쪽 테두리)에 나무 단추
를 답니다.

▶ = 실 끊기

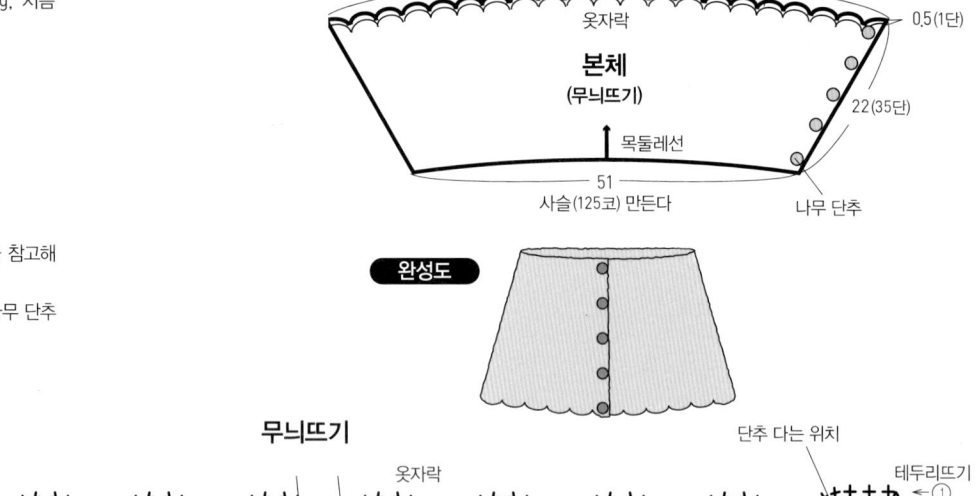

73
테두리뜨기
옷자락
0.5(1단)
본체
(무늬뜨기)
22(35단)
목둘레선
51
나무 단추
사슬(125코) 만든다

완성도

무늬뜨기

단춧구멍(무늬를 이용)
옷자락
단추 다는 위치
테두리뜨기
35
33
30
25
22
21
20
15
10
5
1

목둘레선
6코
1무늬
뜨기 시작
사슬(125코)

102

꽃 모티브 스톨 Photo 54쪽

재료와 도구
Hobbyra Hobbyre Zegna Mousse 오프화이트색(10)
85g, Hobbyra Hobbyre Roving Ruru 핑크색·노란색·
그린색 계열 컬러풀 염색(10) 35g, 코바늘 5/0호

완성 치수
폭 16cm(본체만)×길이 153cm(모티브 포함)

게이지
꽃 모티브 지름 3.5cm
가로세로 10cm 무늬뜨기A 25.5코×8.5단

뜨는 방법의 포인트
● 사슬 6코를 잡아 원형코로 만들고 꽃 모티브를 뜹니
다. 2번째 장 이후에는 도안을 참고해 맨 마지막단에 이
어서 뜹니다.
● 기초코로 사슬 41코를 뜨고, 본체의 무늬뜨기A를
105단 뜹니다.
● 실을 이어서 무늬뜨기B를 3단 뜨고 4단째에서 꽃 모
티브와 연결해 양 끝에 뜹니다. 모티브는 겉면을 앞으로
사용합니다.

꽃 모티브

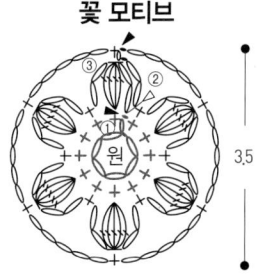

3.5

기초코·1단 = 오프화이트색
2단·3단 = 컬러풀 염색

▷ = 실 잇기
► = 실 끊기

= 한길 긴 5코 구슬뜨기
(한 코에서)

= 한길 긴 4코 구슬뜨기
(한 코에서)

(모티브 연결하기)

10
(3장)

(무늬뜨기B)
오프화이트색

(10무늬) 줍는다

4.5(4단)

본체
(무늬뜨기A)
오프화이트색

124
(105단)

사슬(41코)
만든다
16

(무늬뜨기B)
오프화이트색

(10무늬) 줍는다

4.5(4단)

5	4	3	2	1
11	10	9	8	7	6
16	15	14	13	12

3.5

10
(3장)

(모티브 연결하기)

21

※ 지정된 부분 외에는 컬러풀 염색으로 뜹니다.

B
①
105

무늬뜨기A

⑩

8단
1무늬

⑤

③

①

①
②
③
④

B

모티브 연결하기

※ 모티브 내의 숫자는 연결하는 순서입니다. 모티브를 연결하는 방법은 76쪽의 빼뜨기에서 연결하는 방법
을 참고하세요. 모티브 연결하기는 겉면에서 본체와 연결합니다.

장식 칼라　Photo 54쪽

재료와 도구
Hamanaka Wash Cotton 'Crochet' 오프화이트색(101)
25g, 코바늘 3/0호

완성 치수
목둘레 45cm×폭 9cm

게이지
무늬뜨기 1무늬 폭 1.2cm(목둘레 쪽)〜2.45cm(바깥쪽)

뜨는 방법의 포인트
● 기초코로 사슬 181코를 잡되 무늬뜨기를 9단 뜹니다.
● 기초코 반대쪽에 테두리뜨기를 1단 뜹니다.

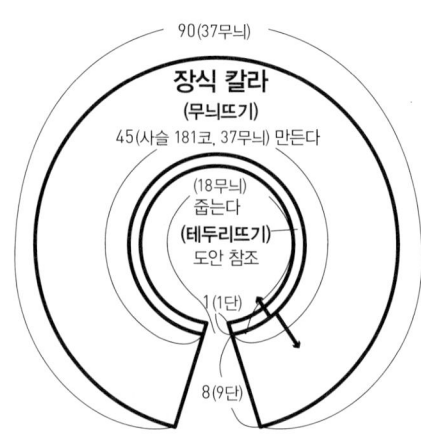

90(37무늬)

장식 칼라
(무늬뜨기)

45(사슬 181코, 37무늬) 만든다

(18무늬)
줄는다
(테두리뜨기)
도안 참조

1(1단)

8(9단)

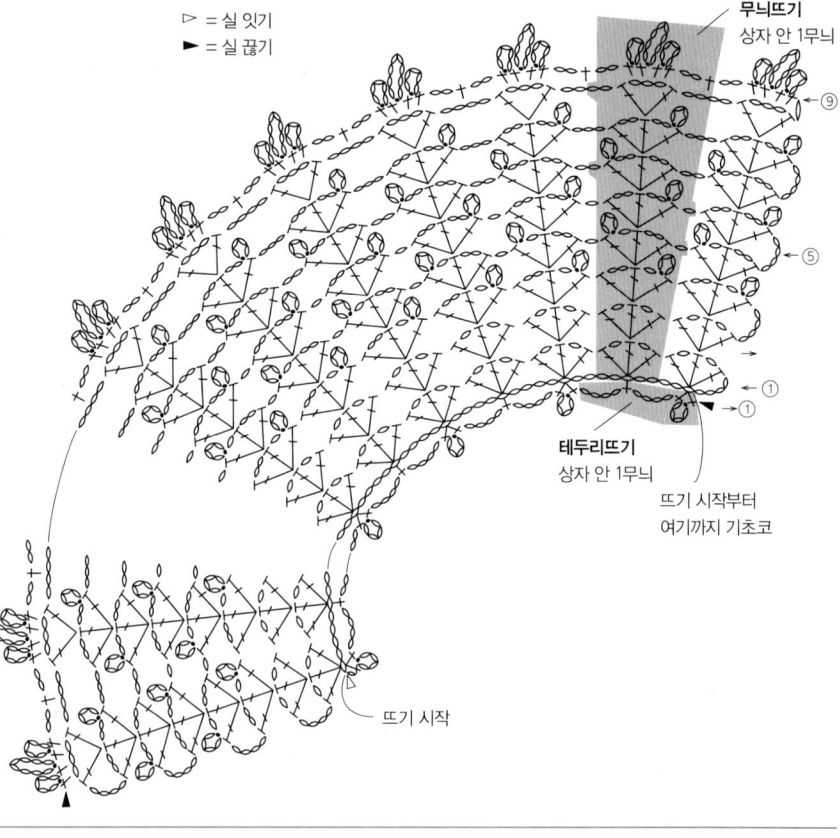

▷ = 실 잇기
► = 실 끊기

무늬뜨기
상자 안 1무늬

⑨
⑤
①
①

테두리뜨기
상자 안 1무늬

뜨기 시작부터
여기까지 기초코

뜨기 시작

마거리트 숄　Photo 56쪽

재료와 도구
Hamanaka 순모 중세 베이지색(3) 185g, 오렌지색(8)·
적자색(12)·보라색(18)·올리브색(40)·노란색(33) 각 10g,
30cm의 고무밴드(베이지색) 2개, 코바늘 3/0호

완성 치수
폭 37cm×길이 119cm

게이지
가로세로 10cm 무늬뜨기 29코×15.5단

뜨는 방법의 포인트
● 모티브는 원형코를 만들고 배색표와 배치도를 참고
해 순서대로 뜨면서 이어가며 원을 만듭니다.
● 본체는 기초코로 사슬 107코를 잡고 무늬뜨기로 뜹
니다. 69단째를 뜨면서 모티브를 연결합니다.
● 기초코의 반대쪽에서 코를 줍고 무늬뜨기로 뜨면서
69단째에서 모티브를 연결합니다.
● 양쪽의 모티브 연결하기의 마지막단에 고무밴드를
넣어 모양을 잡으면 소맷부리가 됩니다.

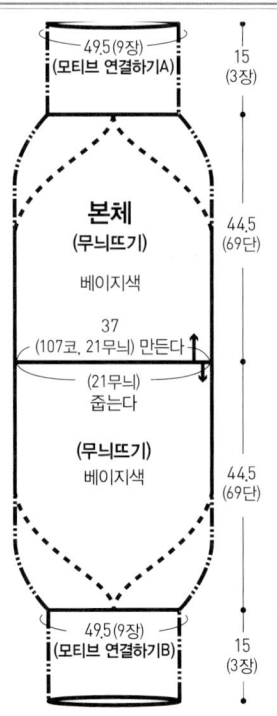

49.5(9장)
(모티브 연결하기A)

15
(3장)

본체
(무늬뜨기)
베이지색

44.5
(69단)

37
(107코, 21무늬) 만든다

(21무늬)
줄는다

(무늬뜨기)
베이지색

44.5
(69단)

49.5(9장)
(모티브 연결하기B)

15
(3장)

모티브 연결하기A 배치도

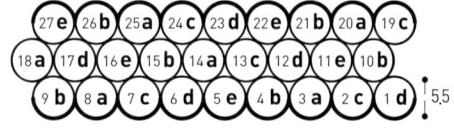

5.5

모티브 연결하기B 배치도

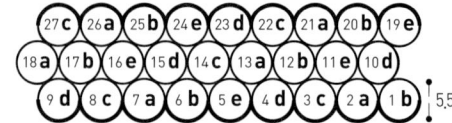

5.5

모티브	1단 배색	장수
a	적자색	12장
b	오렌지색	12장
c	노란색	10장
d	올리브색	10장
e	보라색	10장

※ 2단과 3단은 베이지색으로
뜹니다.

마거리트 숄
Photo 56쪽

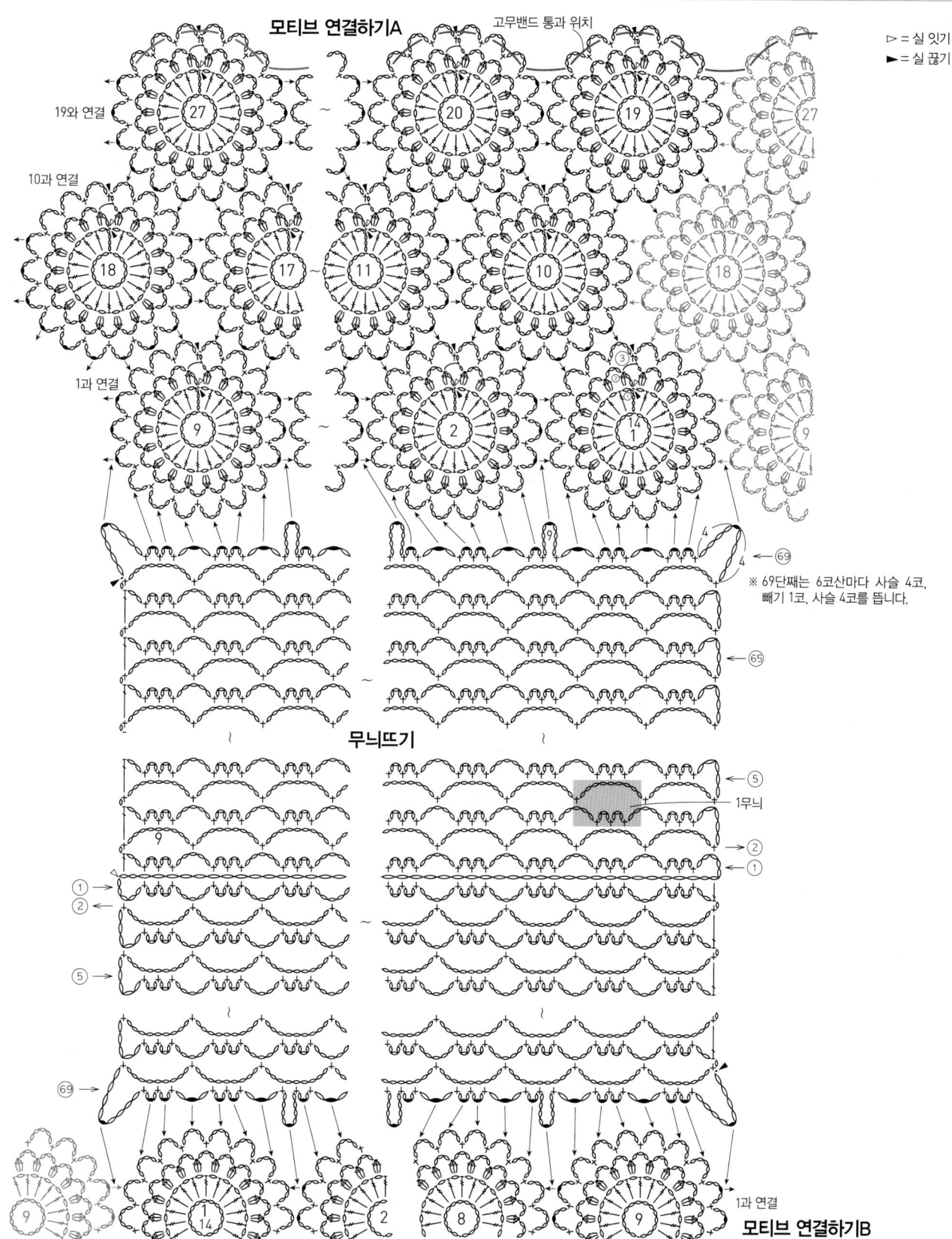

모티브 연결하기A

고무밴드 통과 위치

▷ = 실 잇기
► = 실 끊기

19와 연결

10과 연결

1과 연결

무늬뜨기

1무늬

※ 69단째는 6코산마다 사슬 4코,
빼기 1코, 사슬 4코를 뜹니다.

모티브 연결하기B

1과 연결

조개무늬 케이프 　Photo 55쪽

재료와 도구
극태 모사 보라색 220g, 코바늘 7/0호

완성 치수
목둘레 105cm(앞맞춤 제외)×길이 33cm

게이지
가로세로 10cm 무늬뜨기 19코×12.5단

뜨는 방법의 포인트
● 본체의 무늬뜨기는 도안을 참고해 뜨다가 도중의 단에서 코를 줄이면서 뜹니다. 이때 기초코에서 반대로 코를 주워 테두리뜨기A를 뜹니다.
● 본체의 양 끝에서 눈을 줍고 앞맞춤을 뜹니다. 도안을 참고해 앞맞춤의 9단째에 실을 연결해 앞맞춤의 테두리를 뜹니다.

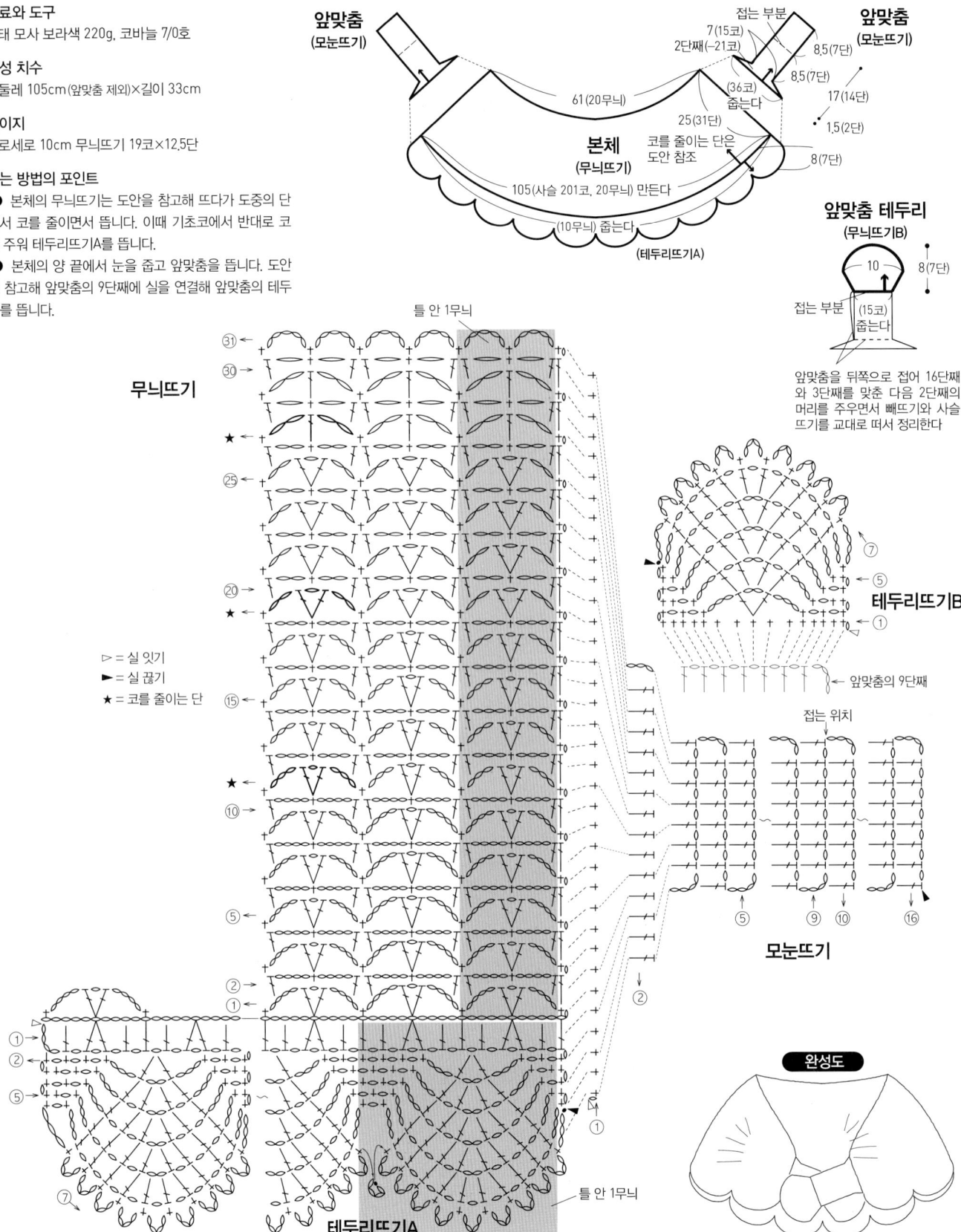

앞맞춤을 뒤쪽으로 접어 16단째와 3단째를 맞춘 다음 2단째의 머리를 주우면서 빼뜨기와 사슬뜨기를 교대로 떠서 정리한다

▷ = 실 잇기
► = 실 끊기
★ = 코를 줄이는 단

모티브를 연결해서 만든 머플러 스타일의 스누드

Photo 57쪽

재료와 도구
Hamanaka Exceed Wool L '병태' 체리핑크색(336) 95g · 베이지색(302) 75g, 코바늘 7/0호

완성 치수
길이 136cm×폭 15cm

게이지
모티브 지름 8.5cm

뜨는 방법의 포인트
● 본체는 모티브 1장부터 뜹니다. 원형코는 사슬 4코를 잡되 도안을 참고해 배색을 바꾸면서 4단 뜹니다. 2번째 장부터는 앞 모티브의 마지막단에 연결해 뜨면서 32장을 뜹니다.
● 단추는 원형코를 만든 다음 짧은뜨기로 3단 뜨고 정리법을 참고하여 정리합니다.
● 손뜨개한 단추는 본체의 단추를 달 4곳에 단추를 바느질해 답니다.

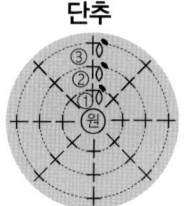

단추
체리핑크색 4개
5(8코)
(3단)

단추

단추 정리법
① 뜨개가 끝난 코의 앞쪽 반코에 실을 넣습니다.
② ①의 실을 잡아당겨 탄탄하게 조입니다.

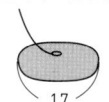

1.7

본체 (모티브 연결하기)

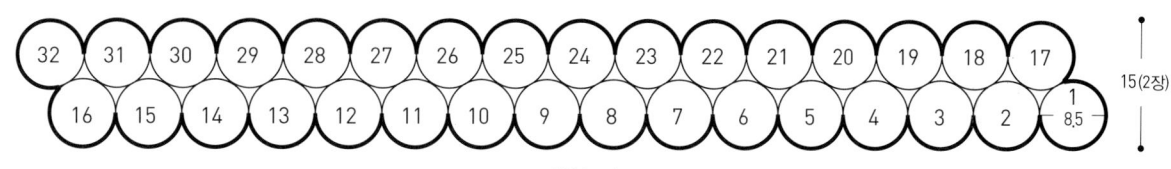

15(2장)

136(16장)

본체

▷ = 실 잇기
► = 실 끊기

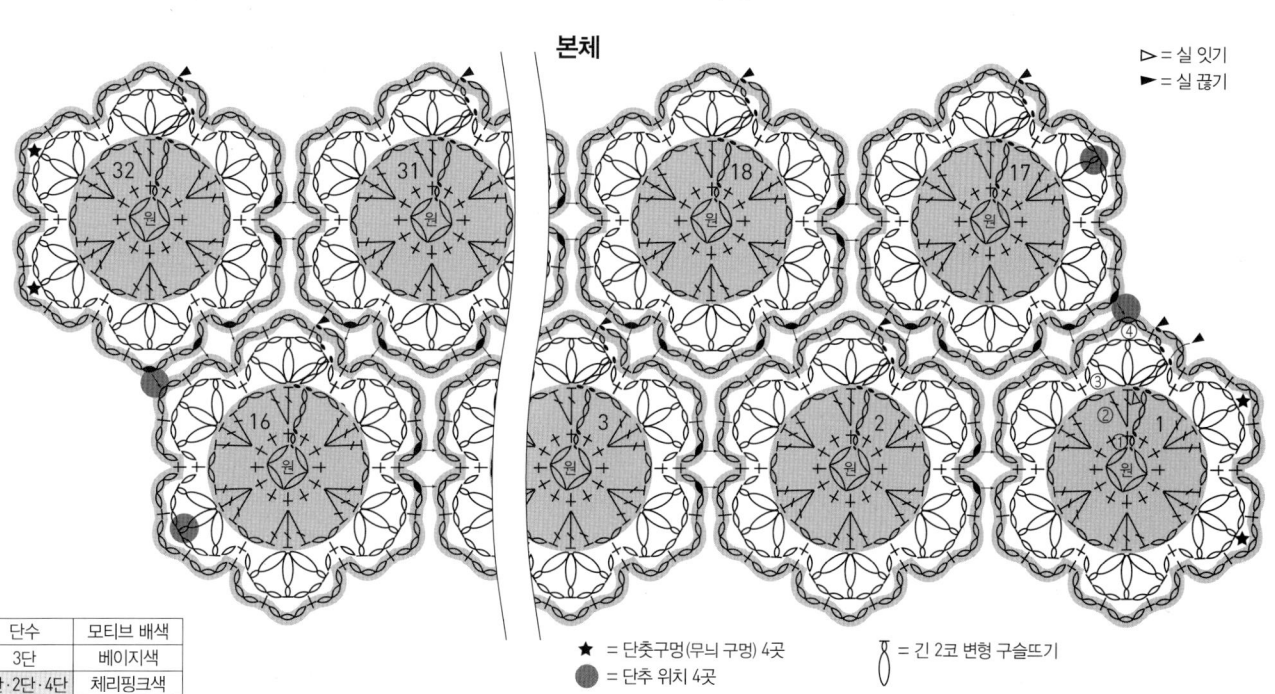

단수	모티브 배색
3단	베이지색
1단·2단·4단	체리핑크색

★ = 단춧구멍(무늬 구멍) 4곳
⬤ = 단추 위치 4곳

⬮ = 긴 2코 변형 구슬뜨기

완성도

단추 다는 곳(2개)

단추 다는 곳(2개)

107

심플 캡 Photo 58쪽

재료와 도구
Daruma Big Ball Melange 베이지색(2) 40g, 극태 부클레 모사 연갈색 25g, 지름 15mm의 단추 1개, 3cm의 브로치핀 1개, 코바늘 9/0호

완성 치수
머리 둘레 59.5cm×깊이 20cm

게이지
연갈색 4무늬(12코)=9.5cm×10cm 5.5단

뜨는 방법의 포인트
● 본체는 원형코를 만들어 도안을 참고해 무늬뜨기로 코를 늘리면서 6단을 뜨고, 13단까지 코 증감 없이 뜹니다.
● 코르사주는 원형코를 만들고 도안을 참고해 4단을 뜹니다. 코르사주 뒤쪽에 브로치핀을 붙일 때는 모티브 중심보다 약간 위에 답니다. 화심에 해당하는 갈색 단추는 꽃 모티브 정중앙에 바느질해 고정합니다.

본체 (무늬뜨기)

베이지색(8단) 11
56.5(25무늬)
20 (13단)
연갈색(5단) 9
59.5(25무늬)

완성도

본체

코르사주는 원하는 위치에 단다

코르사주
베이지색

10

※ 꽃 모티브 3단의 짧은뜨기는 1단의 짧은뜨기를 2단 뒤쪽에서 줍습니다. 4단부터는 역방향으로 뜹니다.
※ 4단째의 중심에서 약간 위에 브로치핀을 붙입니다.
※ 겉면 중심에 버튼을 붙입니다.

▷ = 실 잇기
► = 실 끊기

무늬뜨기

틀 안 1무늬

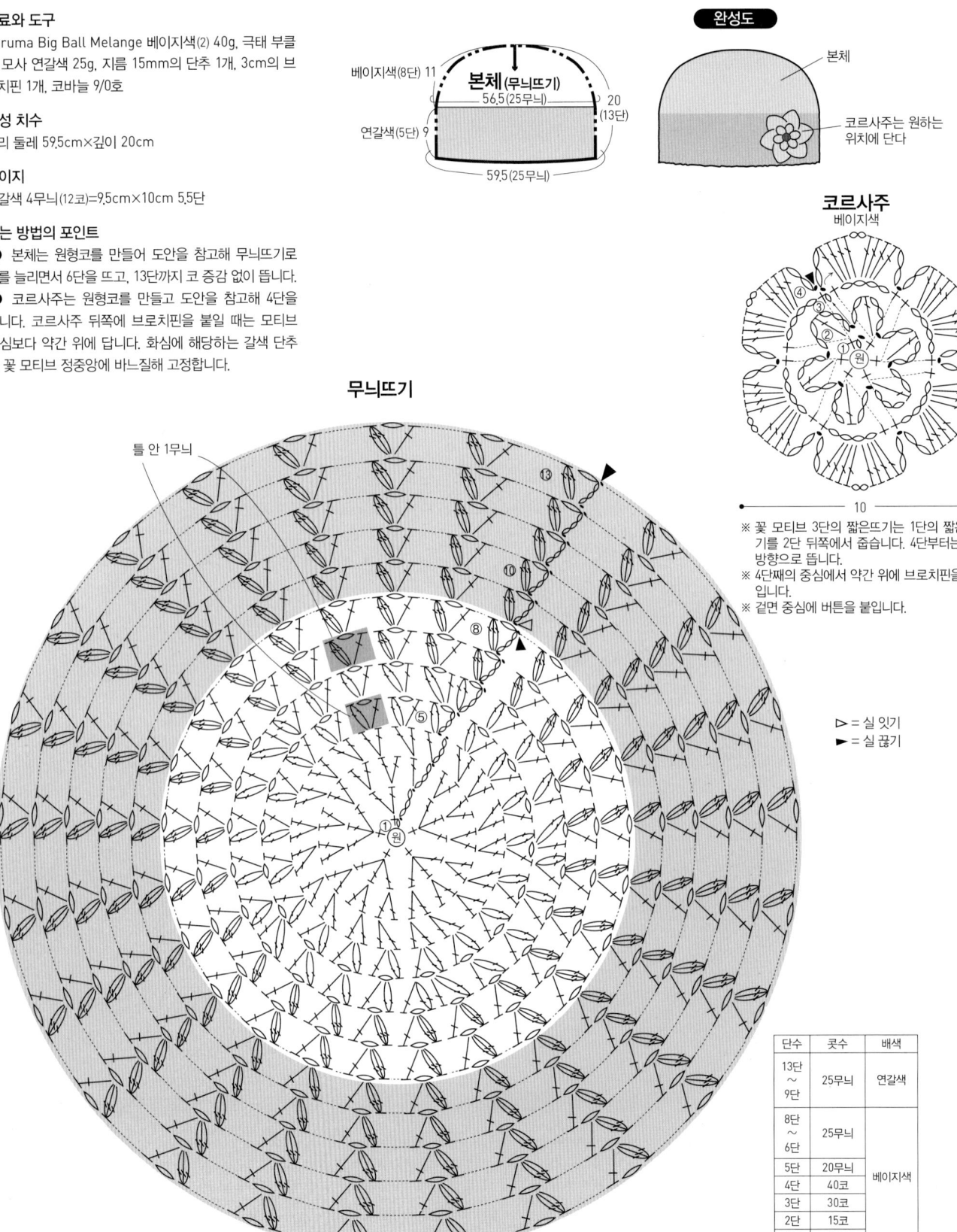

단수	콧수	배색
13단 ~ 9단	25무늬	연갈색
8단 ~ 6단	25무늬	베이지색
5단	20무늬	베이지색
4단	40코	베이지색
3단	30코	베이지색
2단	15코	베이지색
1단	5코	베이지색

코르사주가 달린 벙거지 Photo 59쪽

재료와 도구
합태 아크릴과 마 혼방사 옅은 그린색 70g, 0.5cm
폭 스웨이드 리본 밤색 24cm, 1.1cm 폭의 토션 레
이스 24cm, 2cm 폭의 토션 레이스 13cm, 지름
1.8cm의 단추 1개, 길이 3.5cm의 브로치핀 1개, 코
바늘 4/0호

완성 치수
머리 둘레 57cm×깊이 26cm

게이지
가로세로 10cm 무늬뜨기B 3.5무늬×10.5단

뜨는 방법의 포인트
● 본체는 원형코를 만들고 도안을 참고해 뜹니다.
● 코르사주는 꽃잎을 뜨고 정리법을 참고해 정리
합니다.

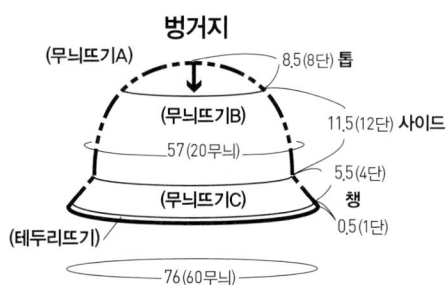

벙거지

(무늬뜨기A) — 8.5(8단) **톱**
(무늬뜨기B) — 11.5(12단) **사이드**
57(20무늬)
(무늬뜨기C) — 5.5(4단) **챙**
(테두리뜨기) — 0.5(1단)
76(60무늬)

벙거지	단수	콧수
챙	테두리뜨기	60무늬
	1단~4단	20무늬
사이드	2단~12단	20무늬
	1단	20무늬
톱	5~8단	10무늬
	4단	10무늬
	3단	50코
	2단	25코
	1단	10코

완성도

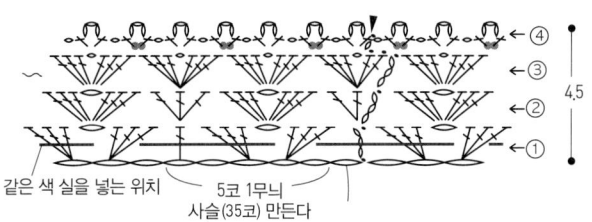

코르사주의 꽃잎 ▶ = 실 끊기

4.5
④ ③ ② ①

같은 색 실을 넣는 위치
5코 1무늬
사슬(35코) 만든다

틀 안 1무늬 — **테두리뜨기**

무늬뜨기C
챙

틀 안 1무늬

무늬뜨기B
2단 1무늬
사이드

무늬뜨기A
톱

틀 안 1무늬

원

▷ = 실 잇기
▶ = 실 끊기
● = 코와 코 사이 줍기

코르사주 정리법
① 큰 꽃잎 모티브 1단에 같은 색(옅은 그린색)실을 넣
어 조입니다.
② 2cm 폭의 토션 레이스를 작은 꽃잎 모양으로 홀치
기해 붙이고 ① 위에 올립니다.
③ 맨 위에 연갈색 나무 단추를 바느질해 꽃잎 2장과
연결합니다.
④ 스웨이드 리본을 반으로 접어 내리고 1.1cm폭의 포
션 레이스도 반으로 접어서 내린 다음 코르사주 뒤
쪽에 박음질합니다.
⑤ 브로치핀을 ④ 뒤에다 접착제로 고정하면 완성입니다.

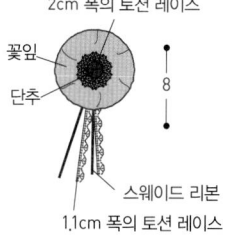

2cm 폭의 토션 레이스
꽃잎
단추
8
스웨이드 리본
1.1cm 폭의 토션 레이스

모티브가 달린 카스케트 Photo 61쪽

재료와 도구
Hamanaka Warmmy 적갈색(6) 90g, 코바늘 8/0호

완성 치수
머리 둘레 50cm

게이지
가로세로 10cm 무늬뜨기 16.5코×9단

뜨는 방법의 포인트
● 본체는 기초코로 사슬 43코를 만들어 무늬뜨기를 13단 뜹니다.
● 본체 테두리에 실을 넣어 양 사이드를 조이고 양쪽에서 세게 묶은 다음 실을 정리합니다.
● 도안처럼 코를 주워 챙과 벨트를 연결해 뜹니다.
● 모티브를 2장 떠서 양 사이드에 바느질해 고정합니다.

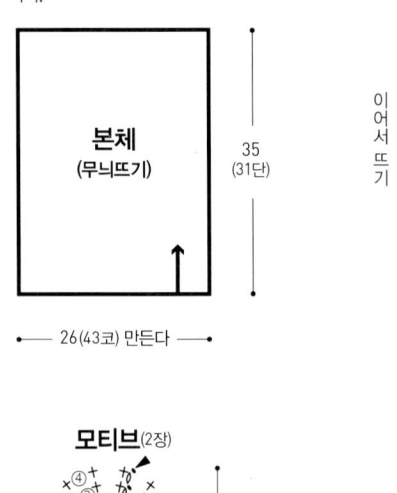

본체
(무늬뜨기)

35
(31단)

← 26(43코) 만든다 →

모티브(2장)

5

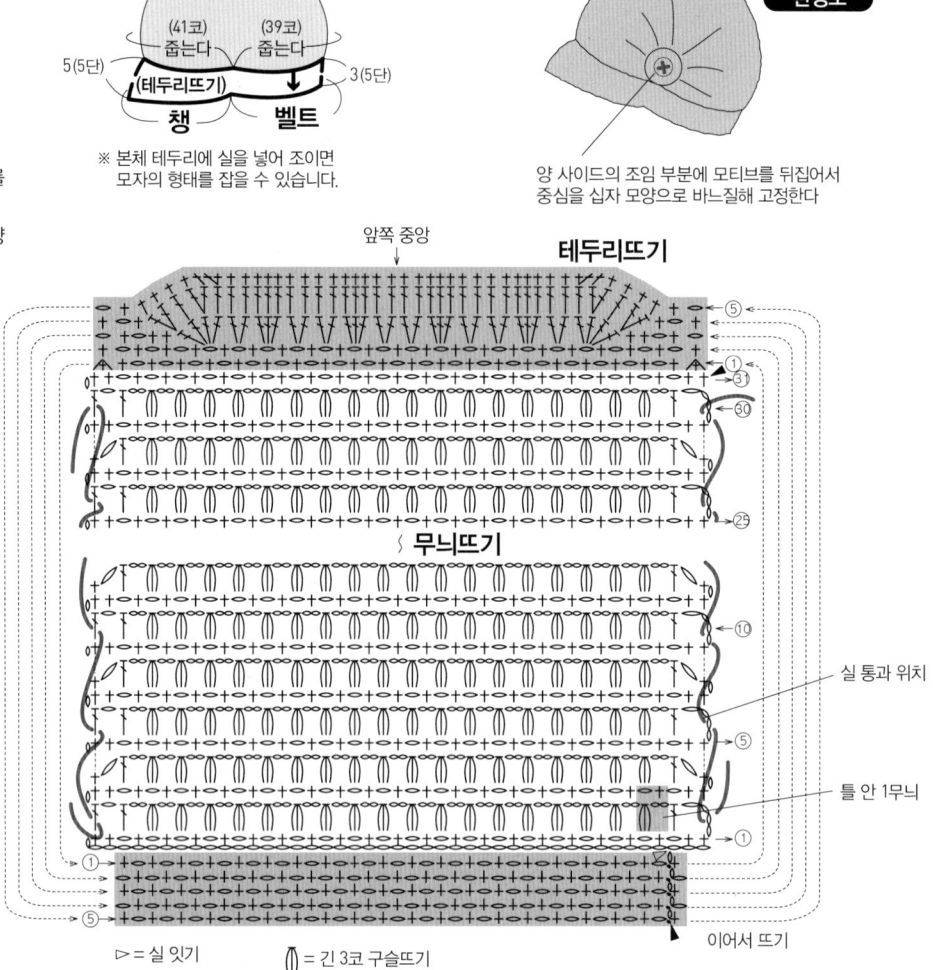

(41코) 줄인다 (39코) 줄인다

5(5단) (테두리뜨기) 3(3단)

창 벨트

※ 본체 테두리에 실을 넣어 조이면 모자의 형태를 잡을 수 있습니다.

완성도

양 사이드의 조임 부분에 모티브를 뒤집어서 중심을 십자 모양으로 바느질해 고정한다

앞쪽 중앙

테두리뜨기

무늬뜨기

이어서 뜨기

실 통과 위치

틀 안 1무늬

이어서 뜨기

▷ = 실 잇기
► = 실 끊기

〖 = 긴 3코 구슬뜨기
(코 아래에서)

보더 카스케트 Photo 60쪽

재료와 도구
Hamanaka 아마사 '리넨' 청색(6) 61g·빨간색(7) 21g·물색(5) 31g·무염색(1) 13g, 지름 2.3cm의 포장 리본 1개, 코바늘 5/0호

완성 치수
머리 둘레 57cm×깊이 22cm

게이지
가로세로 10cm 무늬뜨기 줄무늬 19.5코×10단

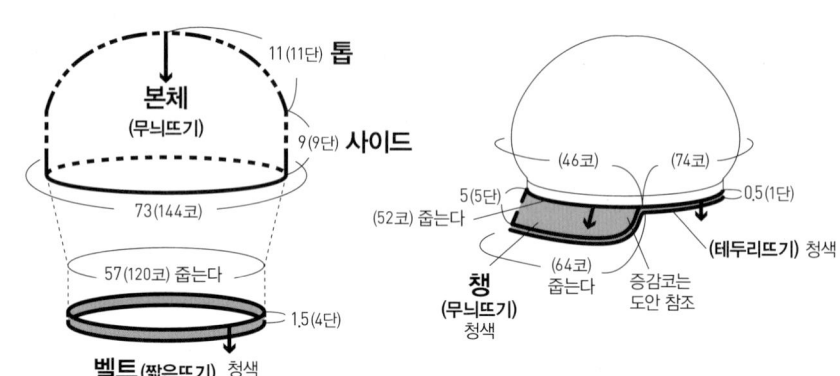

11(11단) 톱

본체
(무늬뜨기)

9(9단) 사이드

73(144코)

57(120코) 줄인다

1.5(4단)

벨트(짧은뜨기) 청색

(46코) (74코)

5(5단) 0.5(1단)

(52코) 줄인다

(64코) 줄인다

증감코는 도안 참조

창
(무늬뜨기)
청색

(테두리뜨기) 청색

보더 카스케트 Photo 60쪽

뜨는 방법의 포인트

● 청색으로 원형코를 만들어 톱에서 코를 늘리며 무늬뜨기를 줄무늬로 뜹니다.

● 이어서 청색으로 짧은뜨기 4단의 벨트를 뜨고 실을 잠시 쉽니다.

● 도안을 참고해 실을 연결하고 벨트의 46코부터 52코를 주운 다음 챙을 왕복뜨기로 5단 뜨고 실을 자릅니다.

● 쉬던 청색 실로 다시 뜨기 시작합니다. 벨트와 챙에 테두리뜨기를 한 단 뜹니다.

● 장식 단추는 원형코를 빨간색 실로 잡아 싸개 단추를 감쌉니다.

● 톱에 장식 단추를 바느질해 붙입니다.

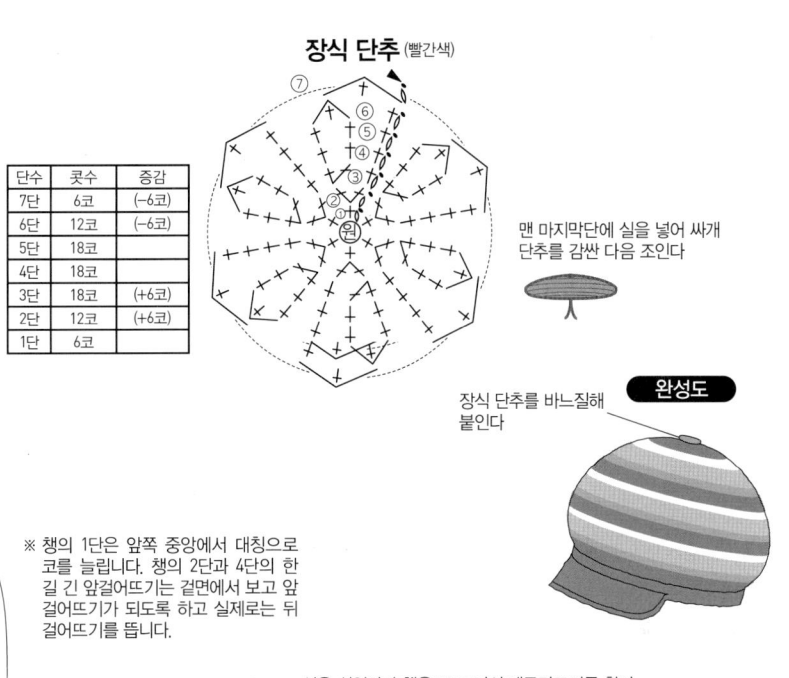

장식 단추 (빨간색)

단수	콧수	증감
7단	6코	(−6코)
6단	12코	(−6코)
5단	18코	
4단	18코	
3단	18코	(+6코)
2단	12코	(+6코)
1단	6코	

맨 마지막단에 실을 넣어 싸개 단추를 감싼 다음 조인다

완성도

장식 단추를 바느질해 붙인다

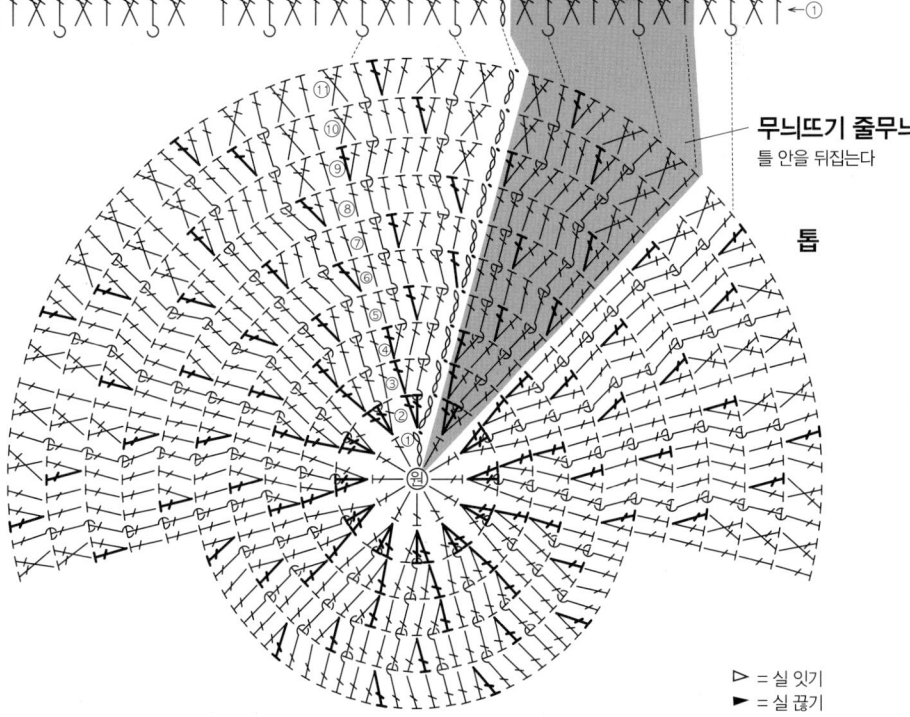

※ 챙의 1단은 앞쪽 중앙에서 대칭으로 코를 늘립니다. 챙의 2단과 4단의 한길 긴 앞걸어뜨기는 겉면에서 보고 앞걸어뜨기가 되도록 하고 실제로는 뒤걸어뜨기를 뜹니다.

앞쪽 중앙 챙 무늬뜨기 (64코)

실을 쉬었다가 챙을 뜨고 나서 테두리뜨기를 한다

(74코)

벨트
① 테두리뜨기
④ 짧은뜨기
① (120코)
⑨ (144코)

사이드

① ←

무늬뜨기 줄무늬
틀 안을 뒤집는다

톱

카스케트	단수	콧수	증감	배색
사이드	9단	144코		청색
	8단	144코		
	7단	144코		빨간색
	6단	144코		물색
	5단	144코		
	4단	144코		무염색
	3단	144코		청색
	2단	144코		
	1단	144코		빨간색
톱	11단	144코	(+12코)	물색
	10단	132코	(+12코)	
	9단	120코	(+12코)	무염색
	8단	108코	(+12코)	청색
	7단	96코	(+12코)	
	6단	84코	(+12코)	빨간색
	5단	72코	(+12코)	물색
	4단	60코	(+12코)	
	3단	48코	(+12코)	무염색
	2단	36코	(+24코)	청색
	1단	12코		

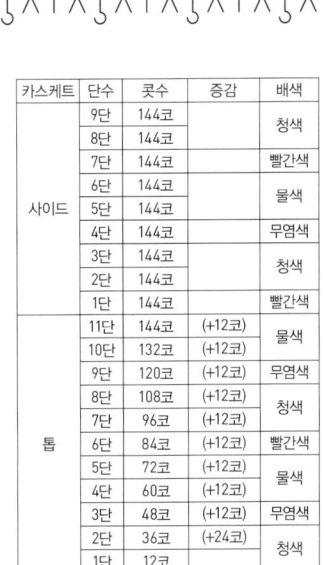

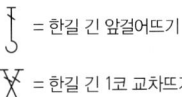

= 한길 긴 앞걸어뜨기

= 한길 긴 1코 교차뜨기

= 코 늘리기(한길 긴뜨기)

▷ = 실 잇기
► = 실 끊기

마린 카스케트 Photo 60쪽

재료와 도구
Hamanaka Ami Ami Cotton 짙은 청색(19) 170g, 아마사 리넨 무염색(1) 3g·베이지색(2) 3g, 지름 23mm의 단추 1개, 코바늘 6/0호

완성 치수
머리 둘레 58.5cm×깊이 7.5cm

게이지
가로세로 10cm 무늬뜨기 17코×14.5단

뜨는 방법의 포인트
● 원형코를 만들어 도안처럼 무늬뜨기를 합니다. 톱은 코를 늘려가며 뜹니다. 사이드 앞쪽은 코를 늘려서 뜨고 뒤쪽은 코를 줄입니다.
● 도안을 참조해 앞쪽 4곳에 주름이 잡히도록 줄고 짧은뜨기를 2단 뜹니다.
● 실을 이어서 코를 줄고 챙을 뜹니다.
● 돌려가며 테두리뜨기를 합니다.
● 베이지색 실로 끈을 떠서 본체에 바느질해 붙입니다.

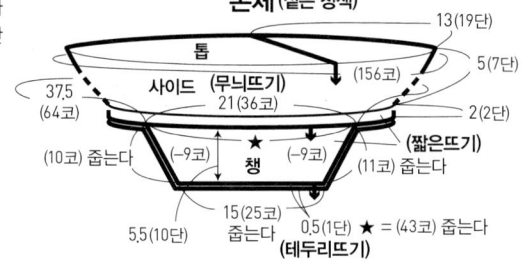

본체 (짙은 청색)

톱
사이드 (무늬뜨기)
챙

13(19단)
5(7단)
2(2단)
156코)
37.5(64코)
21(36코)
(10코) 줍는다
(−9코)
(−9코)
(11코) 줍는다
(짧은뜨기)
15(25코) 줍는다
5.5(10단)
0.5(1단) ★ = (43코) 줍는다
(테두리뜨기)

완성도
끈을 2줄로 접어 연결된 쪽은 바느질해 고정한다
끈 끝이 갈라진 쪽은 리본으로 만들어 바느질해 고정하고 단추를 단다

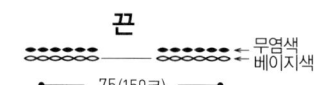

끈
무염색
베이지색
75(150코)
※ 무염색은 베이지색 사슬 반코와 코산을 줍습니다.

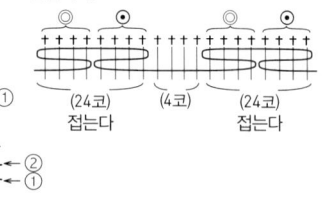

◎⊙ 뜨는 방법
① 짧은뜨기를 할 때 앞단을 아래 그림처럼 접고 주름을 잡아 겹치는 3코를 같이 줍습니다.
② 같은 방법으로 도안을 참고해 주름을 4곳에 잡습니다.
(24코) 접는다 (4코) (24코) 접는다

▷ = 실 잇기
► = 실 끊기

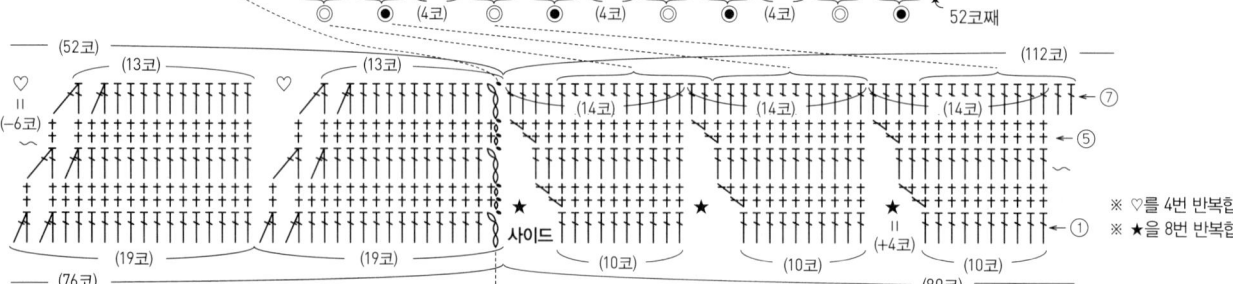

테두리뜨기
틀 안 1무늬

앞쪽 중앙
(25코)
⑩
챙
⑤
①
(64코)
(43코)
(36코)
②
①
52코째

무늬뜨기

(52코)
(13코)
(13코)
(112코)
(14코)
(14코)
(14코)
⑦
⑤
(−6코)
①
(19코)
(19코)
(10코)
(10코)
(10코)
(76코)
(80코)
뒤쪽(−24코)
앞쪽(+32코)

사이드
★
★
★

※ ♡를 4번 반복합니다.
※ ★을 8번 반복합니다.

무늬뜨기
톱

마린 카스케트		단수	콧수	증감
사이드	짧은뜨기	2단	100코	
		1단	100코	(−64코)
	무늬뜨기	7단	164코	(−8코)
		6단	172코	(+8코)
		5단	164코	(+8코)
		4단	156코	(−8코)
		3단	164코	(+8코)
		2단	156코	(+8코)
		1단	148코	(−8코)
톱	무늬뜨기	19단	156코	(+6코)
		18단	150코	(+6코)
		17단	144코	(+12코)
		16단	132코	(+6코)
		15단	126코	(+6코)
		14단	120코	(+12코)
		13단	108코	(+6코)
		12단	102코	(+6코)
		11단	96코	(+12코)
		10단	84코	(+6코)
		9단	78코	(+6코)
		8단	72코	(+12코)
		7단	60코	(+6코)
		6단	54코	(+6코)
		5단	48코	(+12코)
		4단	36코	(+6코)
		3단	30코	(+6코)
		2단	24코	(+12코)
		1단	8코	

구멍 송송 도트 베레모 Photo 62쪽

재료와 도구
Puppy Cotton Kona 그레이베이지색(64) 90g, 지름 13mm의 단추 1개, 코바늘 6/0호

완성 치수
머리 둘레 53cm×깊이 25cm

뜨는 방법의 포인트
● 본체는 원형코를 만들고 도안을 참고해 코를 늘리면서 무늬뜨기로 20단을 뜹니다. 21단부터 25단까지는 뒤 트임 부분을 만들면서 왕복뜨기를 합니다. 실은 자르지 않은 채 트임 부분에 짧은뜨기를 2단 뜨고, 테두리를 5단 뜨면서 단춧구멍을 만듭니다.
● 단추를 달아 머리 둘레 길이를 조정합니다.

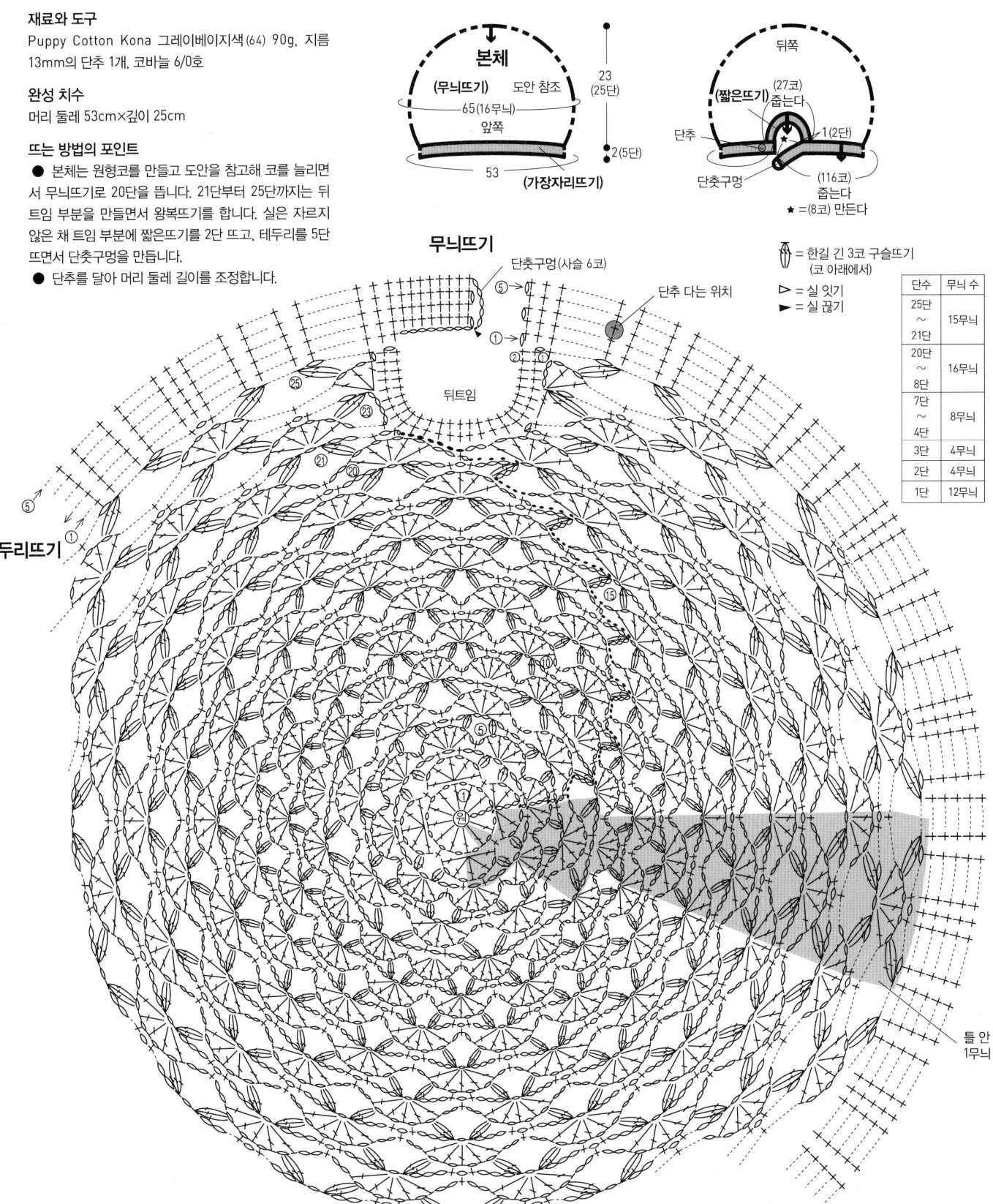

본체
(무늬뜨기) 도안 참조
65(16무늬)
앞쪽
53
(가장자리뜨기)
23 (25단)
2 (5단)

뒤쪽
(짧은뜨기) (27코) 줄인다
단추
단춧구멍
1 (2단)
(116코) 줄인다
★ = (8코) 만든다

무늬뜨기
단춧구멍(사슬 6코)
단추 다는 위치
뒤트임

테두리뜨기

= 한길 긴 3코 구슬뜨기 (코 아래에서)
▷ = 실 잇기
▶ = 실 끊기

단수	무늬 수
25단 ~ 21단	15무늬
20단 ~ 8단	16무늬
7단 ~ 4단	8무늬
3단	4무늬
2단	4무늬
1단	12무늬

틀 안 1무늬

꽃무늬 베레모 Photo 63쪽

재료와 도구
병태 코튼 트위드 회청색 80g·흰색 소량, 코바늘 5/0호

완성 치수
머리 둘레 54cm×깊이 28cm

게이지
가로세로 10cm 무늬뜨기 22코×9.5단

뜨는 방법의 포인트
● 원형코로 사슬 120코를 잡은 다음 무늬뜨기로 27단을 뜹니다.
● 맨 마지막에 실을 넣어 조입니다.
● 뜨기 시작의 사슬에서 120코를 주워 테두리뜨기를 2단 뜹니다.

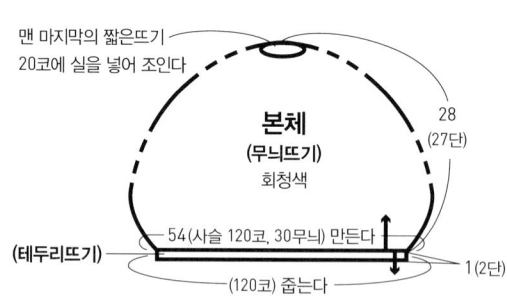

맨 마지막의 짧은뜨기
20코에 실을 넣어 조인다

본체
(무늬뜨기)
회청색

28
(27단)

(테두리뜨기) — 54 (사슬 120코, 30무늬) 만든다

(120코) 줍는다 — 1 (2단)

본체 증감표

단수	콧수	증감
27단	20코	
25단~26단	20무늬	
24단	80코	(−20코)
23단	100코	
21단~22단	25무늬	
20단	100코	(−20코)
19단	120코	
17단~18단	30무늬	
16단	120코	(−20코)
15단	140코	
13단~14단	35무늬	
11단~12단	140코	
9단~10단	35무늬	
7단~8단	140코	
5단~6단	35무늬	
4단	140코	(+20코)
3단	120코	
1단~2단	30무늬	

▷ = 실 잇기
► = 실 끊기
◖ = 긴 2코 구슬뜨기

※ 꽃무늬 베레모는 모두 5/0호 바늘로 뜹니다.
※ ▨ 는 각 단의 반복을 의미합니다.

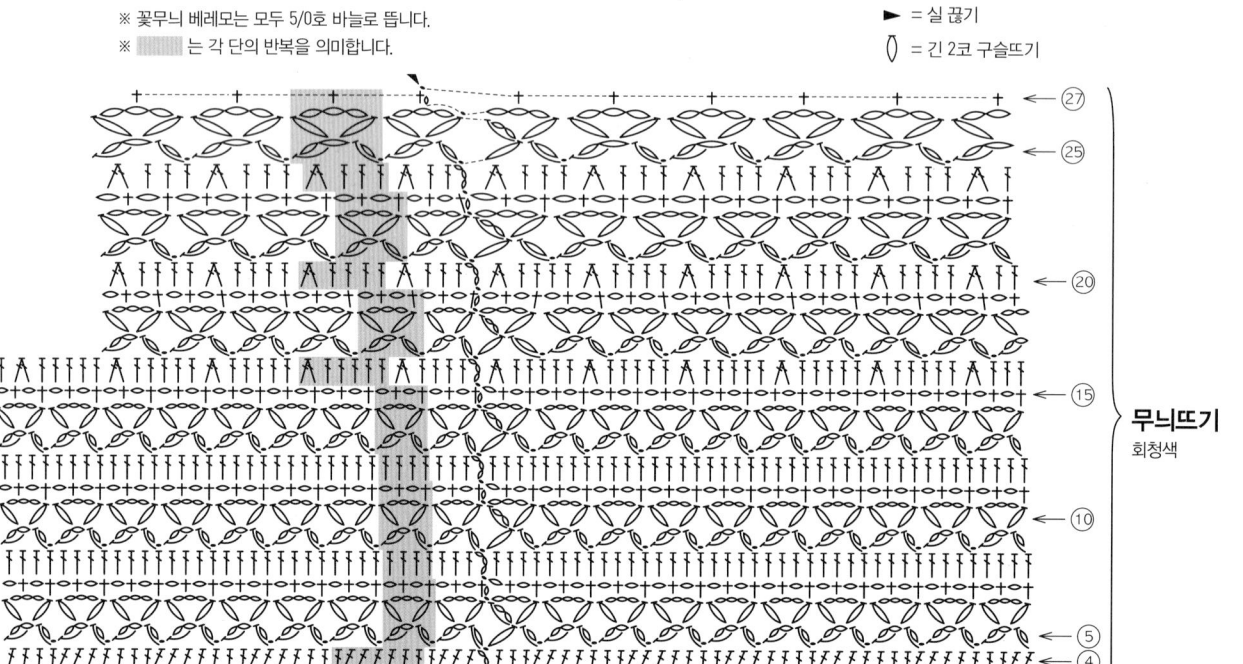

무늬뜨기
회청색

뜨기 시작   틀 안 1무늬

(테두리뜨기) 회청색 / 흰색 **테두리뜨기**

레그워머 Photo 66쪽

재료와 도구
Hamanaka Sonomono Tweed 진회색(75) 120g·무염색(71) 40g, 지름 10mm의 우드 비즈 8개, 폭 4mm의 가죽끈 160cm, 코바늘5/0호

완성 치수
폭 14cm×길이 35cm

게이지
가로세로 10cm 무늬뜨기 20코×10단

뜨는 방법의 포인트
● 본체는 기초코로 사슬 56코를 뜹니다. 도안을 참고해 무늬뜨기를 색을 바꾸면서 34단 뜹니다. 한길 긴 2코구슬뜨기는 넉넉하게 뜨고 테두리뜨기를 1단 뜹니다.
● 32단에 가죽끈을 넣은 다음 가죽끈 끝에 우드 비즈를 2개 답니다. 우드비즈가 빠지지 않게 가죽끈 끝을 매듭짓습니다.

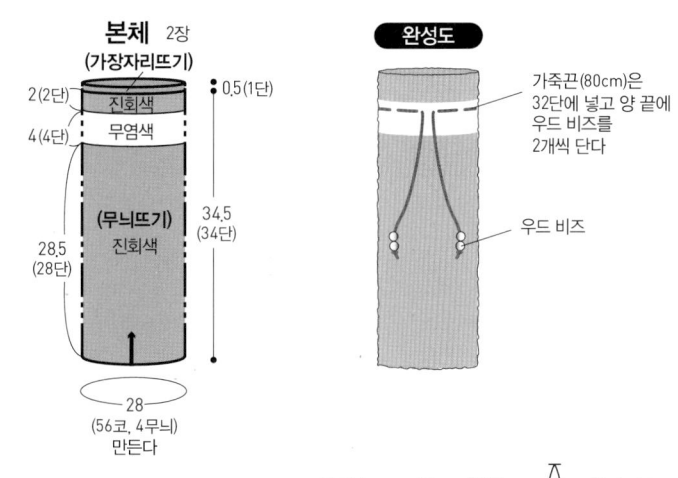

본체 2장
(가장자리뜨기)

2(2단) 진회색
4(4단) 무염색
0.5(1단)
(무늬뜨기) 진회색
34.5(34단)
28.5(28단)
28
(56코, 4무늬) 만든다

완성도

가죽끈(80cm)은 32단에 넣고 양 끝에 우드 비즈를 2개씩 단다

우드 비즈

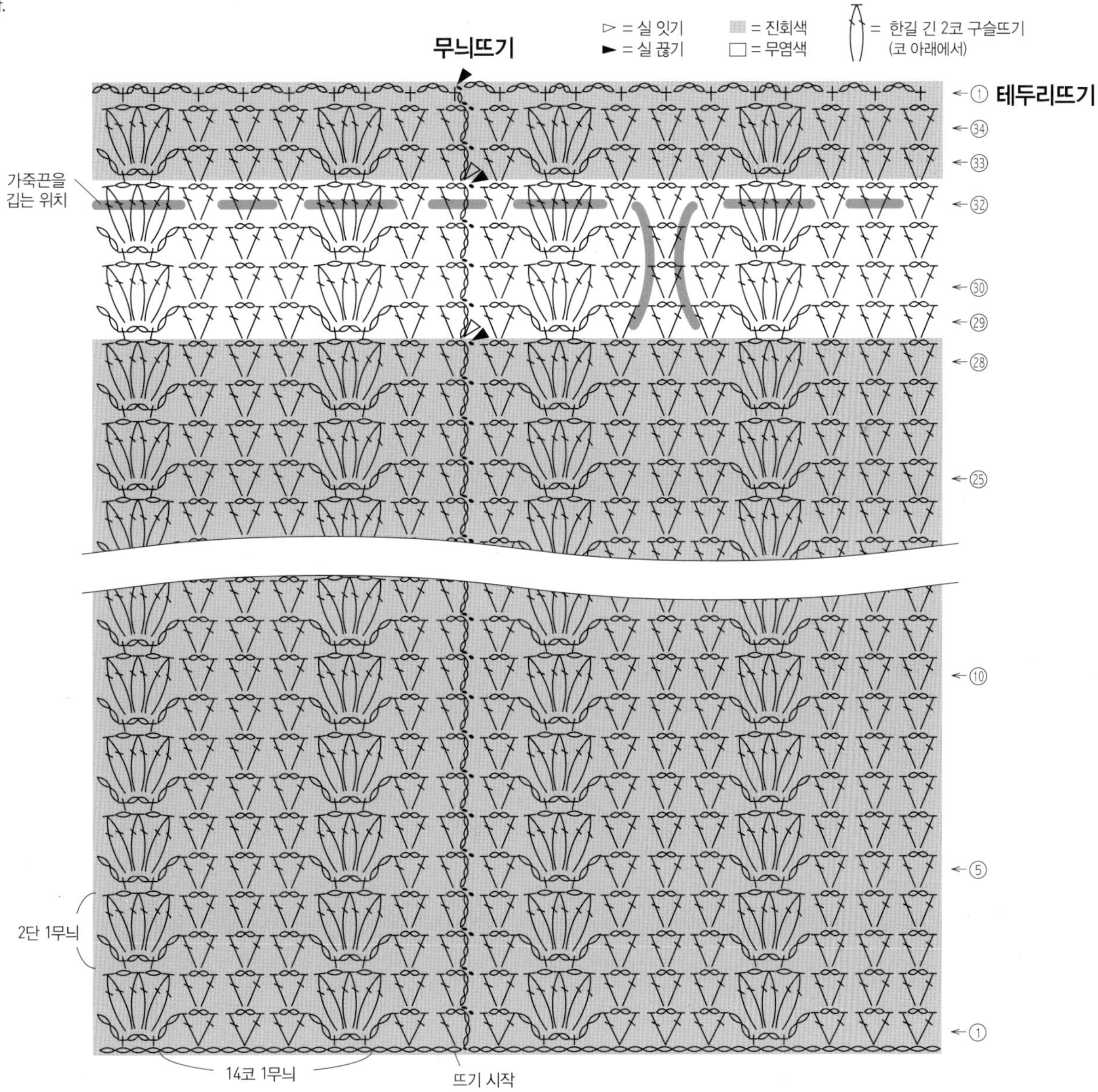

▷ = 실 잇기　■ = 진회색　↑ = 한길 긴 2코 구슬뜨기
► = 실 끊기　□ = 무염색　(코 아래에서)

무늬뜨기

① 테두리뜨기

가죽끈을 깁는 위치

34
33
32
30
29
28
25

10
5
1

2단 1무늬

14코 1무늬　뜨기 시작

피코뜨기 룸슈즈 Photo 67쪽

재료와 도구
병태사 부클레 손뜨개실 연회색 30g, Hamanaka
Hamanaka Mohiar 오프화이트색(61) 5g, 코바늘 8/0호,
코바늘 4/0호

완성 치수
발 크기 23cm

뜨는 방법의 포인트
● 룸슈즈는 발등부터 뜹니다. 기초코로 사슬 10코를
뜨고 도안을 참고해 뜨개질합니다.

● 기초코로 사슬 38코를 잡고 발등부터 짧은뜨기로
코를 줍습니다. 첫 사슬코로 빼서 원을 만들고, 도안을
참고해 둥글게 뜹니다. 발끝과 발꿈치를 세로로 접어 좌
우가 정확하게 대칭되는지 확인합니다.

● 끈을 뜨고 발 넣는 입구에 붙입니다.

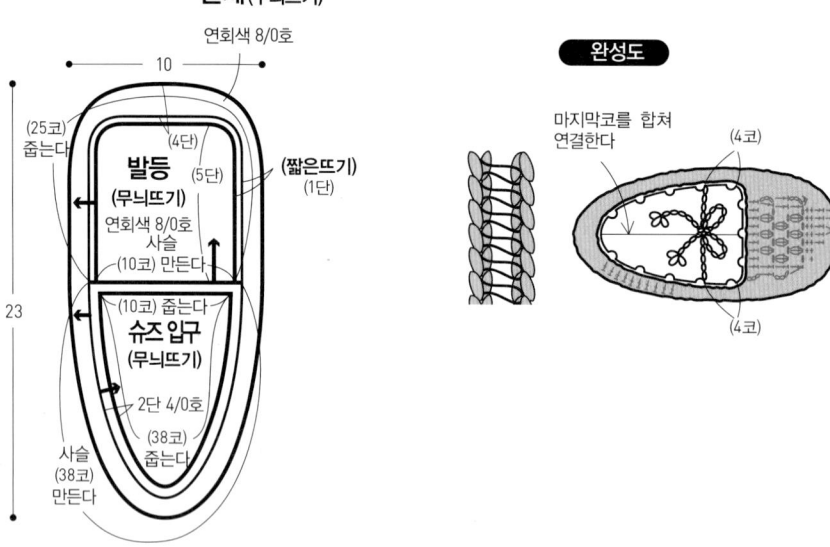

본체(무늬뜨기)

완성도

마지막코를 합쳐
연결한다

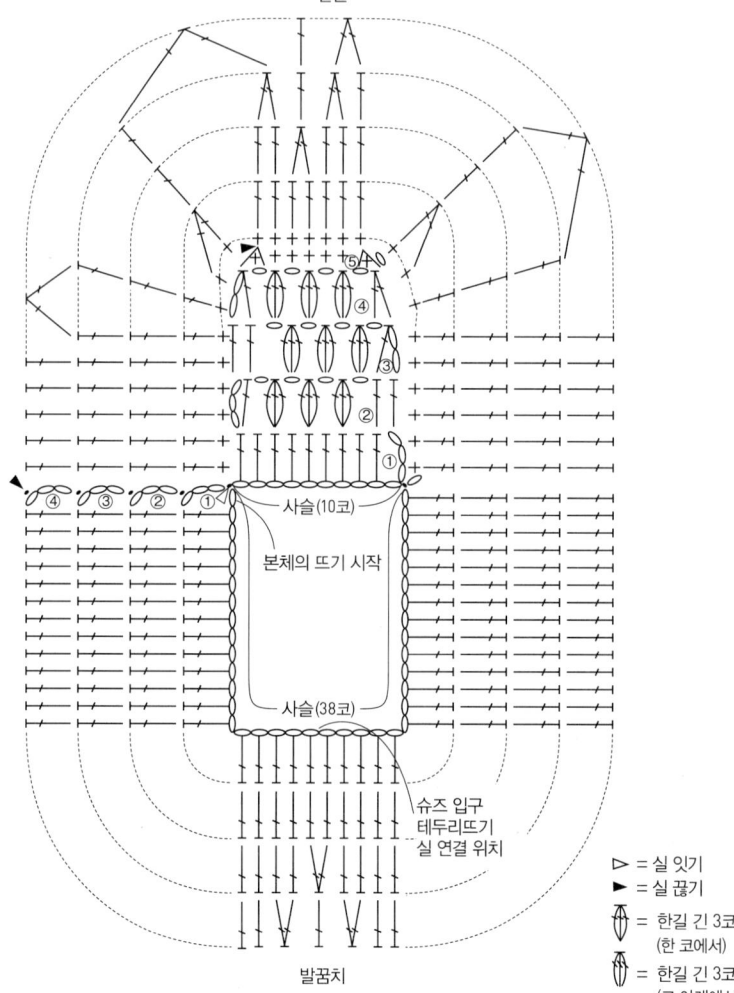

끈 오프화이트색 4/0호(2개)
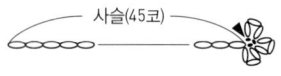
사슬(45코)

슈즈 입구의 짧은뜨기 오프화이트색 4/0호
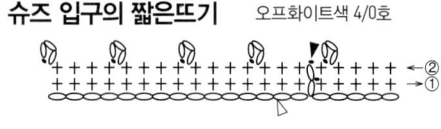

▷ = 실 잇기
► = 실 끊기
= 한길 긴 3코 구슬뜨기
(한 코에서)
= 한길 긴 3코 구슬뜨기
(코 아래에서)

116

구슬뜨기 룸슈즈 Photo 67쪽

재료와 도구
Hamanaka Sonomono '합태' 연갈색 (2) 80g, 지름 1.5cm의 나무 단추 2개, 코바늘 3/0호

완성 치수
발 크기 22cm

게이지
가로세로 10cm 무늬뜨기 22코×12단

뜨는 방법의 포인트
● 기초코로 사슬 12코를 뜨고 도안을 참고해 발끝부터 짧은뜨기를 원 모양으로 5단 뜹니다. 이어서 무늬뜨기를 6단 뜨고 실을 자릅니다.
● 실을 이어 측면을 왕복뜨기하고 14단을 뜹니다. 발꿈치 부분만 4단 더 뜹니다. 오른발과 왼발 동일합니다.
● 맞춤 표시끼리 정확히 맞춰 감침질합니다.
● 슈즈 입구는 테두리뜨기를 합니다. 2단째 중간부터 벨트를 이어 뜹니다.
● 나무 단추를 달아 마무리합니다.

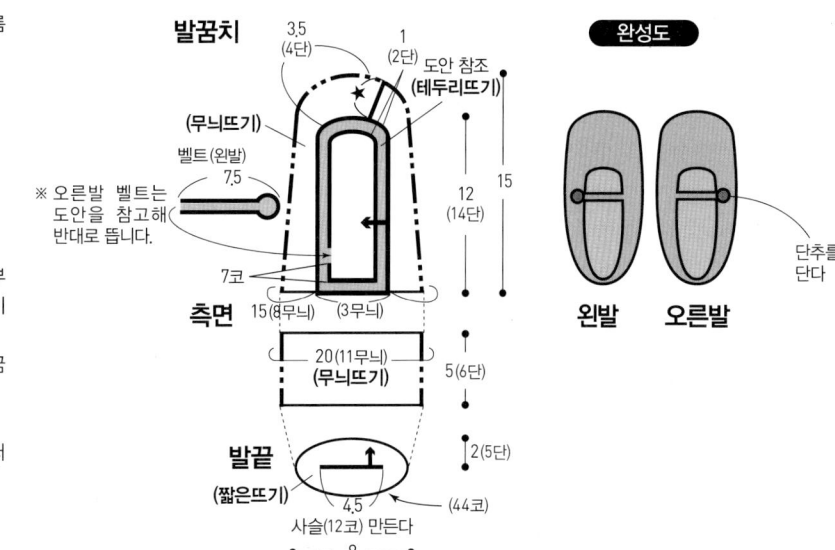

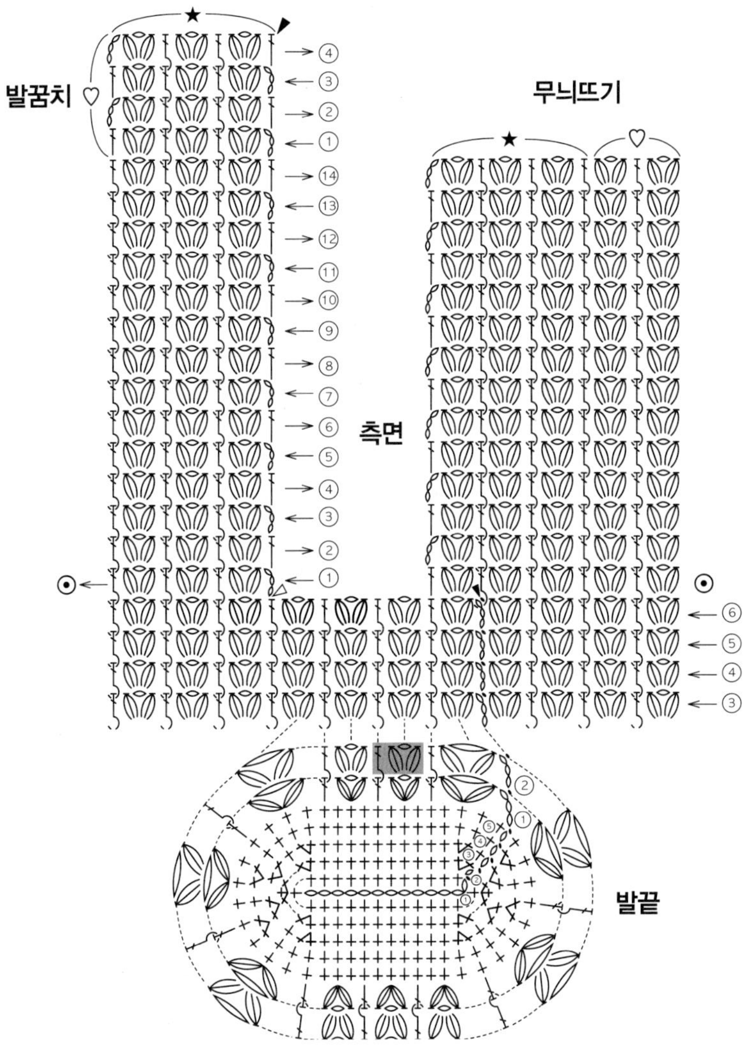

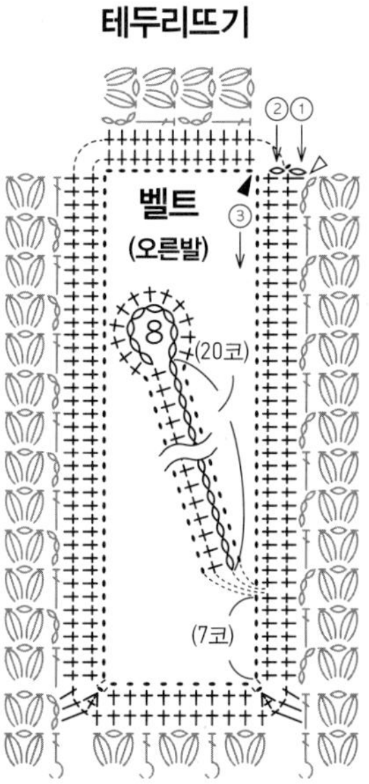

※ 오른발 벨트는 도안을 참고해 반대로 뜹니다.

발꿈치
발끝
측면
완성도
왼발 오른발
단추를 단다

무늬뜨기
테두리뜨기
벨트 (오른발)
(20코)
(7코)

※ 왼발의 벨트는 반대로 뜹니다.

발꿈치
측면
발끝

▷ = 실 잇기
► = 실 끊기
▨ = 1무늬
= 한길 긴 앞걸어뜨기
= 긴 3코 구슬뜨기(한 코에서)
= 긴 3코 구슬뜨기(코 아래에서)

장식 리본이 달린 룸슈즈

Photo 68쪽

재료와 도구
병태 컬러풀 염색 모사 붉은색 계열 믹스 80g, 23cm의
펠트 바닥 1쌍, 폭 0.3cm의 마 끈 42cm×2개, 우드 비즈
8개, 코바늘 4/0호

완성 치수
발 크기 23cm

게이지
가로세로 10cm 무늬뜨기 23코×10.5단(본체)

뜨는 방법의 포인트
● 본체는 기초코로 사슬 23코를 잡아 13단 뜨고 이어
서 16단을 코를 줄이며 한길 긴뜨기로 뜹니다. 기초코의
반대쪽부터 코를 주우며 동일한 방법으로 뜹니다.
● 도안을 참고해 밖으로 접는 발목 부분을 뜹니다.
● 맞춤 표시를 서로 맞대어 감침질합니다.
● 룸슈즈 윗부분과 펠트 바닥을 바느질로 고정합니다.
● 마 끈에 우드 비즈를 꿰어 도안처럼 리본 묶기를 한
다음 바느질해 고정합니다.

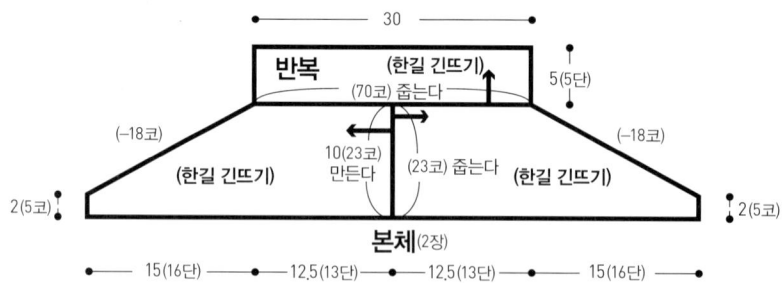

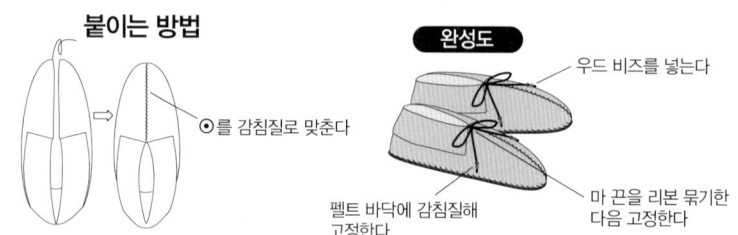

붙이는 방법

◉를 감침질로 맞춘다

완성도

우드 비즈를 넣는다

마 끈을 리본 묶기한
다음 고정한다

펠트 바닥에 감침질해
고정한다

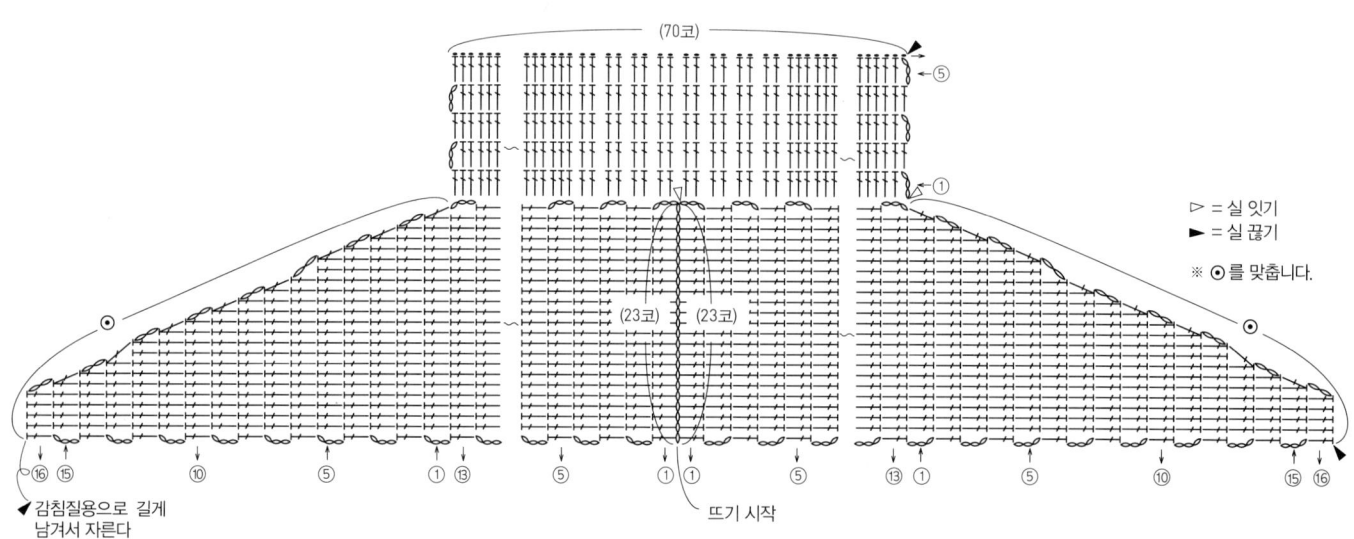

▷ = 실 잇기
► = 실 끊기
※ ◉를 맞춥니다.

◀ 감침질용으로 길게
남겨서 자른다

뜨기 시작

딸기 벙어리장갑 Photo 70쪽

재료와 도구
병태 Lily Yarn 모사 다홍색 55g·녹색 15g, 동그랗고 큰
유리 비즈(빨간색) 32개, 코바늘 5/0호

완성 치수
손바닥 둘레 21cm×길이 21cm

게이지
가로세로 10cm 긴뜨기 17코×13단

뜨는 방법의 포인트
● 기초코로 사슬 36코를 잡아 원 모양을 만듭니다. 도
안을 참고해 긴뜨기로 증감 없이 18단을 뜨고 10단째에
엄지손가락 구멍을 만들며 뜹니다. 코를 줄이면서 긴뜨
기로 9단을 뜨고 뜨기 끝에서는 남은 코에 실을 넣어 조
입니다.
● 엄지손가락 위치에 실을 잇고 14코를 줍습니다. 다
시 손바닥과 손등을 긴뜨기로 7단 뜨고 뜨기 끝 남은
코에 실을 넣어 조입니다.
● 테두리뜨기는 뜨기 시작하는 쪽에 실을 이어서 6단
뜹니다.
● 유리 비즈를 16개씩 각각의 손등에 달아 딸기 씨를
표현합니다.
● 테두리뜨기 부분은 바깥쪽으로 접습니다.

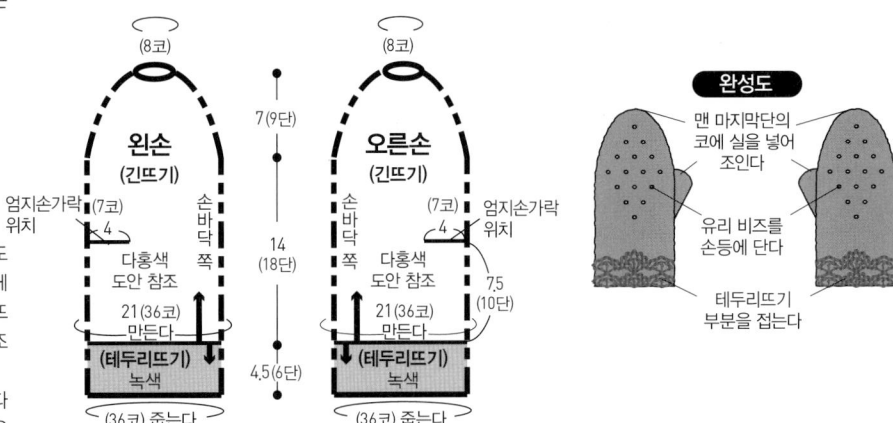

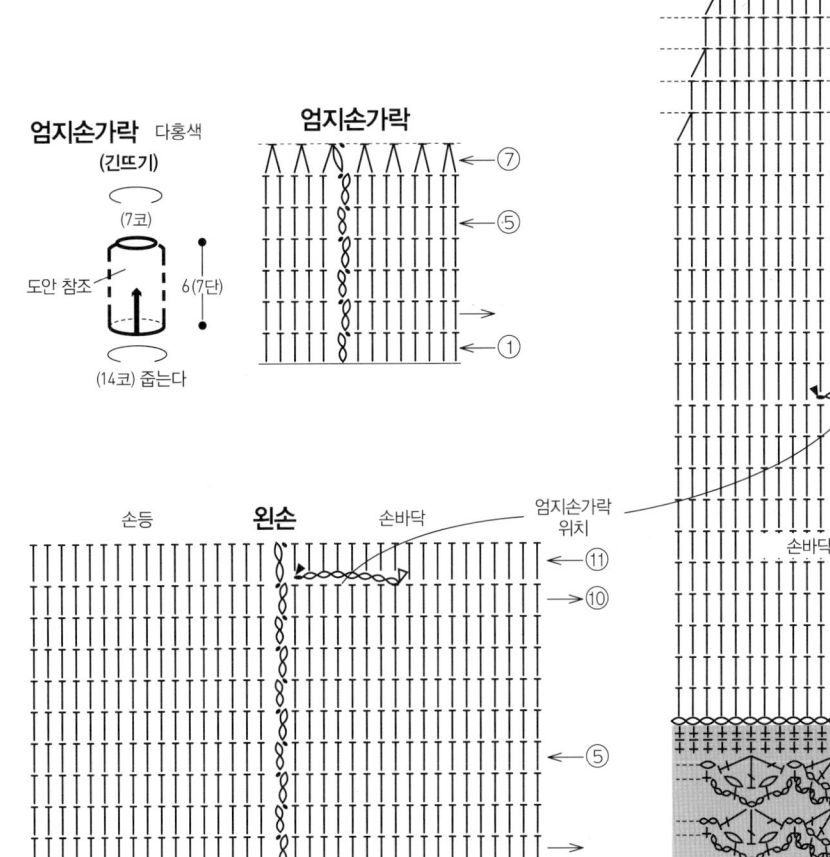

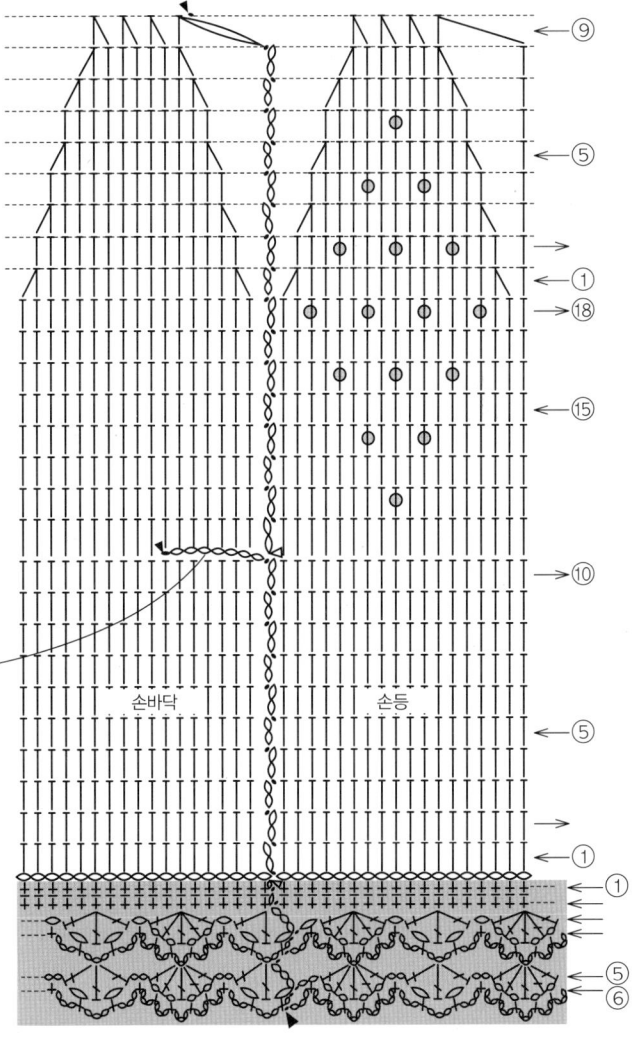

꽈배기무늬 핸드워머 Photo 71쪽

재료와 도구

Hamanaka Fair Lady 50 연회색(48) 85g, 코바늘
5/0호, 코바늘 6/0호

완성 치수

손바닥 둘레 18cm×길이 20cm

게이지

가로세로 10cm 짧은뜨기 26코×27단

뜨는 방법의 포인트

● 6/0호 바늘로 기초코 사슬 46코를 잡고 테두리뜨기
를 4단 뜹니다.

● 본체는 무늬뜨기로 뜹니다.

● 29단을 뜨다가 사슬 10코를 떠 엄지손가락 구멍을
만듭니다. 이어서 40단까지 뜨고 바늘을 5/0호로 바꾸어
41단째와 테두리뜨기를 뜹니다.

● 같은 방법으로 엄지손가락 구멍 위치를 바꾸어 1장
더 뜹니다.

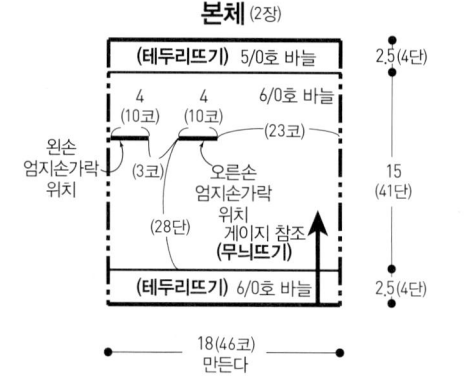

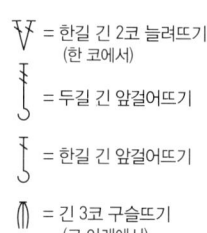

본체(2장)

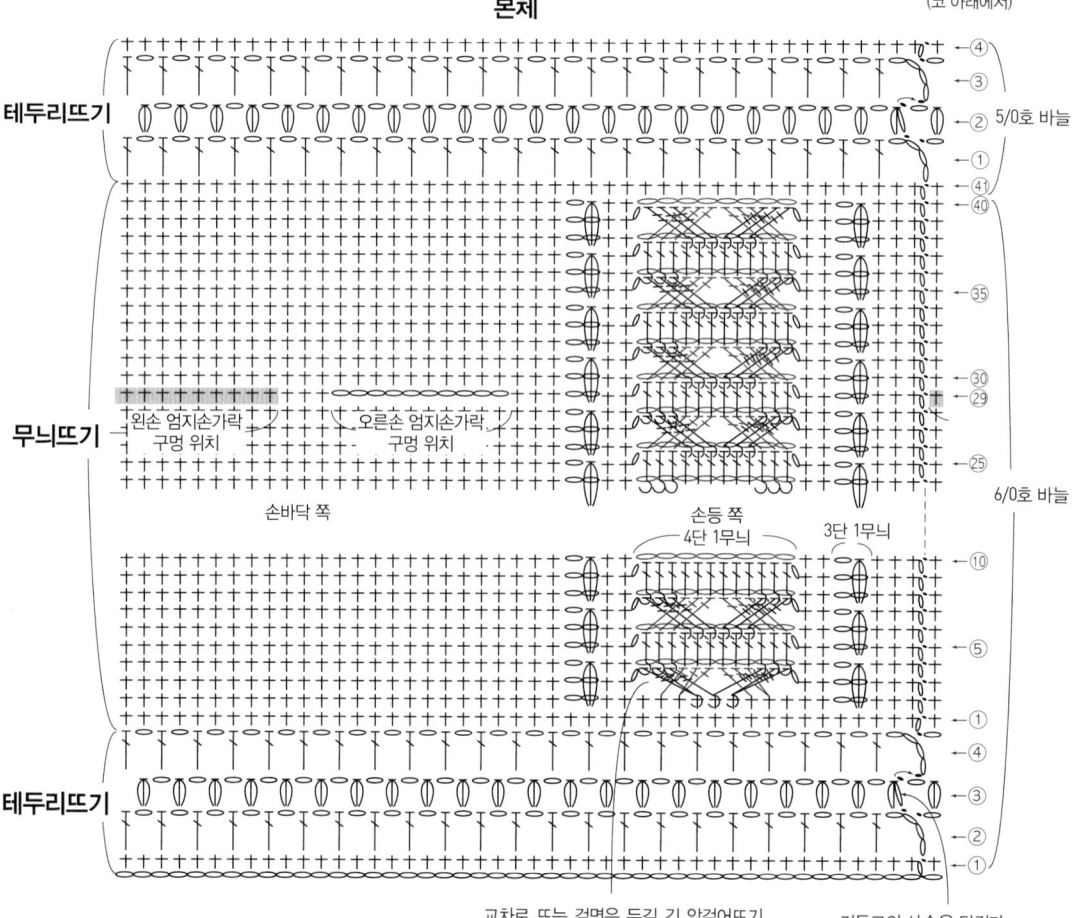

교차로 뜨는 겉면은 두길 긴 앞걸어뜨기
로 뜨고, 안면은 한길 긴뜨기로 뜬다

기둥코의 사슬을 당긴다

120

벨트 달린 핸드워머 Photo 71쪽

재료와 도구
합태 Silk Wool 그레이베이지색 70g, 지름 15mm 단추
2개, 코바늘 6/0호, 코바늘 7/0호

완성 치수
손바닥 둘레 22cm×길이 22cm

게이지
가로세로 10cm 무늬뜨기 22코×13.5단
가로세로 10cm 짧은뜨기 22코×27단

뜨는 방법의 포인트
● 본체는 기초코로 사슬 48코를 잡아 원을 만들고 도
안을 참고해 무늬뜨기를 12단 뜹니다. 손등에 해당하는
곳을 짧은뜨기로 30단 왕복뜨기합니다. 겉면을 안쪽으로
넣어서 짧은뜨기의 △와 ▲를 감침질해 막습니다. 겉면으
로 뒤집어 실을 연결하고 테두리뜨기를 원으로 3단 뜹니
다. 2곳에 벨트 고리를 떠서 붙입니다.
● 벨트는 기초코로 사슬 45코를 뜨고 도안을 참고해
짧은뜨기를 3단 뜹니다.
● 완성도를 참고해 핸드워머에 벨트를 달고 정리합니다.

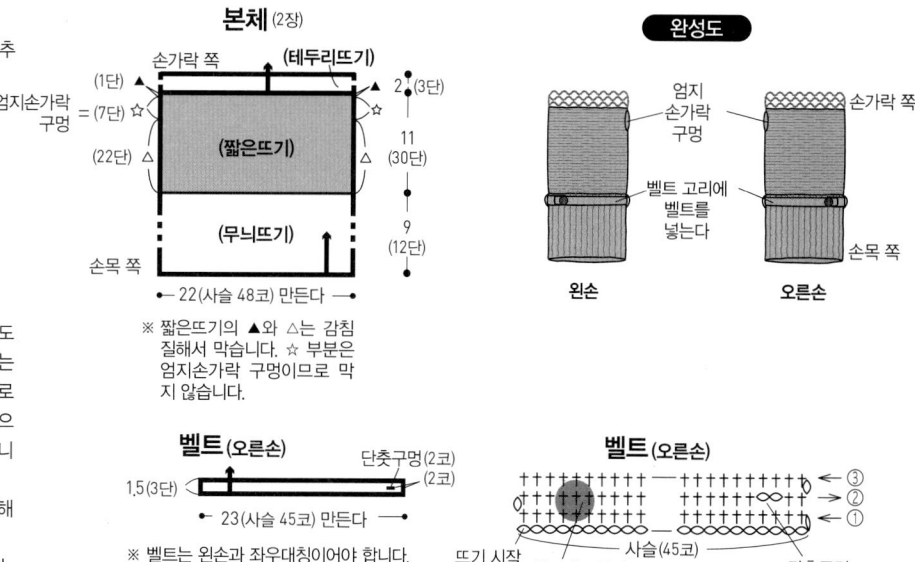

본체 (2장)

손가락 쪽 / (테두리뜨기)

엄지손가락
구멍

(1단) ▲
(7단) ☆ / (짧은뜨기) / ▲ 2 (3단)
(22단) △ / △ / 11 (30단)

손목 쪽 / (무늬뜨기) / 9 (12단)

← 22(사슬 48코) 만든다 →

※ 짧은뜨기의 ▲와 △는 감침
질해서 막습니다. ☆ 부분은
엄지손가락 구멍이므로 막
지 않습니다.

완성도

엄지
손가락
구멍 / 손가락 쪽

벨트 고리에
벨트를
넣는다

손목 쪽

왼손 / 오른손

벨트 (오른손)
단춧구멍(2코) / (2코)
1.5(3단)
← 23(사슬 45코) 만든다 →

벨트 (오른손)
③ ② ①
뜨기 시작 / 단추 다는 위치 / 사슬(45코) / 단춧구멍

※ 벨트는 왼손과 좌우대칭이어야 합니다.

본체

테두리뜨기 ③ ② ①
30 29 / 짧은뜨기 25 23 22 ①
① 12 / 벨트 고리 / 10

벨트 고리 ⌇ = 무늬뜨기 ⌇ 5 ①

⌇ = 한길 긴 앞걸어뜨기
▷ = 실 잇기
► = 실 끊기

뜨기 시작 / 사슬(48코)

121

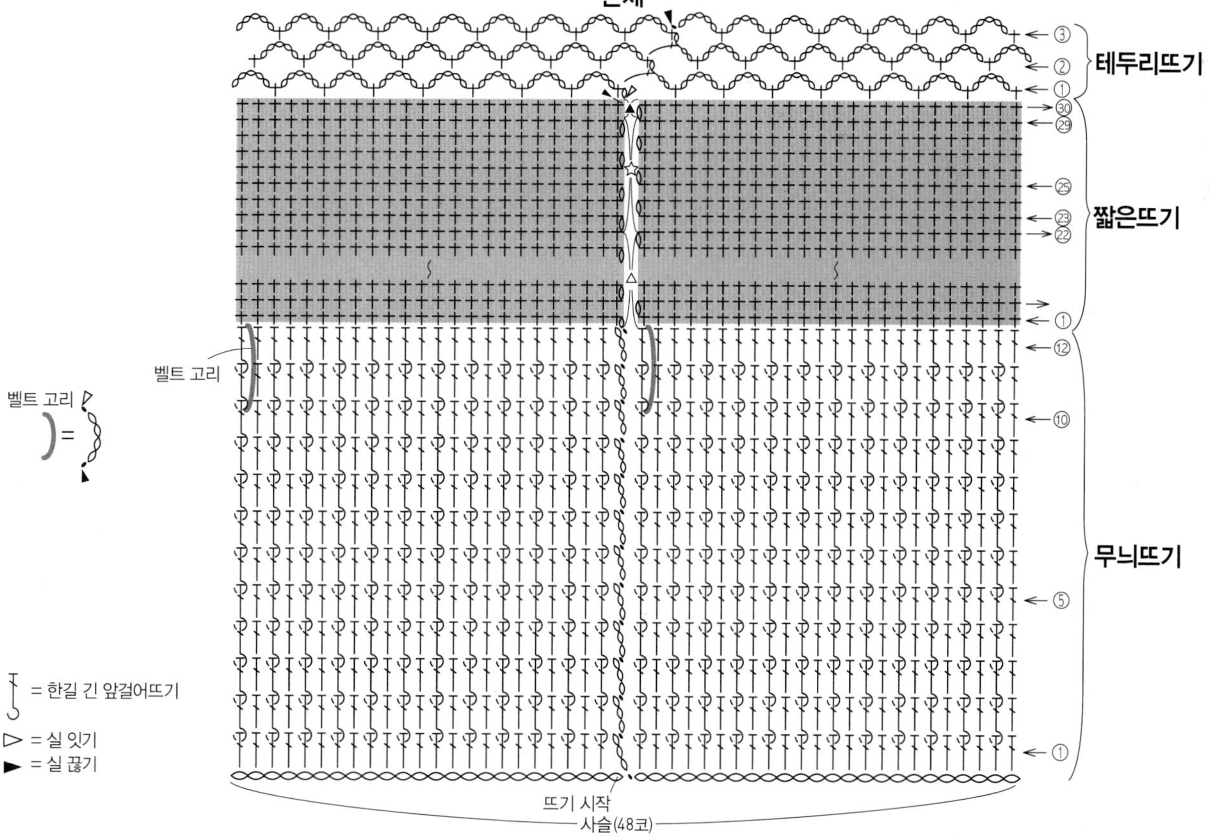

구슬뜨기 핸드워머 Photo 73쪽

재료와 도구
Hamanaka Fair Lady 50 연녹색(13) 40g, Hamanaka Arcoba 핑크색 계열 컬러풀 염색(4) 20g, 코바늘 5/0호

완성 치수
손바닥 둘레 20cm×길이 17cm

게이지
가로세로 10cm 무늬뜨기 줄무늬 20코×14단

뜨는 방법의 포인트
● 본체는 기초코로 사슬 10코를 잡고 도안을 참고해 무늬뜨기 40단을 뜹니다. 뜨기 시작과 뜨기 끝 감침질해 원 모양으로 만듭니다. 단에서 코를 주워 무늬뜨기 줄무늬로 17단을 뜨는데, 엄지손가락 위치에 주의하며 뜹니다.
● 엄지손가락은 본체에서 코줍기를 14코 하고 무늬뜨기B로 8단 뜹니다.

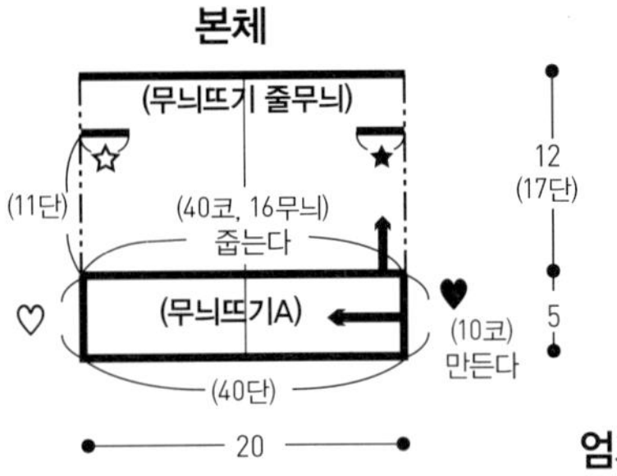

※ 오른손의 엄지손가락은 ★의 8코를 사슬뜨기로 뜹니다.

손바닥 쪽 　본체(왼손)　 손등 쪽

무늬뜨기 줄무늬

무늬뜨기A

사슬(8코) ★

뜨기 시작 사슬(10코)

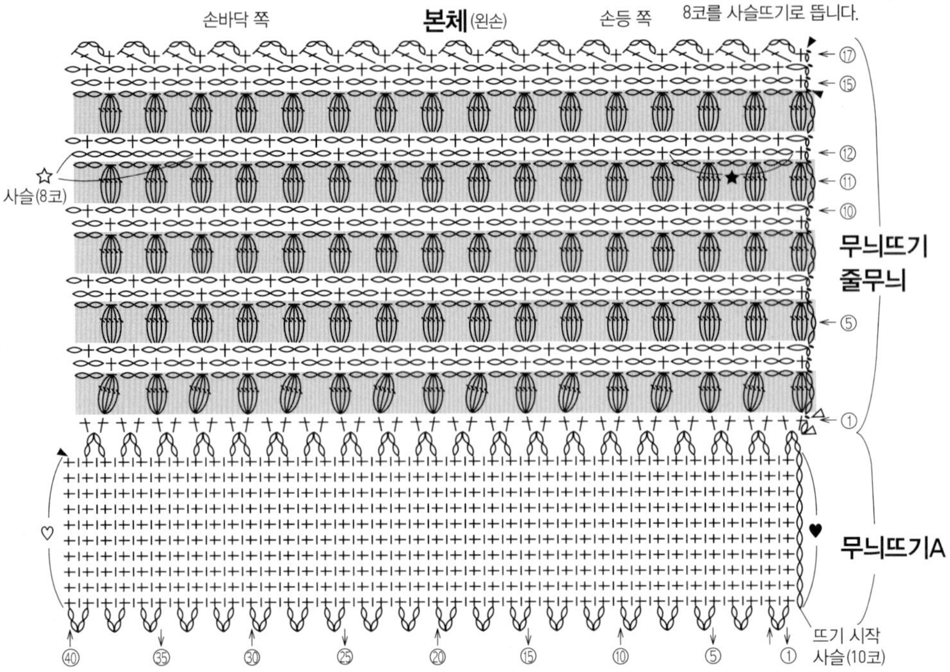

※ 1단은 사슬의 코산을 주워서 뜹니다.

본체
(무늬뜨기 줄무늬)
(11단) (40코, 16무늬) 줍는다
(무늬뜨기A)
(40단)
12 (17단)
5
(10코) 만든다
20

★ = 3(8코) 오른손 엄지손가락 구멍
☆ = 3(8코) 왼손 엄지손가락 구멍
※ 시작코 ♥의 남은 코와 ♡의 짧은뜨기의 머리 반대쪽 반코를 감칩니다.

= 연녹색
= 핑크색 계열 컬러풀 염색
▷ = 실 잇기
► = 실 끊기

= 한길 긴 5코 구슬뜨기 (한 코에서 / 1코 아래에서)
✝ = 짧은 이랑뜨기

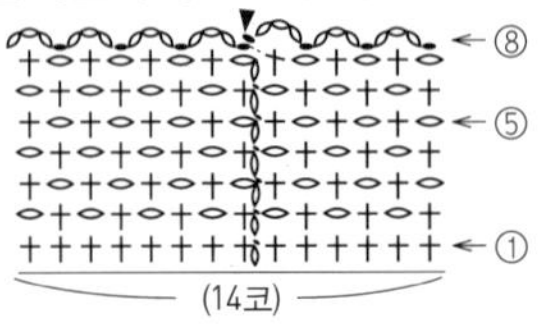

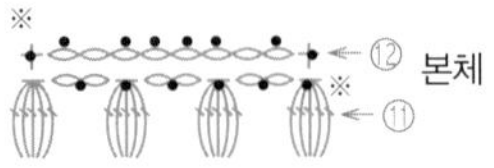

엄지손가락
(무늬뜨기B) 연녹색
(14코) 줍는다
3.5(8단)

엄지손가락 무늬뜨기B
(8)
(5)
(1)
(14코)

엄지손가락 코줍기 위치
본체
(12)
(11)
● = 코줍기 위치
※ 옆의 구슬뜨기와 짧은 뜨기에서도 줍습니다.

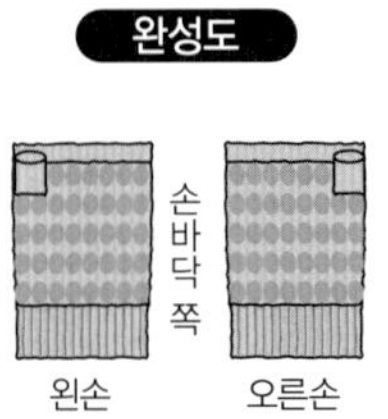

완성도
손바닥 쪽
왼손　오른손

구슬뜨기 암워머 Photo 73쪽

재료와 도구
Hamanaka Sonomono Alpaca Lily 무염색(111) 65g, 코바늘 8/0호

완성 치수
손목 둘레 20cm×깊이 26cm

게이지
가로세로 10cm 무늬뜨기B 15코×11.5단

뜨는 방법의 포인트
● 본체는 기초코로 사슬 10코를 잡고 도안을 참고해 무늬뜨기A로 30단을 뜹니다. 뜨기 시작과 뜨기 끝 감침질해 원 모양으로 만듭니다. 측면에서 코를 주워 무늬뜨기B로 23단 뜹니다. 도중에 엄지손가락 위치에 주의하며 뜹니다.

본체
(무늬뜨기B)
(17단) (30코, 12무늬) 줍는다
(무늬뜨기A)
(30단)
20 (23단)
6
(10코) 만든다
20

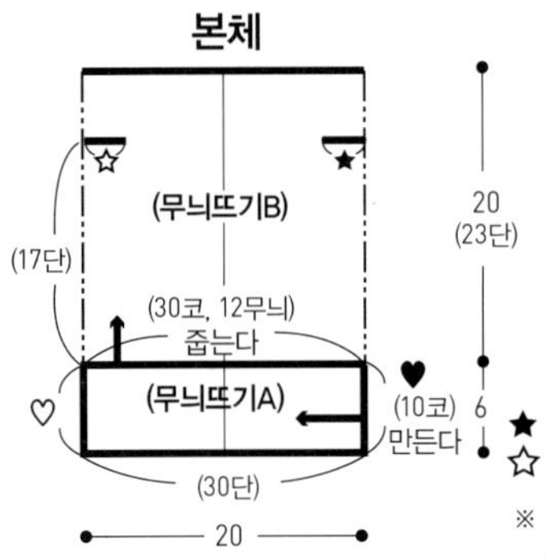

★ = 3(5코) 오른손 엄지손가락 구멍
☆ = 3(5코) 왼손 엄지손가락 구멍
※ 시작코 ♥의 남은 코와 ♡의 짧은 뜨기의 머리 반대쪽 반코를 감칩니다.

완성도
손바닥 쪽
왼손　오른손

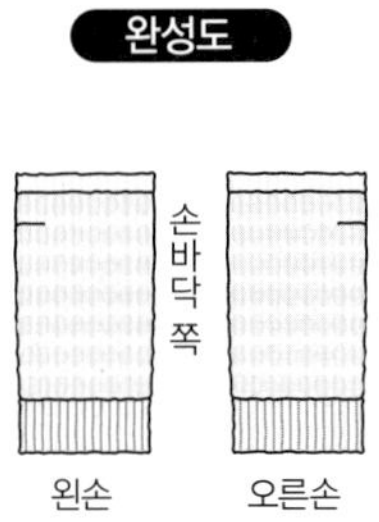

동그란 모티브의 동전 지갑 Photo 81쪽

재료와 도구

모티브A: Hobbyra Hobbyre Wool Sweet 귤색(12)·오렌지색(13) 각 소량

모티브B: Hobbyra Hobbyre Wool Sweet 핑크색(04)·레몬색(11) 각 소량

공통: Hobbyra Hobbyre Wool Sweet 아이보리색(22)·밤색(15) 각 소량, 10cm의 마블 동전 지갑 프레임(오프화이트색) 1개, 코바늘 4/0호

완성 치수

지름 11cm(프레임 제외)

게이지

모티브 크기 지름 11cm

뜨는 방법의 포인트

● 기초코로 사슬 6코를 잡아 원형코로 뜨고 모티브를 각각의 배색에 맞춰가며 뜹니다.

● 모티브 앞장의 12단째는 사슬 3코를 뜨고, 뒷장은 사슬 3코의 2코째에서 앞장과 연결합니다.

● 모티브는 프레임에 바느질해 붙입니다.

〇 = 긴 2코 구슬뜨기

⊥ = 한길 긴 앞걸어뜨기

⊥ = 두길 긴 앞걸어뜨기

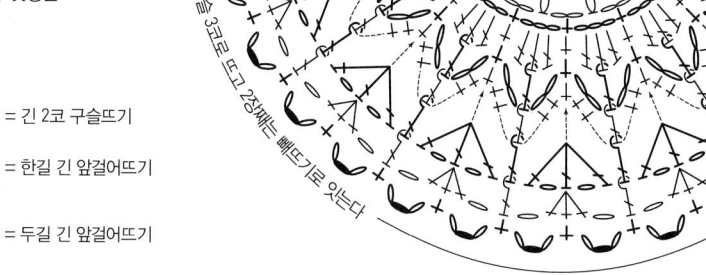

모티브 (2장)

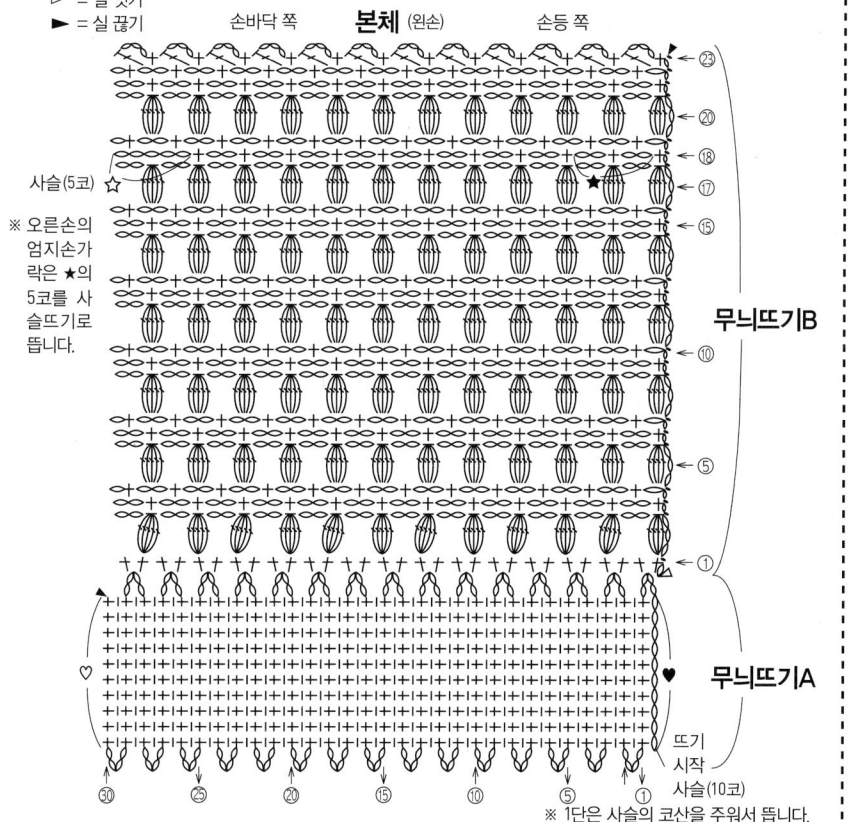

▷ = 실 잇기
► = 실 끊기

손바닥 쪽 　**본체** (왼손)　 손등 쪽

사슬(5코) ☆

※ 오른손의 엄지손가락은 ★의 5코를 사슬뜨기로 뜹니다.

무늬뜨기B

무늬뜨기A

뜨기 시작 사슬(10코)

※ 1단은 사슬의 코산을 주워서 뜹니다.

모티브 배색

동전 지갑	모티브A	모티브B
12단	귤색	아이보리색
11단	오렌지색	핑크색
10단	귤색	아이보리색
9단	오렌지색	레몬색
8단	귤색	아이보리색
7단	아이보리색	핑크색
6단	귤색	밤색
5단	밤색	레몬색
4단	오렌지색	핑크색
3단	아이보리색	아이보리색
2단	밤색	밤색
1단	귤색	레몬색

※ 기호도는 알아보기 쉽게 1단마다 굵기를 다르게 했습니다.

완성도

플랩 파우치   Photo 81쪽

재료와 도구
Hamanaka Fair Lady 50 겨자색(98) 40g, 1cm 폭의
밤색 리본 35cm 1개·25cm 1개, 코바늘 5/0호

완성 치수
폭 17cm×깊이 12.5cm

게이지
가로세로 10cm 무늬뜨기A 21.5코×10단

뜨는 방법의 포인트
● 기초코로 사슬 25코를 뜨고 도안처럼 한길 긴뜨
기로 사슬의 양쪽을 돌아가며 주워서 바닥을 뜹니다.
● 이어서 무늬뜨기A로 측면을 원으로 9단 뜹니다.
● 측면에서 이어 무늬뜨기B로 뚜껑을 뜨고 측면의
절반 도는 부분(37코)에서 뒤집어 왕복해서 11단 뜹
니다.
● 뚜껑을 뜨지 않은 남은 37코에 실을 걸어 테두리
뜨기 1단을 뜹니다.
● 뚜껑에 리본을 넣고, 뜨기 끝을 뚜껑 안쪽에 바느
질해 고정합니다.

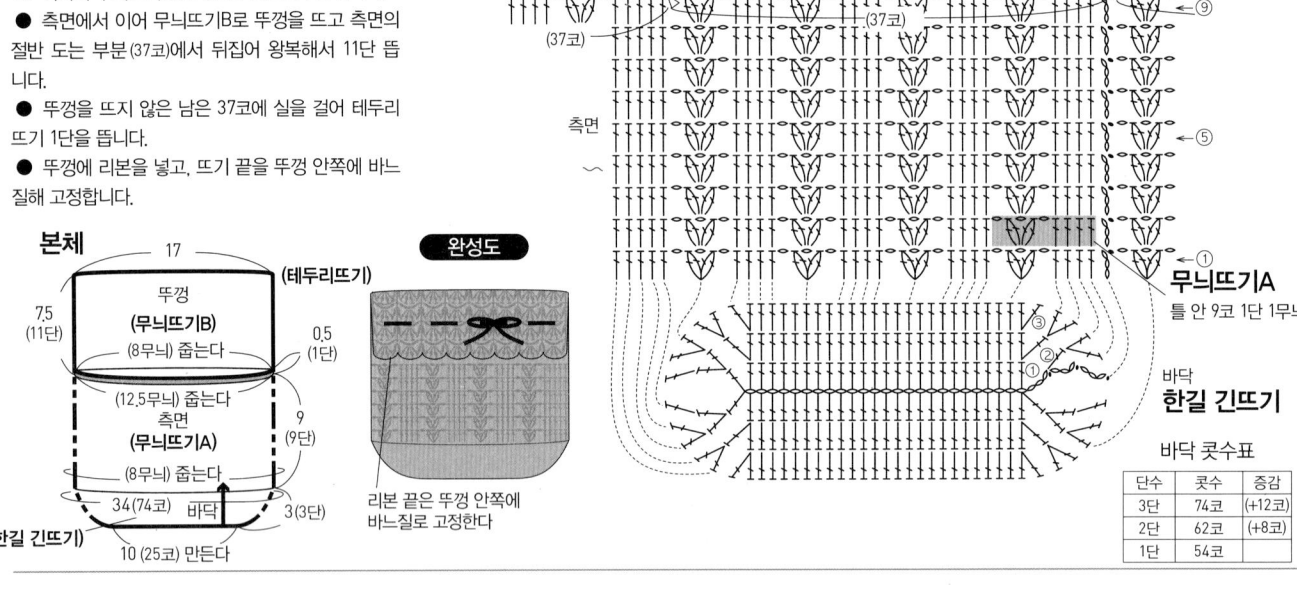

범례:
▷ = 실 잇기
► = 실 끊기
= 한길 긴 2코 구슬뜨기
= 두길 긴뜨기

본체

완성도
리본 끝은 뚜껑 안쪽에 바느질로 고정한다

바닥 콧수표

단수	콧수	증감
3단	74코	(+12코)
2단	62코	(+8코)
1단	54코	

사각 모티브 가방   Photo 80쪽

재료와 도구
Daruma Komaki Café Demi 연핑크색(10) 50g·어두
운 빨간색(26) 15g·모카색 12g·무염색(9) 10g, 코바늘
3/0호

완성 치수
폭 28.5cm×깊이 23.75cm(손잡이 제외)

게이지
모티브 크기 6.75cm×6.75cm

뜨는 방법의 포인트
● 원형코를 만들어 모티브A와 모티브B를 배색을 바
꿔가며 뜹니다.
● 2번째 장부터는 도안을 참고해 마지막단에서 연결해
24장을 뜹니다.
● 기초코로 사슬 7코를 잡고 어두운 빨간색으로 손잡
이를 4장 뜹니다.
● 완성도를 참고해 손잡이를 본체에 연결하고 손잡이
끼리는 감침질해 연결합니다.

본체 (모티브 연결하기)

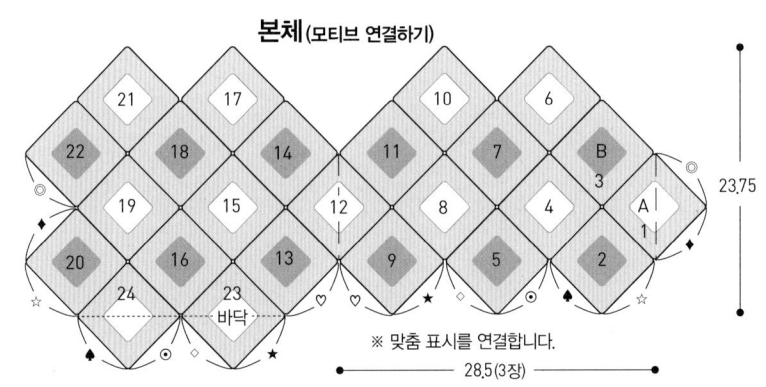

※ 맞춤 표시를 연결합니다.

모티브 배색

모티브 가방	모티브A	모티브B
6단	어두운 빨간색	어두운 빨간색
3단~5단	연핑크색	연핑크색
2단	무염색	모카색
1단	모카색	무염색

사각 모티브 가방 Photo 80쪽

모티브A · B (각 12장)

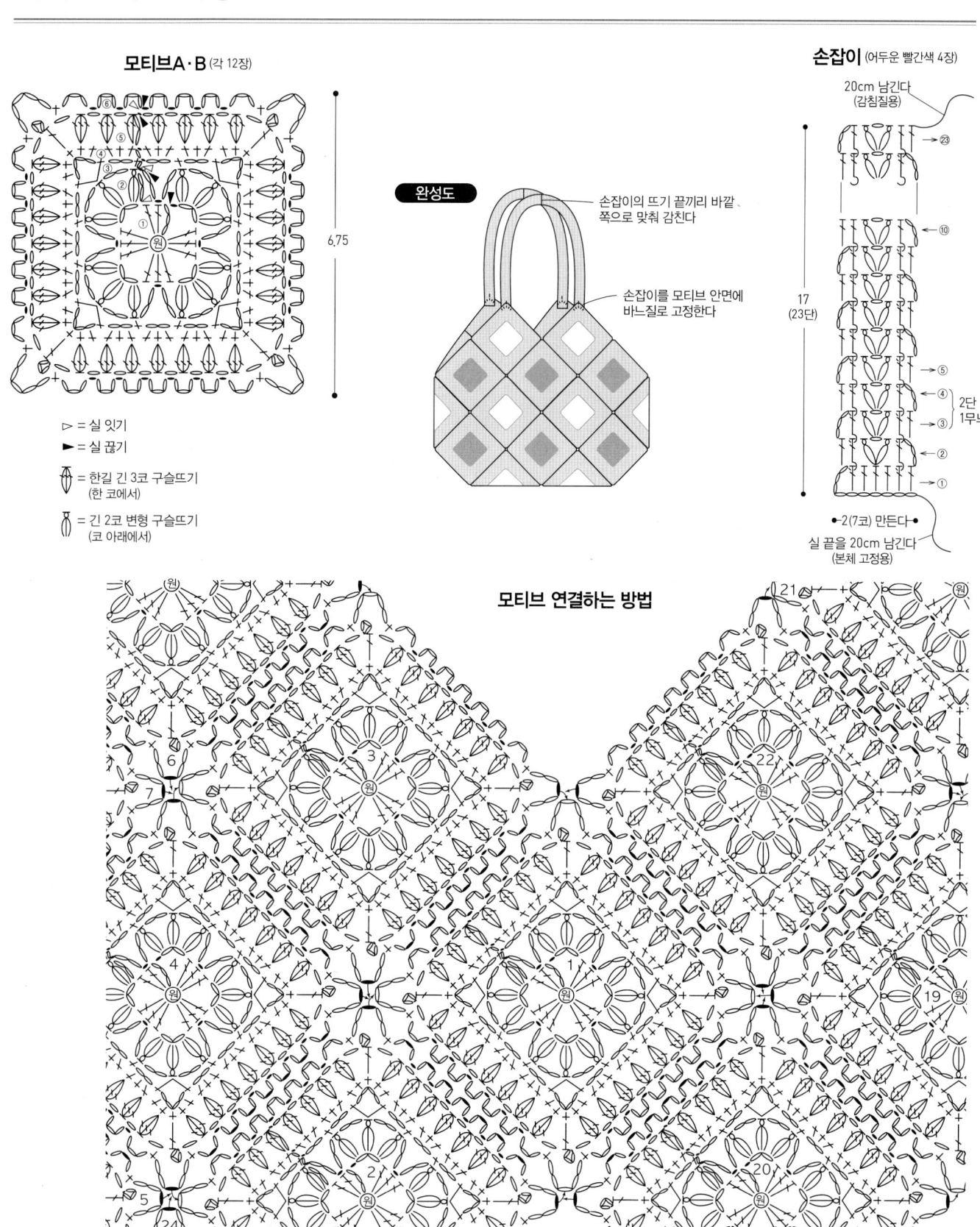

6,75

▷ = 실 잇기
► = 실 끊기

= 한길 긴 3코 구슬뜨기 (한 코에서)

= 긴 2코 변형 구슬뜨기 (코 아래에서)

손잡이 (어두운 빨간색 4장)

20cm 남긴다 (감침질용)

17 (23단)

2단 1무늬

●2(7코) 만든다●

실 끝을 20cm 남긴다 (본체 고정용)

완성도

손잡이의 뜨기 끝끼리 바깥쪽으로 맞춰 감친다

손잡이를 모티브 안면에 바느질로 고정한다

모티브 연결하는 방법

125

플랫 파우치 Photo 82쪽

재료와 도구
병태 모사 그레이핑크색 45g, 지름 1.3cm의 단추 1개, 폭 18mm
의 레이스 리본 19.5cm, 코바늘 6/0호

완성 치수
폭 17cm×깊이 11.5cm

게이지
가로세로 10cm 무늬뜨기A 22.5코×13.5단
가로세로 10cm 무늬뜨기B 19.5코×14단

뜨는 방법의 포인트
● 본체는 기초코로 사슬 35코를 잡고 도안을 참고해 뚜껑을 무
늬뜨기A로 15단 뜹니다. 이어서 기초코로 사슬 33코를 잡아 무늬
뜨기B로 왕복뜨기해 원을 16단 뜹니다.
● ★끼리 겉면으로 겹쳐 안쪽 반코를 감칩니다.
● 뚜껑 세 변에 테두리뜨기 1단을 뜹니다.
● 꽃은 원형코를 만들고 도안을 참고해 2단 뜹니다. 꽃 중심에
단추를 붙입니다.
● 레이스 리본은 양 끝을 2무늬만큼 겹쳐서 뒤집고 레이스 구멍
에 바늘을 넣어 되박기하듯이 뚜껑 부분에 연결합니다. 흰 레이스
위에 꽃 모티브를 붙입니다.

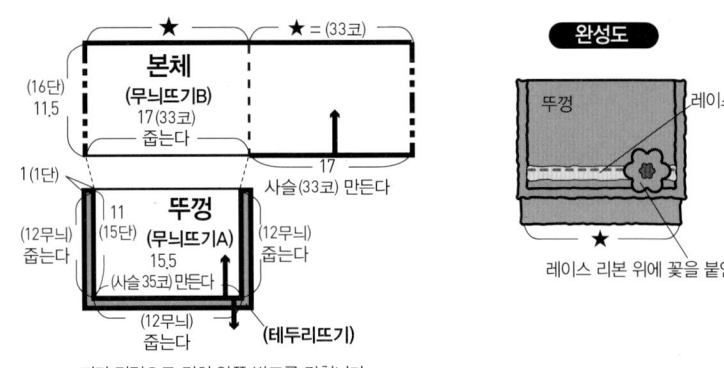

※ ★끼리 겉면으로 겹쳐 안쪽 반코를 감칩니다.

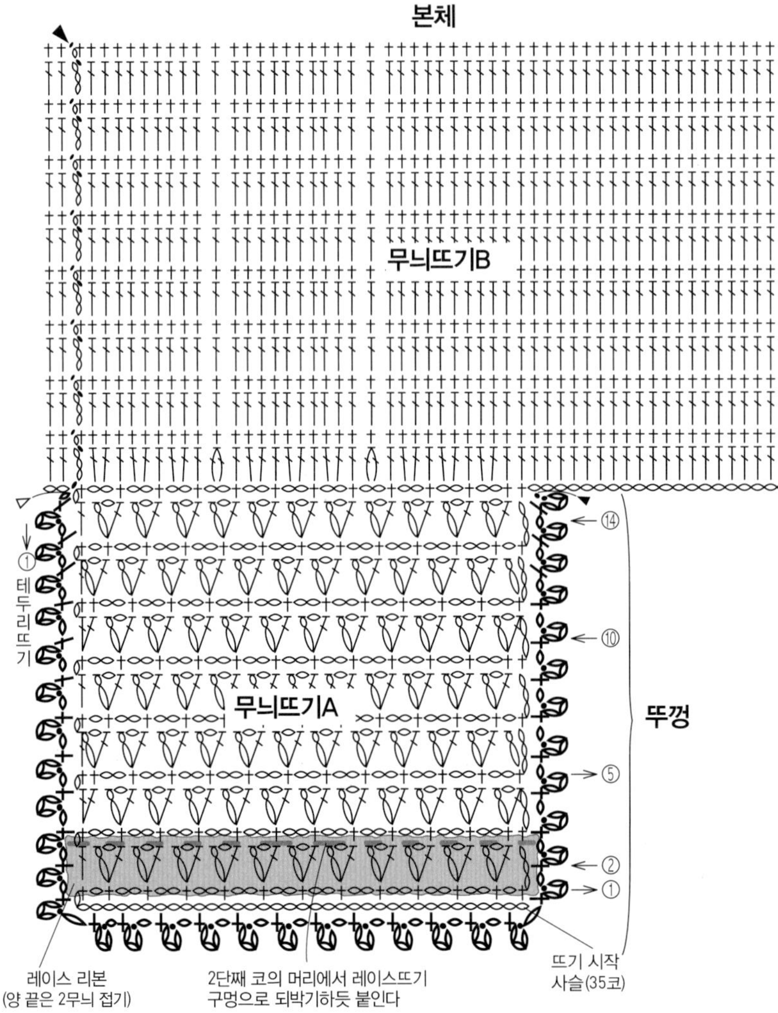

도안 레이블:
- ▷ = 실 잇기
- ► = 실 끊기
- = 변형 긴 2코 구슬뜨기 (한 코에서)
- = 한길 긴 2코 구슬뜨기 (코 아래에서)

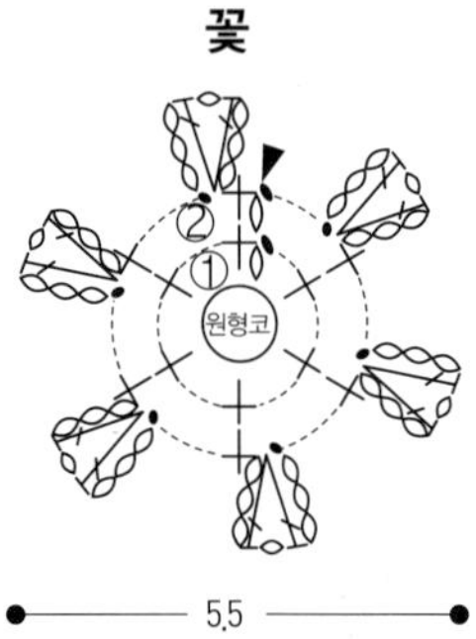

본체

무늬뜨기B

뚜껑

무늬뜨기A

테두리뜨기

레이스 리본
(양 끝은 2무늬 접기)

2단째 코의 머리에서 레이스뜨기
구멍으로 되박기하듯 붙인다

뜨기 시작
사슬(35코)

꽃

● 5.5

※ 중심에 단추를 붙입니다. 2단째의
한길 긴뜨기와 빼뜨기는 이 부분을
주워서 뜹니다.

짧은뜨기

동전 지갑 Photo 82쪽

재료와 도구
합태 코튼사 무염색 20g, 7.5cm 동전 지갑 프레임 1개,
코바늘 3/0호

완성 치수
폭 11cm×깊이 10cm(프레임 제외)

뜨는 방법의 포인트
● 본체는 기초코로 사슬 24코를 만들어 도안을 참고
해 무늬뜨기로 14단을 뜹니다. 동전 지갑의 앞장과 뒷장
을 나눠 왕복뜨기로 5단씩 뜹니다.
● 본체의 ★ 부분에 프레임을 바느질해 붙입니다.

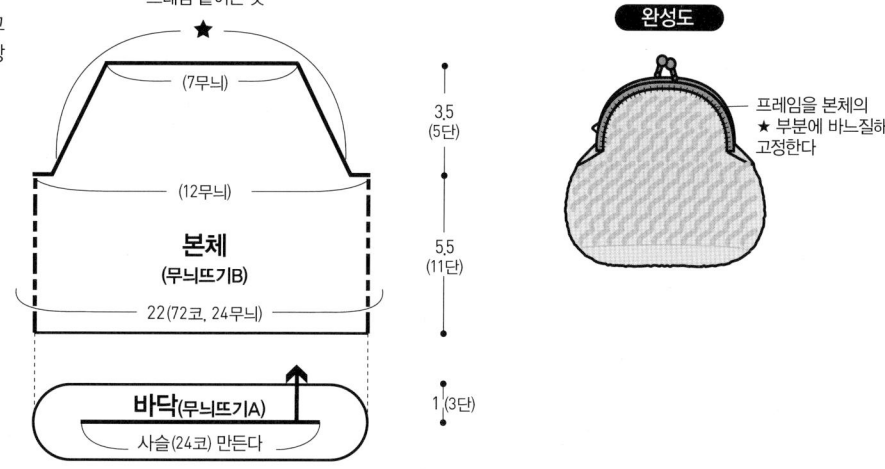

프레임 붙이는 곳
(7무늬)
(12무늬)
본체
(무늬뜨기B)
22(72코, 24무늬)
바닥(무늬뜨기A)
사슬(24코) 만든다

3.5
(5단)
5.5
(11단)
1 (3단)

완성도

프레임을 본체의
★ 부분에 바느질해
고정한다

▷ = 실 잇기
► = 실 끊기

✕ = 변형 한길 긴 1코와 2코 교차뜨기(왼코 뒤)

※ 앞단의 짧은뜨기 2코를 생략하고 한길 긴뜨기
를 뜨며 1코에 돌아가서 한길 긴뜨기를 2코째
에 뜹니다.

무늬뜨기B

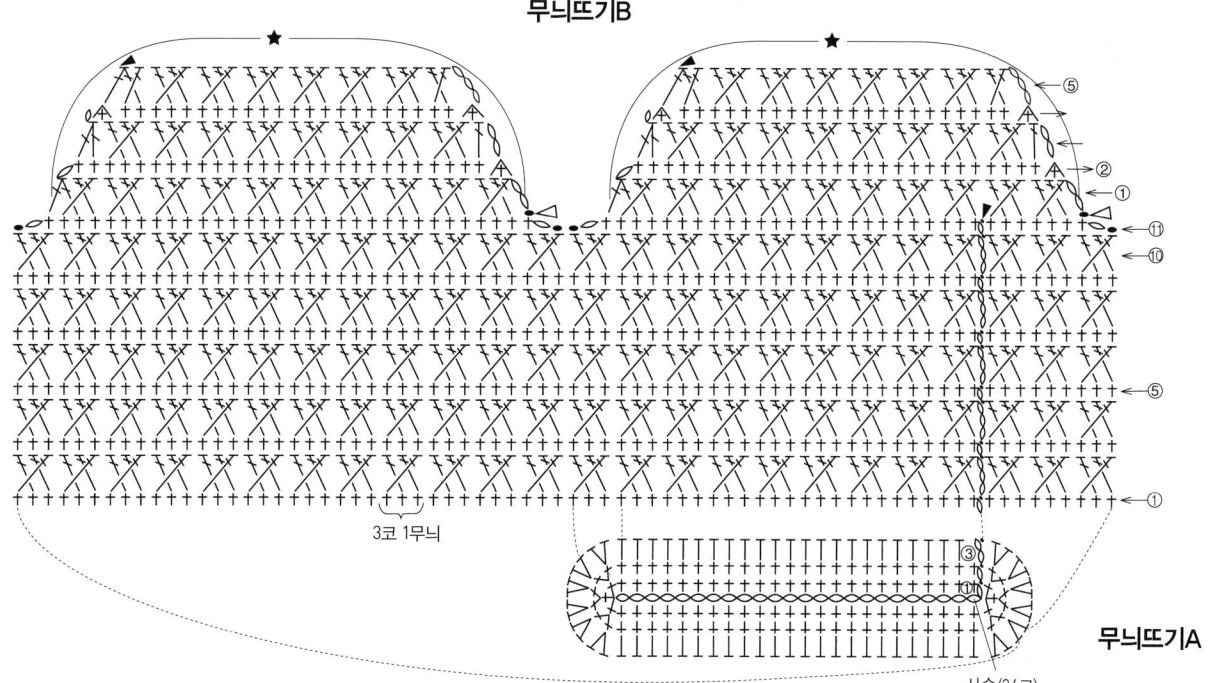

3코 1무늬

사슬(24코)

무늬뜨기A

투톤백　Photo 85쪽

재료와 도구
Olympus Soufflé (두꺼움) 그레이브라운색 (206) 55g · 청록색 (204) 15g, 폭 1,5cm×길이 76cm의 가죽 2개(손잡이용), 안감용 리넨 22cm×55cm, 코바늘 5/0호

완성 치수
폭 20,5cm×깊이 25,5cm(손잡이 제외)

게이지
가로세로 10cm 무늬뜨기A 22코×18단
무늬뜨기B 10cm 22코×8cm 10단

뜨는 방법의 포인트
● 투톤백은 배색실이 바뀌어도 모두 5/0호 바늘로 뜹니다. 그레이브라운색으로 기초코 사슬 90코를 잡고 무늬뜨기A로 원을 31단 뜹니다. 청록색 실로 바꾸어 무늬뜨기B를 10단 뜹니다.
● 가방 바닥 부분을 감침질해 맞춥니다.
● 가죽 손잡이 끝부분을 박아서 단단히 고정합니다.
● 안감을 도안을 참고해 만들어 안쪽에 붙입니다.

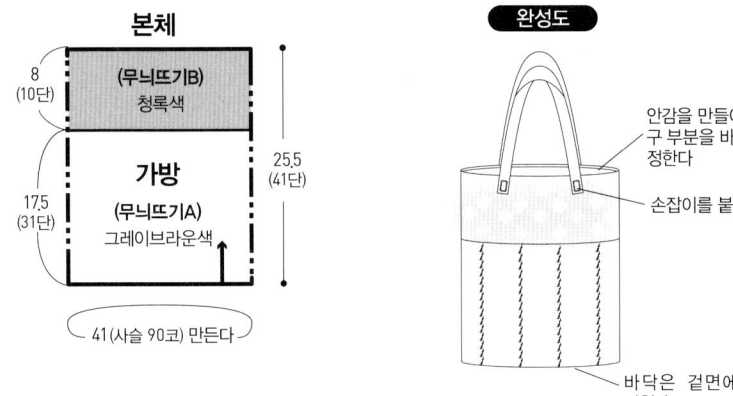

본체

8
(10단)
(무늬뜨기B)
청록색

가방
(무늬뜨기A)
그레이브라운색

25,5
(41단)

17,5
(31단)

41 (사슬 90코) 만든다

완성도

안감을 만들어 넣고 입구 부분을 바느질로 고정한다

손잡이를 붙인다

바닥은 겉면에서 감친다

► = 실 끊기

↗↖ = 변형 한길 긴 1코와 2코 교차뜨기(왼코 뒤)

※ 앞단의 짧은뜨기 2코를 생략하고 한길 긴뜨기를 뜨며 1코에 돌아가서 한길 긴뜨기를 2코째에 뜹니다.

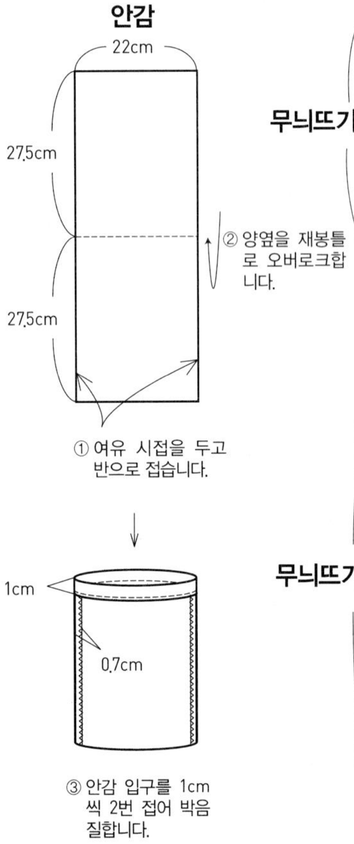

안감

22cm

27,5cm

27,5cm

② 양옆을 재봉틀로 오버로크합니다.

① 여유 시접을 두고 반으로 접습니다.

1cm

0,7cm

③ 안감 입구를 1cm씩 2번 접어 박음질합니다.

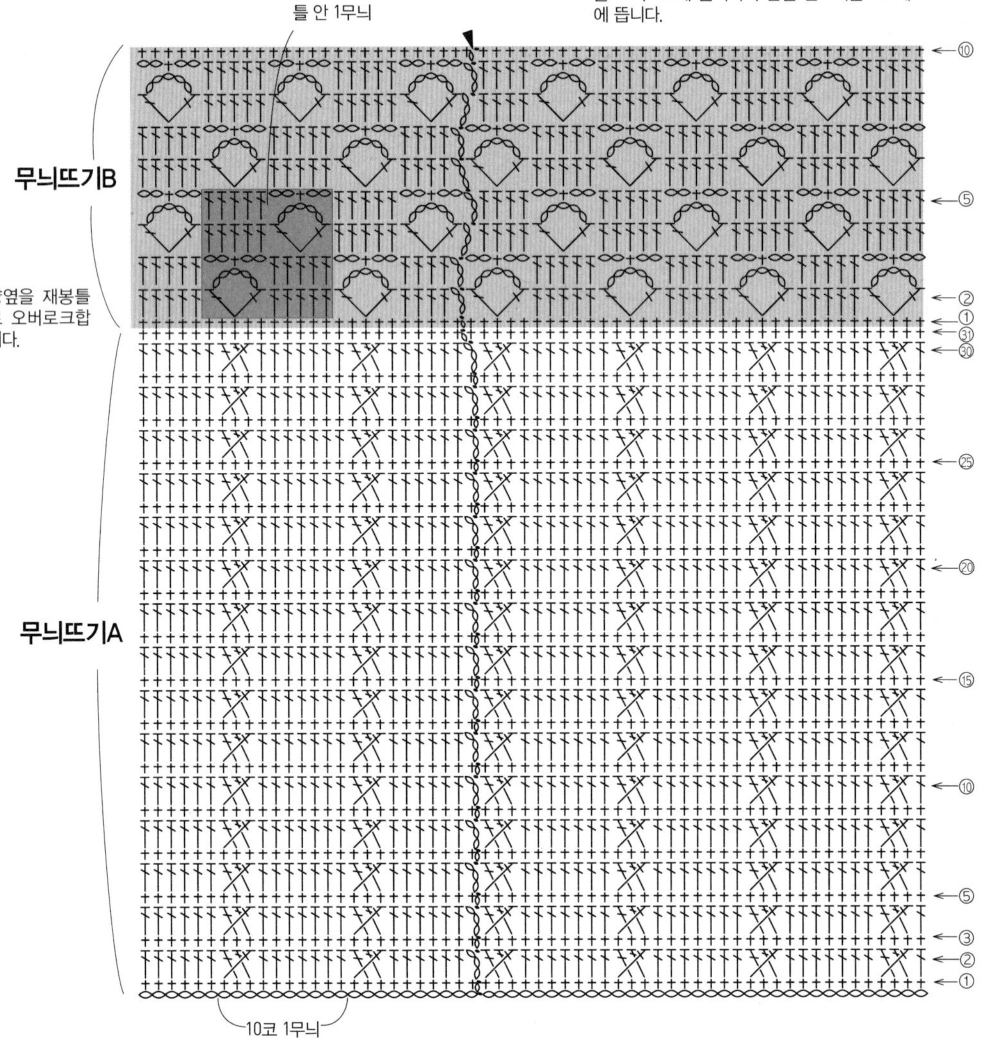

무늬뜨기B

틀 안 1무늬

←⑩

←⑤

←②
←①
←㉛
←㉚

무늬뜨기A

←㉕

←⑳

←⑮

←⑩

←⑤
←③
←②
←①

10코 1무늬

컬러풀한 주머니 Photo 85쪽

재료와 도구
중세 면실 황록색 25g·흰색 10g·로즈핑크색 10g, 2mm
폭의 끈 80cm, 코바늘 4/0호

완성 치수
폭 14cm×깊이 13cm(손잡이 제외)

뜨는 방법의 포인트
● 본체는 원형코로 잡고 바닥부터 뜨기 시작해 14단까
지 도안처럼 짧은뜨기로 뜹니다. 이어서 무늬뜨기를 배
색표를 참고해 9단 뜹니다.
● 꽃 모티브는 기초코로 사슬 6코를 잡고 도안을 참고
해 뜹니다.
● 끈은 반으로 접어 정해진 위치에 넣고 끈 한쪽에 꽃
모티브 3장을 매답니다.

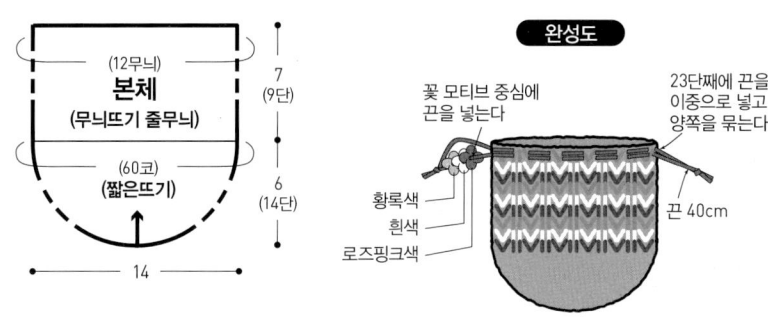

꽃 모티브 중심에
끈을 넣는다

23단째에 끈을
이중으로 넣고
양쪽을 묶는다

황록색
흰색
로즈핑크색

끈 40cm

완성도

본체
(무늬뜨기 줄무늬)
(12무늬)
(60코)
(짧은뜨기)
7 (9단)
6 (14단)
14

무늬뜨기 줄무늬

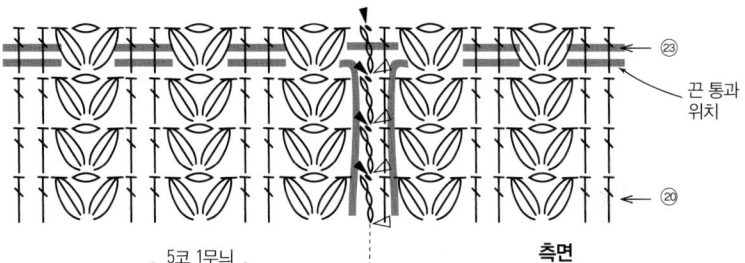

끈 통과
위치

5코 1무늬

측면

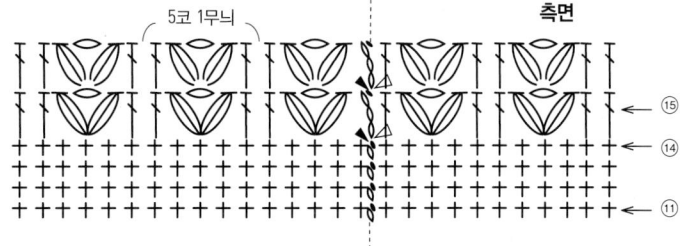

꽃 모티브
황록색, 흰색, 로즈핑크색
(각 1장)

3

바닥

짧은뜨기

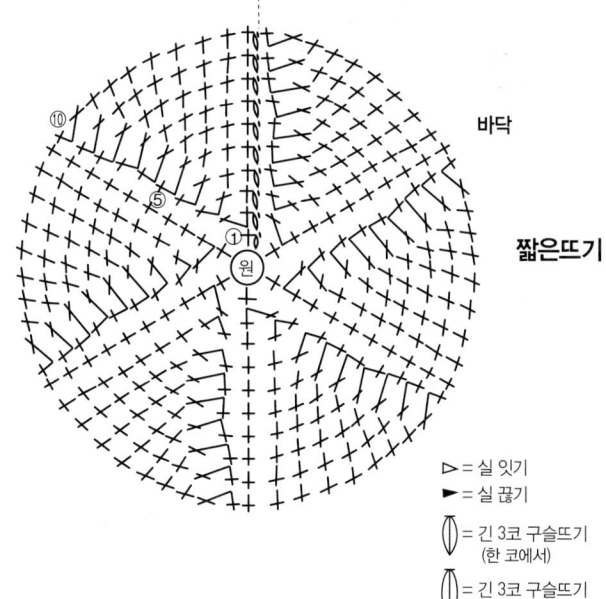

▷ = 실 잇기
► = 실 끊기

= 긴 3코 구슬뜨기
(한 코에서)

= 긴 3코 구슬뜨기
(코 아래에서)

단수	콧수	증감
23단 ~ 15단	12무늬	
14단 ~ 11단	60코	
10단	60코	(+6코)
9단	54코	(+6코)
8단	48코	(+6코)
7단	42코	(+6코)
6단	36코	(+6코)
5단	30코	(+6코)
4단	24코	(+6코)
3단	18코	(+6코)
2단	12코	(+6코)
1단	6코	

배색

단수	주머니 배색
23단	황록색
22단	흰색
21단	로즈핑크색
20단	황록색
19단	흰색
18단	로즈핑크색
17단	황록색
16단	흰색
15단	로즈핑크색
14단 ~ 1단	황록색

2단 꽃목걸이 & 반지　Photo 86쪽

재료와 도구
목걸이: Hamanaka Wash Cotton 'Crochet' 체리핑크
색(115) 5g·베이지색(117) 3g·빛바랜 어두운 빨간색(122)
2g, 체인 70cm
반지: Hamanaka Wash Cotton 'Crochet' 체리핑크색
(115) 1g·베이지색(117) 소량, 반지대 1개
공통: 코바늘 3/0호

완성 치수
도안 참조

뜨는 방법의 포인트
● 꽃 모티브는 각각 원형코를 만들어 2단에서 색을 바
꿔 뜹니다.
● 각각 정리법을 참고해 마무리합니다.

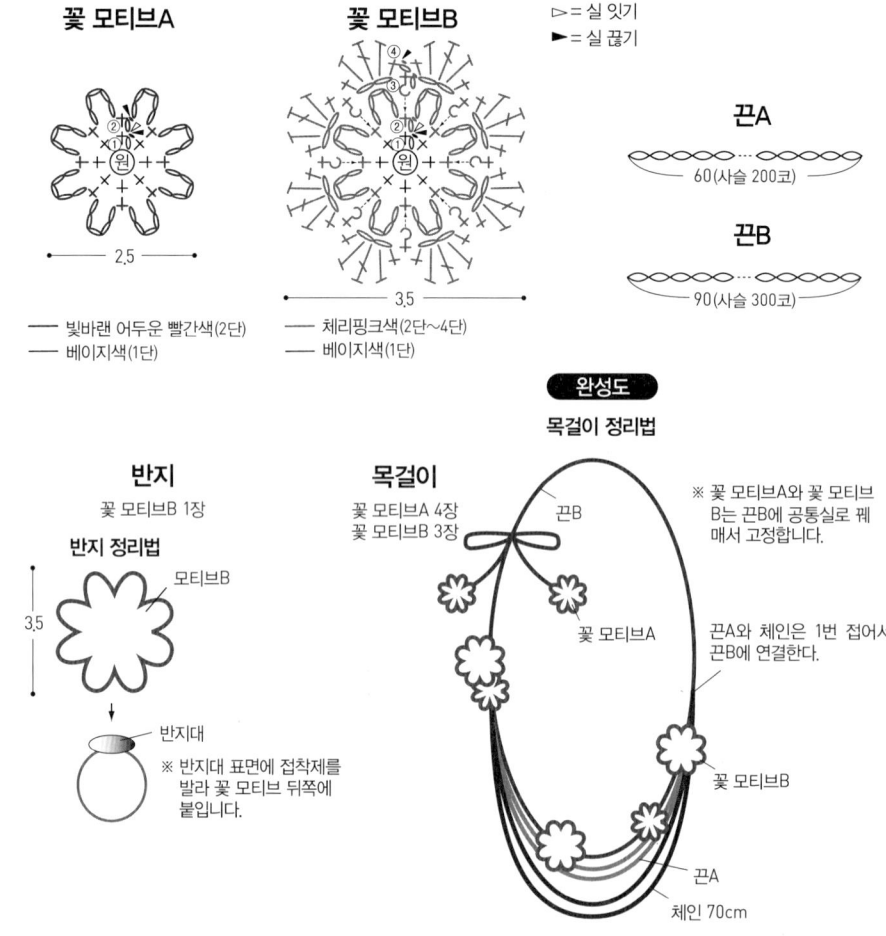

꽃 모티브A

꽃 모티브B

▷ = 실 잇기
► = 실 끊기

끈A
60(사슬 200코)

끈B
90(사슬 300코)

── 빛바랜 어두운 빨간색(2단)
── 베이지색(1단)

── 체리핑크색(2단~4단)
── 베이지색(1단)

2.5

3.5

완성도

목걸이 정리법

반지
꽃 모티브B 1장

반지 정리법

모티브B

3.5

반지대

※ 반지대 표면에 접착제를
발라 꽃 모티브 뒤쪽에
붙입니다.

목걸이
꽃 모티브A 4장
꽃 모티브B 3장

끈B

꽃 모티브A

꽃 모티브B

※ 꽃 모티브A와 꽃 모티브
B는 끈B에 공통실로 꿰
매서 고정합니다.

끈A와 체인은 1번 접어서
끈B에 연결한다.

끈A

체인 70cm

두 겹 꽃잎 머리끈　Photo 91쪽

재료와 도구
합사 리넨사 핑크색 10g·로즈색 10g·모스그린색 5g,
지름 1.2cm 싸개 단추 각 2개, 머리끈 각 20cm, 코바늘
2/0호

완성 치수
모티브 지름 4cm

게이지
가로세로 10cm 무늬뜨기 28코×19.5단

뜨는 방법의 포인트
● 꽃은 원형코를 만들고 도안을 참고해 3단 뜹니다.
● 꽃받침도 원형코를 만들고 2단 뜹니다.
● 화심에 동그란 싸개 단추를 달고 나서 꽃받침을 꽃
의 뒤쪽에 연결합니다. 꽃을 2개 만들어 머리끈을 꽃받
침 중심에 넣어 완성합니다.

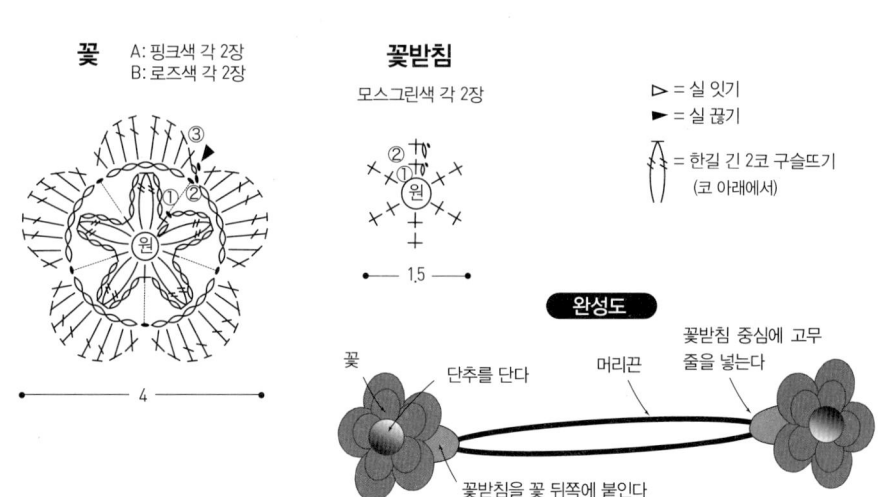

꽃
A: 핑크색 각 2장
B: 로즈색 각 2장

꽃받침
모스그린색 각 2장

▷ = 실 잇기
► = 실 끊기

= 한길 긴 2코 구슬뜨기
(코 아래에서)

4

1.5

완성도

꽃

단추를 단다

머리끈

꽃받침 중심에 고무
줄을 넣는다

꽃받침을 꽃 뒤쪽에 붙인다

두 송이 꽃이 달린 머리끈 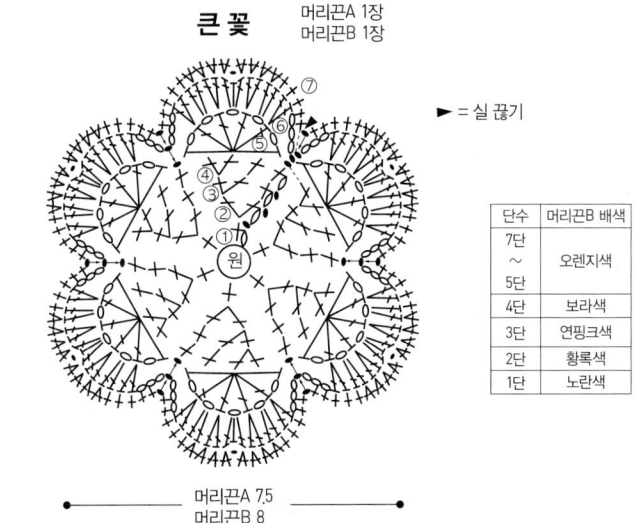 Photo 91쪽

재료와 도구
머리끈A: 중세사 리넨 실 핑크색 5g, 지름 14mm 비즈 1개, 머리끈 20cm, 지름 12mm 호두 단추 1개, 폭 18mm 리넨 레이스 10cm, 폭 10mm 리넨 리본 10cm, 리넨 천 6cm×5cm, 튤 레이스 5cm, 코바늘 4/0호
머리끈B: 중세사 면실 오렌지색 5g·보라색 4g·노란색· 연핑크색·황록색·블루그린색 각 소량, 지름 4.5cm 둥근 고무줄 1개, 코바늘 5/0호

완성 치수
도안 참조

뜨는 방법의 포인트
머리끈A:
● 큰 꽃, 작은 꽃, 토대는 원형코로 만들며 각각 도안을 참고해 뜹니다.
머리끈B:
● 큰 꽃, 작은 꽃은 원형코로 만들며 각각 도안을 참고해 뜨는데 배색을 바꾸면서 뜹니다.
● 완성도를 참고해 정리합니다.

큰 꽃
머리끈A 1장
머리끈B 1장

► = 실 끊기

단수	머리끈B 배색
7단 ~ 5단	오렌지색
4단	보라색
3단	연핑크색
2단	황록색
1단	노란색

머리끈A 7.5
머리끈B 8

토대
머리끈A 1장

2.5

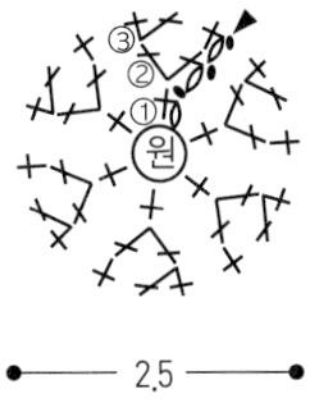

작은 꽃
머리끈A 1장
머리끈B 1장

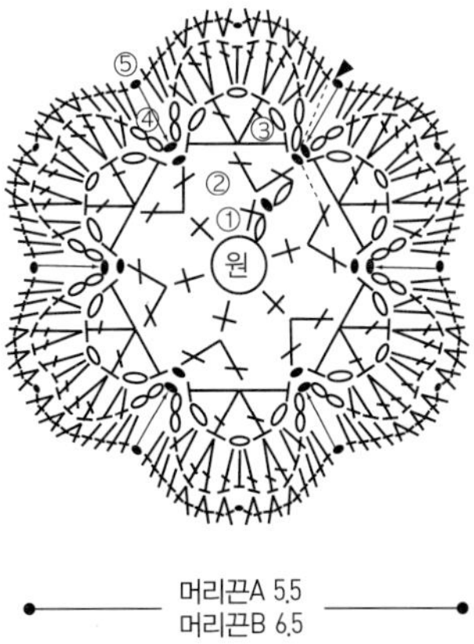

단수	머리끈B 배색
5단 ~ 3단	보라색
2단	블루그린색
1단	황록색

머리끈A 5.5
머리끈B 6.5

완성도 **머리끈A**

겉면
튤 레이스는 중심에 동그랗게 바느질해 붙인다
1번 접은 리넨 레이스
1번 접은 리넨 리본
폭 1cm×길이 5cm 리넨 천
호두 단추를 바느질해 고정한다
큰 꽃
머리끈
작은 꽃은 큰 꽃 위에 올려 바느질해 고정한다
비즈는 머리끈에 넣는다
11

안면
머리끈이 달린 토대에 고정한다
머리끈은 비즈를 토대 중심에 넣어 묶는다

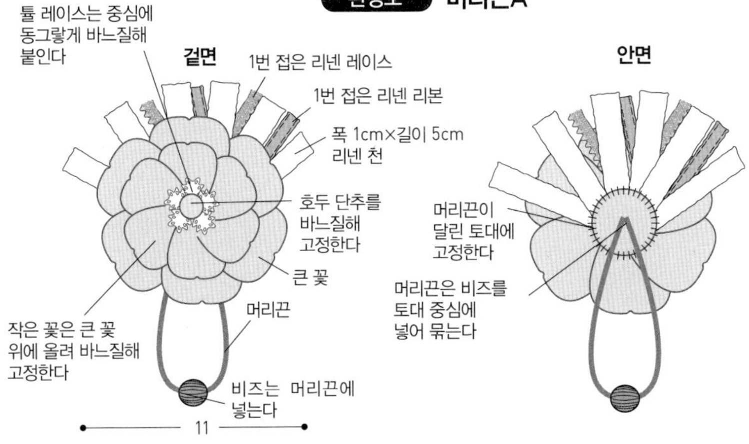

완성도 **머리끈B**

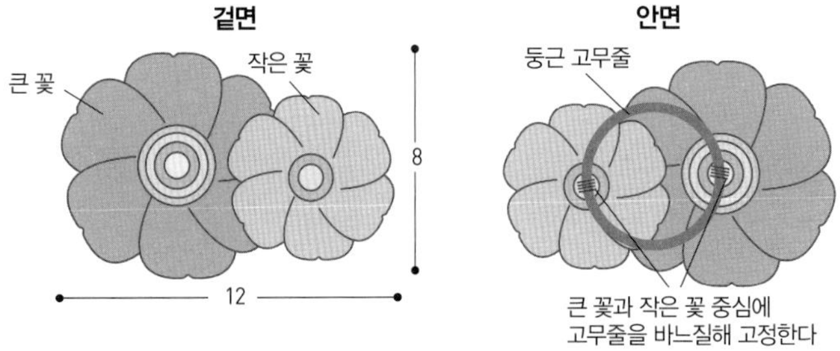

겉면
큰 꽃
작은 꽃
8

안면
둥근 고무줄
12
큰 꽃과 작은 꽃 중심에 고무줄을 바느질해 고정한다

131

꽃장식 곱창밴드 & 머리끈 Photo 91쪽

재료와 도구
곱창밴드: Olympus Emmy Grande 무염색(804) 10g·
새먼색(141) 1g
머리끈: Olympus Emmy Grande 'Herbs' 연녹색(252)
1g·Olympus Emmy Grande 무염색(804) 소량, 지름
14mm 비즈 1개
공통: Olympus Emmy Grande 'Herbs' 연노랑색(560)
소량, 머리끈 20cm, 코바늘 2/0호

완성 치수
도안 참조

뜨는 방법의 포인트
곱창밴드:
● 머리끈을 둥글게 만 다음 무염색 실로 짧은뜨기를
78코 뜹니다.
● 도안을 참고해 그물뜨기로 위쪽을 뜹니다. 아래쪽도
마찬가지로 짧은뜨기를 78코 뜨고 그물뜨기를 뜹니다.
● 머리끈을 경계로 겉면끼리 겹칩니다.
● 꽃 모티브를 뜨고 바느질해 붙입니다.
머리끈:
● 꽃 모티브를 뜨고 도안을 참고해 정리합니다.

곱창밴드
(그물뜨기) 무염색
위쪽
(78코, 39무늬) 2.5(4단)
머리끈
(78코, 39무늬) 2.5(4단)
아래쪽
9

곱창밴드 완성도

꽃 모티브는
밴 정중앙에
붙인다

머리끈 완성도

① 고무줄에 비즈를
넣습니다.

② 꽃 모티브 뒤쪽에 고
무줄을 고정합니다.

꽃 모티브

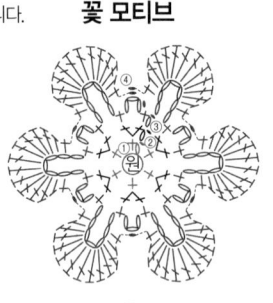

— 곱창밴드: 새먼색(3단·4단)
　머리끈: 연녹색(3단·4단)
— 무염색(2단)
— 연노랑색(1단)

5

그물뜨기

6
5
④
③
5 ②
① ①
①

위쪽과 동일하게
4단까지 뜬다

머리끈 ——— 위쪽

긴 목걸이 Photo 94쪽

재료와 도구
스키모사 스키면 리넨~나츠고로모~핑크색(1007) 10g,
지름 4mm의 컷 유리 비즈 반투명 흰색 70개, 코바늘
4/0호

완성 치수
길이 약 112cm(술 포함)

뜨는 방법의 포인트
● 뜨개질을 하기 전에 실에 비즈를 전부 꿰어둡니다.
● 도안처럼 비즈를 번갈아 넣으면서 71단을 뜹니다.
● 양 끝에 술을 답니다.

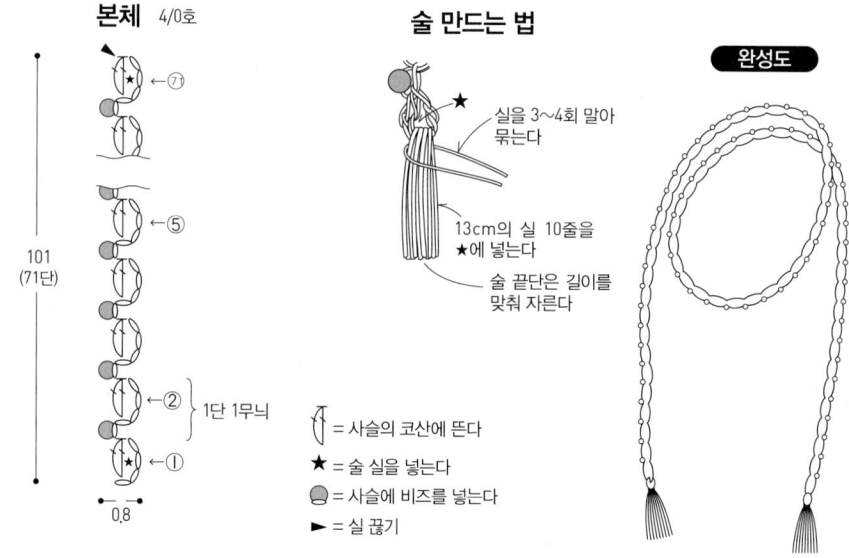

본체 4/0호

←⑦

←⑤

101
(71단)

←② } 1단 1무늬
←①

0.8

술 만드는 법

★ 실을 3~4회 말아
묶는다

13cm의 실 10줄을
★에 넣는다

술 끝단은 길이를
맞춰 자른다

완성도

= 사슬의 코산에 뜬다
★ = 술 실을 넣는다
= 사슬에 비즈를 넣는다
► = 실 끊기

모티브 스리핀 Photo 94쪽

재료와 도구
사각 모티브: Olympus Emmy Grande 'Herbs' 연녹색(252) 2g·겨자색(582)·흰색(800) 각 1g, 흰색 펠트 6.5cm×3cm
원 모티브: Clover French 리넨사 아이보리색(79-714)·코코아색(79-624) 각 1g, 중세 리넨사 회색 1g, 밤색 펠트 5.5cm×5.5cm
공통: 길이 5cm의 스리핀 1개, 수예용 접착제, 코바늘 2/0호

완성 치수
사각 모티브: 8.6cm×4.6cm
원 모티브: 지름 6cm

뜨는 방법의 포인트
사각 모티브:
● 원형코를 만들어 실을 바꿔가며 4단 뜹니다.
● 모티브를 2장 뜨고 반코 감침질로 테두리뜨기를 뜹니다.
● 펠트에 스리핀을 칼집을 살짝 내 끼운 다음 수예용 접착제로 모티브 뒤쪽에 붙입니다.
원 모티브:
● 원형코를 만들어 실을 바꿔가며 4단 뜹니다.
● 펠트에 스리핀을 칼집을 살짝 내 끼운 다음 수예용 접착제로 모티브 뒤쪽에 붙입니다.

사각 모티브 2/0호

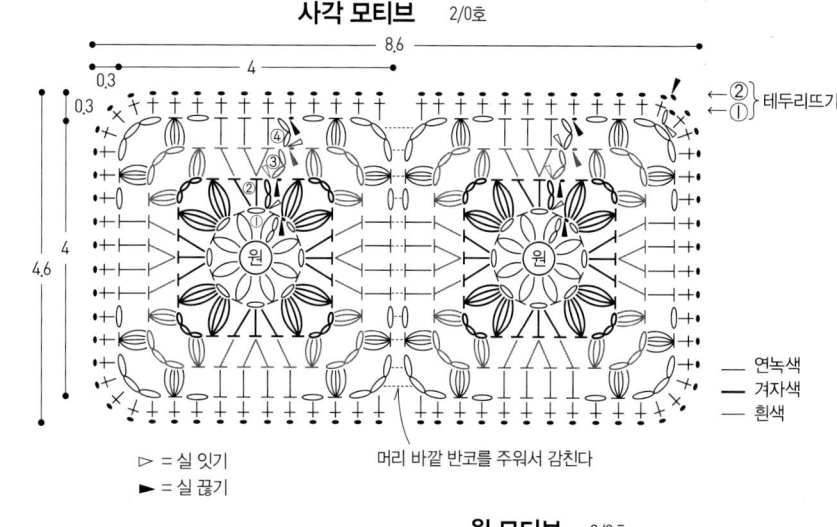

▷ = 실 잇기
► = 실 끊기

머리 바깥 반코를 주워서 감친다

— 연녹색
— 겨자색
— 흰색

원 모티브 정리법

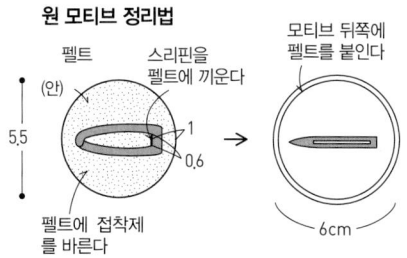

펠트
(안)
5.5
스리핀을 펠트에 끼운다
1
0.6
펠트에 접착제를 바른다

모티브 뒤쪽에 펠트를 붙인다
6cm

원 모티브 2/0호

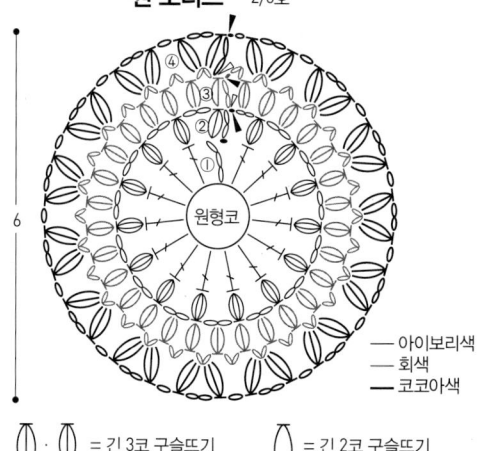

원형코

— 아이보리색
— 회색
— 코코아색

= 긴 3코 구슬뜨기   = 긴 2코 구슬뜨기
= 긴 4코 구슬뜨기   = 긴 5코 구슬뜨기

사각 모티브 정리법

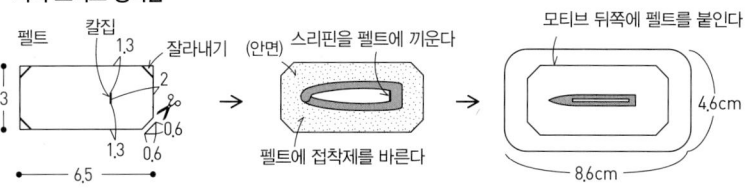

펠트
칼집
1.3
잘라내기
(안면)
2
0.6
3
1.3
0.6
6.5

스리핀을 펠트에 끼운다
펠트에 접착제를 바른다

모티브 뒤쪽에 펠트를 붙인다
4.6cm
8.6cm

헤어밴드 Photo 94쪽

재료와 도구
병태 면실 연회색 10g, 지름 6mm의 구멍 4개의 톱니 비즈(화이트오벌색) 1개, 동그랗고 큰 비즈 반투명 흰색 2개, 가는 머리끈 26cm, 코바늘 4/0호

완성 치수
머리 둘레 약 45cm

뜨는 방법의 포인트
● 도안처럼 38단을 뜨되 2개 뜹니다.
● 머리끈을 둥글게 묶어 비즈를 끼웁니다.
● 뜨개바탕의 양 끝을 도안처럼 머리끈을 넣은 다음 뜹니다.

본체(2개) 4/0호

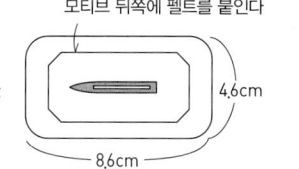

→38
→36
→⑥
35
(38단)
1무늬
→②
←①
1.3

♡ = 고무줄을 끼워 접는 부분
► = 실 끊기
= 한길 긴 3코 구슬뜨기

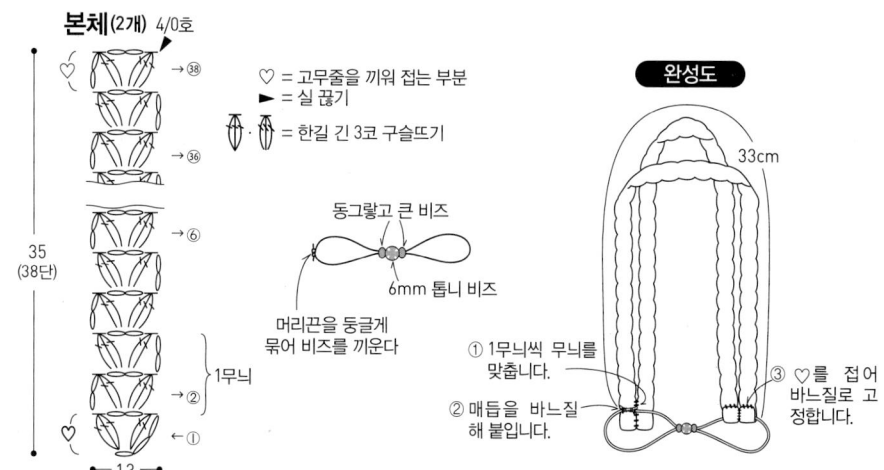

동그랗고 큰 비즈
6mm 톱니 비즈
머리끈을 둥글게 묶어 비즈를 끼운다

완성도
33cm

① 1무늬씩 무늬를 맞춥니다.
② 매듭을 바느질해 붙입니다.
③ ♡를 접어 바느질로 고정합니다.

133

꽃 모티브 목걸이 & 반지 & 코르사주 Photo 95쪽

재료와 도구
목걸이: Olympus Silky Franc 무염색(101) 28g, 코바늘 5/0호
반지: Olympus Silky Franc 무염색(101) 3g, 펄 비즈 3mm 5개·4mm 3개, 반지대 1개, 접착제, 코바늘 5/0호
코르사주: Olympus Silky Franc 무염색(101) 9g, 펄 비즈 3mm 9개·4mm 3개, 지름 2.5cm의 브로치핀 1개, 접착제, 코바늘 5/0호

완성 치수
도안 참조

뜨는 방법의 포인트
목걸이:
● 원형코를 만들어 모티브B 1장, 모티브A 5장, 모티브B 1장 순으로 마지막단에서 연결하며 뜹니다. 모티브C 7장, 모티브B 5장을 뜨고 도안을 참고해 모티브 연결하기로 겹쳐 바느질해 고정합니다. 끈을 뜨고 모티브 연결하기의 끝으로 연결합니다.

반지:
● 원형코를 만들어 모티브B와 모티브C를 1장씩 뜹니다. 모티브B 위에 모티브C를 겹쳐 중심에 펄 비즈를 바느질해 고정한 다음 접착제를 발라 반지대에 붙입니다.

코르사주:
● 원형코를 만들어 모티브B와 모티브C를 3장씩 뜹니다. 모티브B 위에 모티브C를 각각 겹쳐 중심에 펄 비즈를 바느질해 고정합니다. 도안을 참고해 3쌍을 바느질해 고정하고 접착제로 브로치핀에 붙입니다.

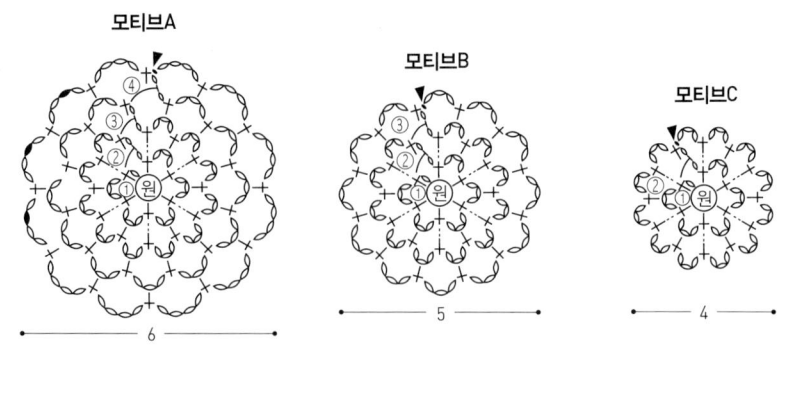

끈
136(300코)

목걸이
모티브A 5장
모티브B 7장
모티브C 7장

모티브 연결하기

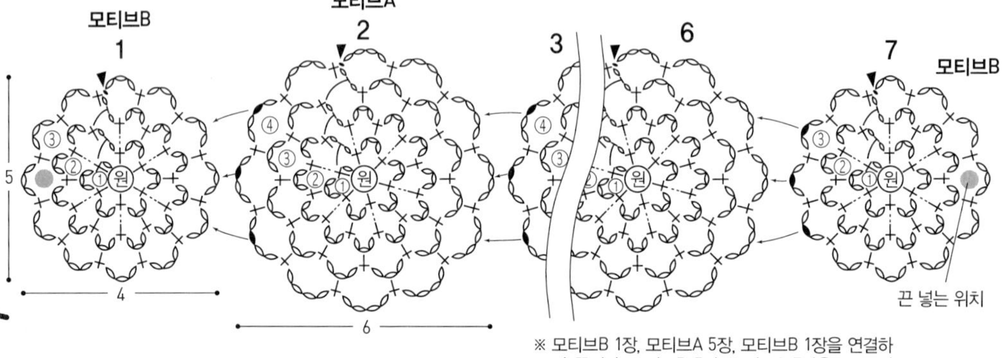

모티브B 1 모티브A 2 3 6 7 모티브B

※ 모티브B 1장, 모티브A 5장, 모티브B 1장을 연결하며 뜹니다. 모티브B 5장, 모티브C 7장을 뜨고 겉면을 위로 해서 겹친 다음 바느질해 고정합니다.

끈 넣는 위치

완성도

목걸이 정리법

끈
모티브B 끝에 넣는다
1과 7은 모티브C를 모티브B에 겹쳐 바느질해 고정한다
2~6은 모티브B와 모티브C를 모티브A에 겹쳐 바느질해 고정한다

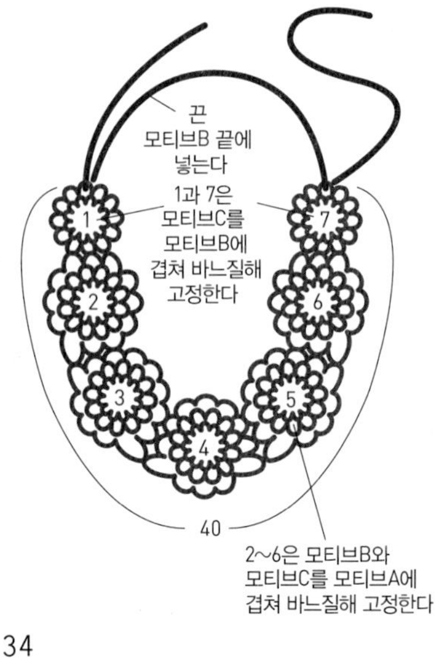

반지
모티브B 1장
모티브C 1장

반지 정리법 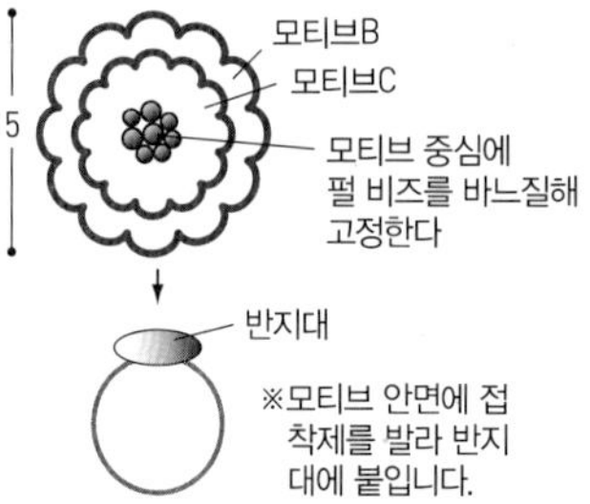
모티브B
모티브C
모티브 중심에 펄 비즈를 바느질해 고정한다
반지대
※모티브 안면에 접착제를 발라 반지대에 붙입니다.

코르사주 정리법
모티브B·3장
모티브C·3장

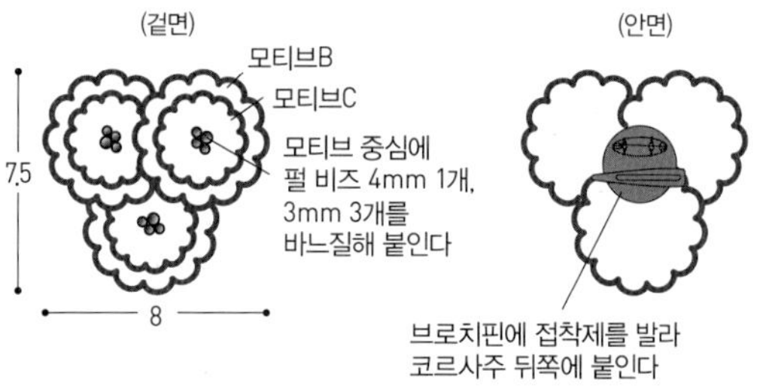

(겉면)
모티브B
모티브C
모티브 중심에 펄 비즈 4mm 1개, 3mm 3개를 바느질해 붙인다

(안면)
브로치핀에 접착제를 발라 코르사주 뒤쪽에 붙인다

펌프스 코르사주(꽃) Photo 95쪽

재료와 도구
Olympus Emmy Grande 'Herbs' 핑크 (119) 20g,
15mm 폭 암밴드 2개, 코바늘 3/0호

완성 치수
60cm×6cm (암밴드 제외)

뜨는 방법의 포인트
● 원형코를 만들어 도안처럼 꽃을 4장 뜹니다.
● 도안을 참고해 꽃을 2장씩 맞춰 바느질하고 암밴드
에 바느질해 붙입니다.

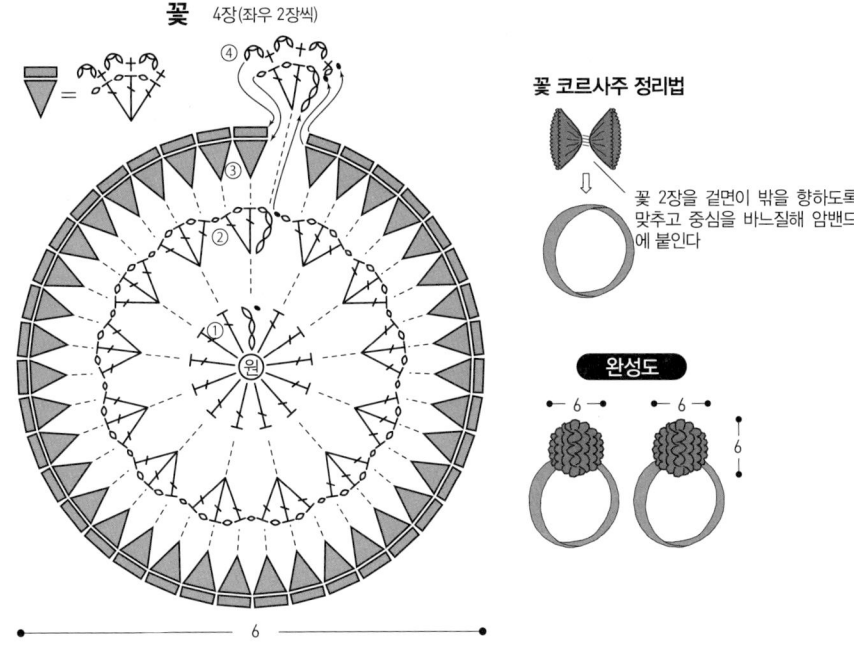

꽃 4장(좌우 2장씩)

꽃 코르사주 정리법

꽃 2장을 겉면이 밖을 향하도록
맞추고 중심을 바느질해 암밴드
에 붙인다

완성도

펌프스 코르사주(원 모티브) Photo 95쪽

재료와 도구
Olympus Emmy Grande 'Lamé' 오프화이트색(L804)
6g, 폭 15mm의 고무밴드 (검정색) 15cm 2개, 코바늘
2/0호

완성 치수
40cm×12cm (고무밴드 제외)

뜨는 방법의 포인트
● 꽃 모티브는 원형코를 만들어 도안처럼 떠서 3장을
잇습니다.
● 도안을 참고해 고무밴드의 끝을 접어 모티브에 고
정합니다.

원 모티브 6장(좌우 3장씩)

12

4

원 모티브 정리법

2.5 1 2.5

고무밴드의 양 끝을 1cm씩 바깥쪽으로
접고 3장 이은 꽃 모티브와 고무밴드가
2.5cm 겹치도록 바느질해 고정한다

완성도

ICHIBAN YOKU WAKARU SHIN KAGI-BARI-AMI NO KOMONO (NV70259)

Copyright ⓒ NIHON VOGUE-SHA 2014
All rights reserved.
First published in Japan in 2014 by Nihon Vogue Co., Ltd.

Photographer : Mina Imai, Satomi Ochiai, Miyuki Teraoka, Chiemi Nakajima, Yasuo Nagumo, Hitoshi Yasuda, Nobuo Suzuki, Martha Kawamura, Kana Watanabe
Designers of the projects : Yuko Ono, Studio Dunk, Keito Sakai, Shizuka Ura, Miki Kusamoto, Sumi Ito, Yumi Inaba, Sanae Nakata, Hiromi Endo, Sachiyo Fukao, Ha-Na, Miyuki Matsui, Michiyo, Naomi Kanno, Tomomi Nakagawa, Hinahouse, amy*, Keiko Morita, Tomomi Yamashita, Miki Hirakawa, Reiko Kayashima, Mari Kishimoto

쉽게 배우는

새로운 코바늘 손뜨개의 기초
[실전편: 귀여운 니트 소품 77]

1판 1쇄 발행 | 2016년 9월 28일
1판 4쇄 발행 | 2024년 8월 16일

지은이 일본보그사 편
옮긴이 이은정
펴낸이 김기옥

실용본부장 박재성
편집 실용2팀 이나리, 장윤선
마케터 이지수
지원 고광현, 김형식

디자인 푸른나무디자인
인쇄·제본 (주)상지사P&B

펴낸곳 한스미디어(한즈미디어(주))
주소 121-839 서울시 마포구 양화로 11길 13(서교동, 강원빌딩 5층)
전화 02-707-0337 | 팩스 02-707-0198 | 홈페이지 www.hansmedia.com
출판신고번호 제 313-2003-227호 | 신고일자 2003년 6월 25일

ISBN 979-11-6007-882-4 13590

책값은 뒤표지에 있습니다.
잘못 만들어진 책은 구입하신 서점에서 교환해 드립니다.